Patient Familie

Entstehung, Struktur und Therapie von Konflikten in Ehe und Familie

Von Prof. Dr. med. Dr. phil. Horst-Eberhard Richter
Psychosomatische Klinik der Justus Liebig-Universität Gießen

Rowohlt

Schutzumschlag- und Einbandentwurf von Werner Rebhuhn

1.-15. Tausend März 1970
16.-22. Tausend November 1970

Gesetzt aus der Linotype-Garamond-Antiqua
Gesamtherstellung Friedrich Pustet, Regensburg
Werkdruckpapier von der Papierfabrik Schleipen, Bad Dürkheim
Printed in Germany
ISBN 3 498 05666 2

Inhalt

Aus einem Erstgespräch mit einem Ehepaar, das seine Tochter als Patientin vorstellen will:

MUTTER *über die Tochter*: Das Mädchen ist so kontaktlos. Sie schließt sich vollständig ab. Sie redet kaum mit mir. Ich komme überhaupt nicht an sie ran. Wenn ich ihr das sage, wird sie patzig. Es ist furchtbar mit ihr.

Eine halbe Stunde später:

MUTTER: Ich bin eigentlich ganz auf meine Tochter eingestellt. Wir könnten so viel zusammen machen. Mein Mann geht ja ganz in seinem Beruf auf ...

VATER, *ihr ins Wort fallend*: Na ja, aber du kannst ja nun nicht sagen, daß ich wenig zu Hause wäre ...

MUTTER: Aber da bist du doch meist noch mit deinen Dingen beschäftigt. Ich sag ja auch gar nichts dagegen. Aber ich fühle mich eben doch oft allein.

ARZT: Sie hatten gemeint, ich sollte die Tochter wegen ihrer Kontaktstörungen behandeln. Nun glaube ich zu sehen, daß Sie sich alle miteinander überfordert fühlen. Sie *(an die Mutter)* leiden darunter, daß man Ihnen zuwenig Kontakt schenkt. Und die anderen beiden reagieren offenbar so, als ob sie mehr von sich hergeben sollten, als sie könnten. Da verstehen Sie sich nicht miteinander.

MUTTER: Sie haben schon recht, ich für mein Teil halte das auch nicht mehr aus. Ich glaube, ich brauche selber genauso eine Behandlung wie meine Tochter.

1. Psychotherapie und soziale Wirklichkeit

Die Psychoanalyse hat sich einen neuen Anwendungsbereich erschlossen, nämlich die Erforschung und die Behandlung von Gruppenkonflikten. Viele Psychoanalytiker sehen nicht mehr nur auf den einzelnen Menschen als Träger eines psychischen Apparates, dessen Funktionieren sich in mehr oder minder Lust oder Unlust im Selbsterleben abbildet. Vielmehr haben sie es gelernt, die seelische Verfassung des Individuums in Beziehung zu setzen zu der Verfassung der jeweiligen Gruppe, die auf das Individuum wirkt und auch umgekehrt von diesem mitbestimmt wird. Mehr als früher wertet man insbesondere den großen Einfluß, den die bewußten und vor allem die unbewußten Austauschprozesse in der *Familie* darauf haben, bei wem und in welcher Form eine seelische Störung zum Vorschein kommt und in bestimmter Weise abläuft.

Oft sieht man, daß ein psychisch gestörtes Individuum nicht gesund werden kann, solange das Leben in der Familie in einer tiefen Unordnung ist. Solange die Familie zum Beispiel ein laufend scheiterndes Mitglied als Sündenbock oder als ohnmächtiges Sorgenkind braucht, um eine sonst unerträgliche Gruppenspannung kanalisieren zu können. Dann gehört die psychische Störung zu der besonderen Rolle, deren Realisierung die übrige Familie von dem jeweiligen Opfer unbewußt fordert. Eine seelische Behandlung kann dann daran scheitern, daß die Familie ihr abhängiges Opfer nicht aus seiner Rolle entläßt. Aber selbst wenn es gelänge, das scheiternde Individuum aus seiner für die übrige Familie entlastenden Rolle durch Psychotherapie zu befreien, müßte man unter Umständen befürchten, daß die Familie nur zu einer anderweitigen und nicht minder verhängnisvollen Kanalisation ihrer Gruppenspannung Zuflucht nehmen würde. Konkret: Wenn ein Kind sich besser dagegen zu wehren lernt, den Ehekonflikt seiner Eltern durch eine Prügelknabenrolle zu entlasten, dann suchen sich diese Eltern unter Umständen schnell ein anderes aus ihren Kindern aus, an dem sie kompensatorisch ihre eheliche Spannung auslassen können. Oder ein anderer Fall: Eine Familie, deren unter einem gemeinsamen Konflikt dekompensiertes schwächstes Mitglied gesünder geworden ist, schafft sich plötzlich dadurch ein entspanntes Binnenklima, daß sie sich gemeinsam in feindseligem Mißtrauen gegen die Außenwelt wendet. Der unbewältigte Konflikt wird so lange überdeckt, wie es der Familie gelingt, ihre Solidarität im Kampf gegen irgendwelche Außenfeinde aufrechtzuerhalten, die in irrationaler Weise attackiert werden. Solche Lösungen sieht man zum Beispiel bei Familien, in denen ein von einem neurotischen Masochismus befreites Mitglied nicht länger bereit ist, der übrigen Familie als Zielscheibe für unbewältigte Aggression zu dienen.

Je enger jedenfalls individuelle Störungen mit derartigen übergreifenden Gruppenkonflikten zusammenhängen, um so größer ist die Gefahr, daß eine rein individuelle Therapie den betreffenden Patienten infolge des konkurrierenden Drucks der übrigen Familie nicht gesund machen kann oder daß ein Therapie-Effekt an dem kranken Individuum nur dazu führt, daß die Familie sich innerhalb oder außerhalb ihrer selbst neue Opfer sucht, an denen sie ihr unbewältigtes Problem in schädlicher Weise abreagiert.

Derartige Zusammenhänge werden in den folgenden Abschnitten noch ausführlich und differenziert verfolgt werden. Sie machen es verständlich, warum sich an vielen Stellen Bestrebungen entwickelt haben, neben einer rein individuellen Psychotherapie eine gezielt familienbezogene Psychotherapie anzubieten. Auch der Aufschwung der *Ehe- und Familienberatung* in letzter Zeit erklärt sich unter anderem aus den Möglichkeiten eines besseren Verständnisses für die Struktur und die Beeinflußbarkeit von Gruppenproblemen. Indem die Nutzbarmachung psychoanalytischer Erkenntnisse für derartige zwischenmenschliche Konflikte zu bemerkenswerten Fortschritten geführt hat, kann die psychologische beraterische Arbeit mit Ehepaaren sowie mit Eltern und

Kindern heute bereits auf verbessertem wissenschaftlichen Niveau geleistet werden und sich von dem dilettantischen Pragmatismus schrittweise befreien, der speziell die Entwicklung des Familienberatungswesens lange belastet hatte.

Aber mit der Erweiterung des psychoanalytischen Blickfeldes vom individuellen Konflikt zum Familienkonflikt, von der Einzelbehandlung zur Familientherapie, taucht eine Frage von grundsätzlicher Bedeutung auf: Wenn es richtig ist, daß individuelle Schädigungen vielfach von übergreifenden Gruppenkonflikten in der Familie mitbestimmt werden, dann muß man konsequenterweise weiter fragen: Hängen nicht die Probleme der Familie ihrerseits wiederum von allgemeineren gesellschaftlichen Einflüssen ab? Und ist es dann genügend effektiv, das Spannungsfeld innerhalb einer Familie psychotherapeutisch zu bearbeiten, wenn dieses Spannungsfeld in erheblichem Ausmaß durch außerfamiliäre soziale Faktoren mitgeprägt wird?

Am Ende solcher Überlegungen stößt man auf die *Einwände der neuen radikalen Linken* gegen jede Form von Psychotherapie überhaupt. Diese Kreise argumentieren, unser repressives Gesellschaftssystem schädige Familien wie Individuen in einem solchen Maße, daß an Stelle von privater Psychotherapie nur eine revolutionäre Änderung des ganzen Gesellschaftssystems sinnvoll sei. Und sie verdächtigen die Psychotherapie, sie fördere nur die Aufrechterhaltung des derzeitigen verderblichen Systems, indem sie problembelastete Individuen oder Familien wieder besser an das System anzupassen versuche. Denn heute bedeute doch psychische Gesundheit absurderweise, daß man sich in dieser unheilvollen Gesellschaftsordnung wohl fühle und für ihre Zwecke gut funktioniere. Demnach seien die Psychoanalytiker und die Psychotherapeuten systemstabilisierende Konformisten, die ihren psychologischen Scharfsinn dazu mißbrauchten, Unbehagen oder Konflikte zu dämpfen, indem sie zusammen mit ihren Patienten den Blick von den schädlichen Mächten unserer Gesellschaft abwendeten und im bürgerlich privaten Raum eine verleugnende Abschirmung gegen die real bestehende gewaltige Repression zu ermöglichen versuchten.

Zunächst ist der prinzipielle Einwand ernst zu nehmen, daß eine konsequente Weiterführung der sozialpsychologischen Fragestellung verlange, die Analyse über die Binnenkonflikte der

Familie hinaus auszudehnen auf Konfliktmomente in übergreifenden sozialen Institutionen und schließlich in der Struktur unserer Gesellschaftsordnung überhaupt. So wie eine individuelle Neurose oft auffaßbar ist als Symptom eines Familienkonfliktes, so kann eine Familienneurose sich unter Umständen auch als Symptom eines übergreifenden gesellschaftlichen Mißstandes deuten lassen. Und man muß ferner den Gedanken akzeptieren, daß harmonistische Gesundheitsvorstellungen im Sinne einer kritiklos glücklichen Anpassung von Individuen oder Familien an schädliche gesellschaftliche Verhältnisse kein taugliches Psychotherapeuten-Leitbild sind.

Indessen schleichen sich in die Argumentation der radikalen Psychotherapiekritiker ungerechtfertigte Unterstellungen ein. Dazu gehört erstens die in dieser Vereinfachung unhaltbare Theorie, alle Neurosen seien nichts als Ausfluß des gegenwärtigen Gesellschaftssystems. Wenn man dieses revolutionär umgestalte, werde es keine Neurosen und demzufolge auch keinen Bedarf an Psychotherapeuten mehr geben. Auf den illusionären Charakter dieser Annahme wird im folgenden noch einzugehen sein. Daß unsere gegenwärtige Gesellschaftsform in vieler Hinsicht unzulänglich und änderungsbedürftig ist, ist eine von nahezu allen Psychoanalytikern geteilte Überzeugung. Schließlich bedienen sich ja nicht nur viele der neueren führenden Gesellschaftskritiker der von der Psychoanalyse gelieferten Mittel und Einsichten, sondern eine Reihe von ihnen waren beziehungsweise sind selbst Psychoanalytiker. Die Sorge um die Erneuerungsbedürftigkeit der Konzepte und der Organisation unseres gesellschaftlichen Lebens veranlaßt manchen Psychoanalytiker, sich außer als Psychotherapeut zugleich als Forscher und Publizist mit sozialkritischen Fragestellungen zu betätigen. In der Tat verpflichtet der psychoanalytische Denkansatz geradezu zu einer Einbeziehung soziokultureller Prozesse und Strukturen in den Bereich der Phänomene, in denen irrationale Mechanismen der Verleugnung und andere Formen der Konfliktverdeckung zu enthüllen und zu beseitigen sind. Psychoanalytiker versuchen hier, kollektiv-neurotische Phänomene auf Grund der sich aufdrängenden Analogien mit klinischen Einzelbefunden zu analysieren, wobei sie freilich auf enge Zusammenarbeit mit geschulten empirischen Sozialforschern angewiesen sind, wenn sie auf dem

Felde der politischen Soziologie wirklich verläßliche Aussagen beisteuern wollen.

Die Forderung indessen, die Psychoanalyse solle sich ganz auf Gesellschaftsanalyse umstellen und ihre Anwendung als klinische Psychotherapie liquidieren, ist schwer verständlich. Was soll dann etwa mit den Menschen geschehen, die infolge vergangener Erziehungsmängel heute an neurotischen Krankheiten leiden? Soll man sie zynisch darauf vertrösten, daß eine folgende Generation nach einer zu erstrebenden Besserung des Erziehungssystems weniger zu leiden haben werde? Haben sie nicht einen unbedingten Anspruch darauf, mit den Mitteln der Psychotherapie ihre erworbenen Schäden behandeln zu lassen, um sich davon so weitgehend als möglich zu befreien? Und was soll mit jenen anderen geschehen, die unter dem Druck aktueller soziokultureller Faktoren psychogene Störungen entwickeln, ohne daß der Psychotherapeut die Macht hätte, diese gesellschaftlichen Einflüsse komplett abzuwenden? Was soll er – ein Beispiel – mit einem Kinde machen, dessen Eltern in Überangepaßtheit an das perfektionistische Leistungsideal unserer Gesellschaft eine reine Ehrgeizerziehung praktizieren und dadurch seine neurotische Dekompensation bewerkstelligen? Er wird versuchen, die Eltern und auch vielleicht die Lehrer toleranter zu stimmen. Und er wird vielleicht erreichen können, das Kind durch eine Psychotherapie besser gegen den schädlichen äußeren Druck abzuschirmen. Aber es wäre doch absurd, diese persönliche Hilfe mit dem Argument zu verweigern, daß erst die Gesellschaft ihre fälschliche Verabsolutierung des Leistungsideals revidieren müsse.

Der psychoanalytische Arzt kann sich nicht leicht des Eindrucks erwehren, daß der Kampfruf für eine Selbstaufgabe der Psychotherapie zugunsten eines reinen politischen Aktionismus im Unterton etwas von derjenigen Inhumanität verrät, die zu beseitigen man ausgezogen zu sein vorgibt. Wie kann man ernstlich die Heilung psychisch kranker Individuen oder Familien als eine verwerfliche Ablenkung von den angeblich allein relevanten gesellschaftspolitischen Problemen diskriminieren? Der Verdacht liegt nahe, daß von einigen extremen Gruppen sogar eine ungehinderte Ausbreitung psychischen Leidens als strategisches Mittel einkalkuliert sein könnte, um den Nährboden für den einzig erstrebten gesellschaftlichen Umsturz zu verbessern.

Aber selbst eine derartige inhumane Strategie würde auf eine Illusion bauen: Neurotisch Erkrankte sind am allerwenigsten geeignet, die Gesellschaft zu kurieren. Nur Menschen, die mit ihren eigenen Problemen einigermaßen offen und jedenfalls ohne grobe neurotische Einengung umgehen können, vermögen eine Umbildung gesellschaftlicher Normen in Richtung repressionsfreier Toleranz zu garantieren. Der Neurotiker muß, wie Freud[35]* gezeigt hat, aus unbewußtem Wiederholungszwang immer wieder seine unbewältigten Konflikte reproduzieren. Mag er noch so leidenschaftlich für fortschrittliche gesellschaftliche Ziele agitieren, er wird immer außerstande sein, eine Freiheit zu gestalten und anderen zu gönnen, die er nicht *in sich* hat. Im Moment des Sieges über die äußeren Unterdrücker wird er zu seiner und seiner Umwelt Erschrecken aus neurotischem Zwang die Chancen wieder zerstören müssen, denen sein leidenschaftlicher Kampf erklärterweise gegolten hatte. Auch deshalb verdient die Arbeit an den Neurosen der Familien und der Individuen – neben allen wichtigen politischen Bemühungen um eine Verbesserung der gesellschaftlichen Verhältnisse im Großen – eine andere Bewertung, als ihre linksradikalen Kritiker ihr heute zubilligen möchten. Jede geglückte Psychotherapie gibt einer Familie beziehungsweise einem Individuum die Möglichkeit, sich den eigenen Problemen mutiger und offener zu stellen, diese besser als zuvor zu durchschauen und ihre verzerrenden irrationalen Einwirkungen auf den Umgang mit der sozialen Realität wie mit sich selbst einzuschränken. Damit schafft jede erfolgreiche Psychotherapie einen neuen kleinen Stützpunkt für die Verwirklichung und Durchsetzung freiheitlicherer Formen der Erziehung und des menschlichen Zusammenlebens allgemein.

Nun sagen manche unbeirrte Psychotherapiekritiker: Was ihr Therapeuten so schön programmatisch über euer Behandlungsziel formuliert, das tut ihr in Wirklichkeit gar nicht. Ihr verkündet zwar, ihr erstrebtet in jedem Falle eine Erweiterung des Bewußtseins und eine Stärkung des sozialen Verantwortungssinns. Ihr vermitteltet euren Analysanden die Chancen eines von Verleugnungen und autoritären Abwehrformen befreiten Um-

* Die hochgestellten Zahlen sind Hinweise auf das Literaturverzeichnis am Ende des Buches.

ganges mit den sozialen Aufgaben. Tatsächlich ist das nur eine illusionäre Verheißung. Die Praxis widerspricht diesen wohlklingenden Grundsätzen. In Wirklichkeit verhelft ihr euren Klienten nur zu einer besseren privaten Panzerung gegen schädliche soziale Verhältnisse oder sogar zu einer konfliktverleugnenden Identifizierung mit verhängnisvollen gesellschaftlichen Strukturen.

Es steht der Psychoanalyse wohl an, sich selbst nicht zu schonen, wenn sie aufgefordert wird, ihr Instrument zur Aufdeckung von Selbsttäuschungen auf die eigene Sache anzuwenden. Es ist zwar sehr leicht, darauf hinzuweisen, daß die Förderung von Verleugnungstaktiken oder konformistischen Identifizierungen gegenüber oder mit repressiven Mächten das diametrale Gegenstück zu den deklarierten Prinzipien der Psychoanalyse wäre. Immerhin ist ernsthaft zu überprüfen, ob nicht tatsächlich unter Verwendung des Etiketts Psychoanalyse oder Psychotherapie gelegentlich etwas praktiziert wird, was die zitierte Kritik meint.

Die neuerdings verschiedentlich vorgetragenen Bedenken lassen sich auf zwei Formeln hin präzisieren:

1. Die analytische Psychotherapie *entferne die Patienten zu sehr von der sozialen Realität,* indem sie sich ausschließlich mit inneren psychischen Konflikten und deren Verarbeitung beschäftige.

2. Das medizinische Heilungsziel, die Befreiung von Leiden, verführe die analytische Psychotherapie häufig zu einer indifferenten *«Anpassungstherapie»*.

Zu Punkt 1:

Der erste Einwand läßt sich auf zwei Sachverhalte beziehen, die in ihrer Bedeutung sehr unterschiedlich einzuschätzen sind.

Die Psychoanalyse und alle auf ihr basierenden Verfahren der Psychotherapie (zum Beispiel analytische Familientherapie, analytische Gruppentherapie) stützen sich vornehmlich auf die Methode der *Introspektion.* Die Patienten beobachten ihre inneren Vorgänge und denken über die Motive ihres Verhaltens nach. In der Familien- oder Gruppentherapie werden obendrein die hintergründigen Prozesse zwischen den beteiligten Patienten studiert und bearbeitet. Gegenstand der Therapie sind jedenfalls Gefühle, Wünsche, Abwehrmechanismen, die durch «Innenschau» aufgedeckt werden. Die äußere Welt wird insoweit thematisiert, als in der Behandlung gefragt wird: Wie gehen die Patienten mit der Außenrealität um, und warum gehen sie so mit ihr um? Die umgekehrte Frage: Was macht die äußere Welt mit den Patienten? spielt nur eine ganz untergeordnete Rolle in der Einzeltherapie, in der Familientherapie wird sie immerhin insofern berücksichtigt, als zum Beispiel die Eltern eines kranken Kindes als Agenten der Gesellschaft einbezogen werden.

Immerhin ist allgemein zuzugeben, daß die geübte Methode der Introspektion geradezu darauf abzielt, daß die Patienten gegenüber ihren Beziehungen zu der äußeren Welt vorübergehend einen größeren Beobachtungsabstand gewinnen. In diesem Sinne ist das Urteil durchaus korrekt, daß die Psychoanalyse die Analysanden von der sozialen Realität entferne. Nur ist der Zweck dieser Taktik ein ganz anderer als der von den Kritikern unterstellte, nämlich nicht etwa eine definitive Verdünnung dieses Kontaktes, sondern nur seine Klärung.

Psychisch gestörte Individuen sind ja ursprünglich nur mangelhaft fähig, die soziale Realität so zu erleben, wie diese wirklich ist. Sie gehen mit einem Zerrbild von Wirklichkeit um, das durchmischt ist mit vielen unbewußten Projektionen eigener innerer Probleme. Der lange introspektive Prozeß des Selbsterkennens in einer analytischen Therapie belehrt die Patienten erst darüber, wieviel Realität sie vorher unter Einfluß ihrer unbewußten Konflikte falsch gesehen, gar nicht gesehen oder falsch gehandhabt haben. Die Länge und Gründlichkeit dieses Prozesses führt bei korrekter Lenkung viele Betroffene erstmalig zu einem von neurotischen Verzeichnungen gereinigten Bild ihrer persönlichen und der allgemeinen sozialen Situation und ermöglicht ihnen zugleich, sich ihren nunmehr richtig verstandenen sozialen Aufgaben mit unbeeinträchtigter Energie zuzuwenden. In der vorschriftsmäßigen analytischen Therapie herrscht zwischen introspektiver Selbsterkenntnis und sinnvollem sozialen Engagement also kein Ausschließungs-, sondern umgekehrt geradezu ein Bedingungsverhältnis.

Um diesen Sinn analytischer Behandlungen zu erfüllen, mußten und müssen die Analytiker freilich kontinuierlich lernen, ihre Methode den sich immer wieder verändernden Therapiebedingungen anzupassen. In Zeiten, als die analytischen Behandlungen im Durchschnitt wesentlich kürzer waren, konnte man das Ideal vertreten, die Analyse wie in einer Art Klausur vorzunehmen, wobei man wünschte, daß die Patienten sich in dieser verhältnismäßig kurzen Phase weitgehend in sich selbst beziehungsweise in die Behandlung zurückzogen und nach Möglichkeit kaum wichtige praktische Entscheidungen vornahmen. Dieses Prinzip mußte man verlassen, als man die Behandlungen um der Gründlichkeit willen verlängerte. Man mußte einsehen, daß die praktische Entscheidungsfähigkeit der Patienten eher Schaden leiden könnte, wenn man sie in den inzwischen verlängerten Therapien nicht ausdrücklich unterstützte. Seither hat sich die Analyse erheblich verändert. *Das praktische Handeln der Patienten während einer Analyse gilt nicht mehr grundsätzlich als ein die Analyse eher störendes «Agieren», sondern sogar als ein vordringlich gewordenes Feld der analytischen Arbeit.* Das Ich der Patienten in seiner Entscheidungsfunktion fortlaufend zu analysieren und vor allem auch zu kräftigen, wird zum Beispiel von Rangell, dem neuen Präsidenten der International Psychoanalytical Association, immer wieder nachdrücklich verlangt. Und mit Recht erhofft er sich obendrein von einer intensiveren Erforschung der Entscheidungsfunktion theoretische Einsichten von besonderer Tragweite: «Tiefenpsychologisches Verständnis für den Entscheidungsvorgang zu gewinnen, ist vielleicht die dringendste sozialpsychologische Aufgabe, die uns (gemeint sind die Psychoanalytiker, der Verf.) gestellt ist.»[71]

Insofern haben also die Psychoanalyse-Kritiker sicher Unrecht, wenn sie unterstellen, das psychoanalytische Behandlungskonzept an sich – das sie meist nur von seiner früheren Formulierung her kennen – vernachlässige die sozialen Bezüge der Patienten zugunsten der überbewerteten intrapsychischen Welt.

Immerhin gibt es einen anderen Sachverhalt, der in diesem Zusammenhang tatsächlich Bedenken rechtfertigt. Man hört gelegentlich von einzelnen Psychotherapeuten, die ungeachtet aller fortschrittlichen Entwicklungen in der Psychoanalyse nach wie vor ungern das Handeln ihrer Patienten in der Außenrealität bearbeiten und sich dabei vorstellen, alle äußeren Verstrickungen ihrer Kranken seien eigentlich nur Verschiebungen oder Fluchtreaktionen aus der therapeutischen Situation heraus. Die Patienten gewinnen dabei den Eindruck, der Therapeut wolle von ihnen möglichst wenig über ihr Handeln hören. Obwohl damit faktisch ein autoritär moralisierendes Element in die Behandlung hineinkommt, ist nicht gesagt, daß sich Patient und Therapeut dessen bewußt werden.

Es kann im Gegenteil der Fall eintreten, daß beide Seiten auf diese Weise eine Tendenz nach *«Überidealisierung der Analyse»* (Greenacre[42]) befriedigen. Derartige Entartungen der therapeutischen Situation können sich freilich leichter in Einzel- als in Gruppenbehandlungen ereignen. Dabei wird die Analyse zu einer Art von religiösem Ritus. Analysand und Analytiker stützen sich wechselseitig in der Idee, die Psychoanalyse sei etwas unendlich Großes, und sie sei obendrein allmächtig. Diese aus unbewältigten narzißtischen Bedürfnissen herrührende Überschätzung der Analyse kann dazu führen, daß Analysand und Therapeut die Stunden des gemeinsamen Grübelns und Meditierens zu einer wunderbaren Oase inmitten einer unbefriedigenden und vor allem ängstigenden Realität ausbauen. Damit wird zugleich die Bedeutung einer derart überbewerteten Analyse als Zufluchtsstätte deutlich: Beide, Patient und Analytiker, halten ihre aggressiven Gefühle aus der Behandlungssituation fern, indem sie diese zur Entwertung der Außenrealität benutzen (Greenacre). Sie vollziehen miteinander eine ressentimenthafte Reaktionsbildung: Die gefährliche, unsympathische soziale Wirklichkeit interpretieren sie zu etwas ganz Unwichtigem um. Mit Verachtung bis zu regelrechtem Abscheu – Produkte der Ressentimententwicklung – entwerten sie die äußere Realität zugunsten einer geradezu kultischen Hingabe an das verherrlichte psychische Innenreich mit seinen wunderbaren Symbolen und geheimnisvollen dynamischen Prozessen. Innen sei die eigentliche Welt, so glauben sie fest, draußen sei nicht viel mehr als Schein. So rechtfertigen sie illusionärerweise ihren Rückzug aus den Anforderungen der praktischen Realität in die kontemplative Als-ob-Welt des Analysierens. Damit schirmen sie sich durch einen ähnlichen Panzer ab, wie ihn früher offenbar manche Varianten idealistischer metaphysischer Systeme für ihre Schöpfer und Anhänger geliefert hatten.

Natürlich verdient eine derart abgeirrte «Behandlung» in keinem Falle mehr den Namen Psychoanalyse. Sobald ein Therapeut seinen Patienten systematisch in der Phantasie bestärkt, die Analyse habe die Macht, alle Interaktionsprobleme mit der äußeren Wirklichkeit eines Tages wie bloße Trugbilder hinwegzufegen, täuscht er ihn. Er manövriert ihn in eine narzißtische spiritualistische Illusion hinein und bricht gleichzeitig sein Versprechen, ihm in allen Bereichen bei der Verarbeitung verdeckter Probleme zu helfen. Statt dessen betreibt er nunmehr eine «zudeckende» Psychotherapie. Im Grunde ist es eine von Therapeut und Patient gemeinsam agierte, wenn auch verleugnete Phobie. Die psychoanalytische Behandlung, eigentlich eine Probe, ein Experiment zum Erlernen eines freieren Umgangs mit sich selbst und der sozialen Welt, wird zu einer schützenden Zufluchtsstätte «umfunktioniert». Indem dann schließlich diese Zufluchtsstätte sogar noch überidealisiert wird, bleibt dem Patienten vermutlich kaum mehr anderes übrig, als sich einmal später den bedauernswerten Individuen hinzuzugesellen, die suchtartig jahrzehntelang eine «Analyse» an die andere reihen, weil sie von der Illusion nicht mehr loskommen, nur in der Analyse selbst die höchste Lebenserfüllung finden zu können.

Auf diese Weise können also gelegentlich Einsichten und technische Mittel der Psychoanalyse in gefährlichster Weise mißbraucht werden. Es versteht sich, daß man mit einer notwendigen Kritik solcher Phänomene nicht die Psychoanalyse selbst, sondern genaugenommen eine Form des Verrats an ihr trifft.

Zu Punkt 2:
Aber die gegenwärtig aus den Kreisen der radikalen Linken vernehmliche Psychotherapie-Kritik zielt gar nicht einmal in erster Linie auf diese phobisch ressentimenthafte Überidealisierung der Analyse, sondern noch betonter auf eine erklärte *Anpassungspsychotherapie*. Bei dieser Art von Psychotherapie wird nicht versucht, den Druck unbewältigter Sozialprobleme durch ideologisierende Reaktionsbildung und Verleugnung zu mildern, sondern umgekehrt durch Förderung von Anpassung. Die soziale Realität wird diesmal nicht spiritualistisch entwertet, sondern kritiklos als eine übermächtige Gegebenheit akzeptiert: Der Patient solle lernen, seine persönlichen Bedürfnisse den äußeren Normen immer dort zu opfern, wo sie mit diesen in Widerstreit geraten.

Tatsächlich hat diese Vorstellung von den Aufgaben der Psychotherapie ausgesprochen oder unausgesprochen lange Zeit Einfluß ausgeübt, und es ist noch heute notwendig, sich ernsthaft mit ihr auseinanderzusetzen.*

Ihre Verführungskraft versteht sich, wie man in einer ausführlicheren Analyse dartun könnte, aus dem historischen Versuch, das Modell der Psychologischen Medizin mit demjenigen der Organmedizin zu parallelisieren[76]. Der Organmediziner arbeitet mit einem verhältnismäßig unproblematischen Begriff von Umwelt: Der Organismus findet eine relativ konstante Umwelt vor, in der Luftzusammensetzung, Lufttemperatur, Luftdruck, Wasser, Nahrungsmittel, Mikroorganismen und andere Bedingungen Leben und Gesundheit ermöglichen. Bei Wechsel in eine andere Umwelt, etwa in eine andere Klimazone oder in eine andere Höhenlage, muß der Organismus lernen, sich an das neue Milieu anzupassen – etwa durch Gewöhnung an neue Ernährungsweise, durch Umstellung des Stoffwechsels, durch Vermehrung der roten Blutkörperchen bei Senkung der Sauerstoffspannung in größeren Höhen, usw. Somit wird eine maximale Anpassungsbreite des Organismus zur medizinischen Idealnorm. – Entsprechend hat man lange Zeit versucht, in der Psychologischen Medizin mit einem ähnlichen Umweltbegriff zu arbeiten. Das System der gültigen gesellschaftlichen Normen wurde etwa wie das System der biologischen Umweltbedingungen interpretiert. Demnach wäre ein Idealfall dasjenige Individuum, das es am besten verstände, sich in extrem unterschiedliche soziale Bedingungen jeweils mit einem Maximum an Funktionstüchtigkeit und Wohlbefinden einzuordnen.

Konsequent zu Ende gedacht entsteht das Wunschbild eines Menschen, der in einem Krieg als Soldat mit gleich gutem Schlaf, Appetit und Angstfreiheit zu schießen und zu töten vermag, so wie er in friedlicheren Zeiten etwa seinen Tag als Handwerker verbringt. Er bleibt «psychisch normal», ganz gleich, wie human oder inhuman die sozialen Verhältnisse sind, in denen er lebt. Die Problematik eines derart unkritischen Begriffes von psychosomatischer Idealnorm ist unverkennbar, denn am ehesten werden sich doch solche Menschen um eine fortschreitende Humani-

* Vgl. hierzu: P. Fürstenau: ‹*Ich-Psychologie und Anpassungsproblem. Eine Auseinandersetzung mit Heinz Hartmann.*› *Jahrbuch der Psychoanalyse* 3, 1964, S. 30.

sierung der gesellschaftlichen Verhältnisse bemühen, die an inhumanen Zuständen besonders leiden. Wenn ein differenzierter, sensibler Mensch, verstrickt in eine Situation von massiver Unrechtsausübung und Brutalität, Schlafstörungen, Kopfschmerzen und Arbeitshemmungen entwickelt, so können dies sinnvolle psychosomatische Korrelate für das Gefühl der Unerträglichkeit der Situation sein. Man kann sie in diesem Fall als adäquate Alarmsignale dafür verwerten, daß die äußere Zumutung die Grenze überschritten hat, innerhalb deren eine differenzierte Persönlichkeit ihr psychosomatisches Gleichgewicht stabil zu halten vermag. *Die Begrenztheit der psychosomatischen Anpassungsfähigkeit erscheint unter diesem Aspekt als ein durchaus wertvolles Regulativ*, gegen dessen Beachtung eine eingeengt symptomatologisch orientierte Medizin indessen seit langem effektiv angeht.

Es ist jedenfalls eine in hohem Grade bedenkliche Tradition, seelische «Anpassungsstörungen» schlechthin automatisch als medizinische Defekte einzustufen und in jedem Fall als reaktivierte Kindheitskonflikte individuell zu behandeln, ohne zu prüfen, ob in der jeweiligen gegebenen sozialen Situation eine symptomfrei gelungene Anpassung nicht eigentlich bedenklicher wäre als eine mißlungene.

Beispiele dafür, in was für ein schiefes Licht sich Psychotherapie bringen kann, wenn sie sich als Anpassungshilfe um jeden Preis mißversteht, finden sich in Hülle und Fülle. Bei Durchsicht der älteren psychiatrischen Literatur über die sogenannten Kriegsneurosen stößt man nur ausnahmsweise auf Überlegungen, daß eine konfliktlose Anpassung von Soldaten an die Welt des Tötens nicht unbedingt Ziel psychotherapeutischer Interventionen sein müßte. In seinem psychiatrischen Bestseller ‹*Their Mother's Sons*› argumentierte E. A. Strecker[87] sogar ausdrücklich für eine Revision des amerikanischen Erziehungssystems (Vermeidung von mütterlicher Verweichlichung) unter Hinweis auf die als beschämend empfundene Tatsache, daß im letzten Weltkrieg viele junge amerikanische Männer infolge seelischer Störungen kriegsdienstuntauglich gewesen oder geworden seien.

Aber es ist nicht nötig, für die Problematik einer unkritischen Anpassungspsychotherapie Beispiele aus gesellschaftlichen Extremsituationen wie Krieg heranzuziehen. In der psychotherapeutischen Alltagspraxis hat der Arzt laufend bei dem einen oder anderen Fall Schwierigkeiten, ob er eine ihm zur Behandlung angebotene seelische Anpassungsstörung als individuelle Entgleisung oder eher als Alarmsignal dafür ansehen soll, daß das betreffende Individuum überlastenden sozialen Einflüssen ausgesetzt ist. Oft muß man einsehen, daß Symptome zwar im üblichen medizinischen Sinne neurotisch krankhaft sind, in sozialpsychologischer Sicht indessen als positives Zeichen eines «gesunden» Widerstandes gegen eine verhängnisvolle soziale Situation zu verstehen sind. In solchen Fällen verfehlt ein analytischer Psychotherapeut seine Aufgabe, wenn er sich lediglich als Reparateur der neurotischen Symptome beziehungsweise des diese Symptome hervorrufenden individuellen psychischen Mechanismus begreift. Denn damit würde er, eingestanden oder uneingestanden, sich mit einer Anpassungsforderung identifizieren, die in dieser sozialen Situation nicht gutgeheißen werden kann. Eine «Heilung» in dem Sinne, daß ein Individuum mit Hilfe eines Psychotherapeuten lernt, eine ihm aufgezwungene schädliche soziale Rolle endlich widerstandslos beziehungsweise symptomfrei zu assimilieren, stände zu den Prinzipien der Psychoanalyse in schroffem Widerspruch.

Nun ist allerdings zu bedenken, daß ein Psychotherapeut sich mitunter zu ohnmächtig fühlt, um an einer schlimmen sozialen Situation etwas zu ändern, unter deren Druck der jeweilige Kranke dekompensiert ist. Und er weiß unter Umständen, daß er auch den Patienten nicht in den Stand setzen kann, die übermächtigen äußeren Verhältnisse entscheidend zu bessern. Wenn die äußere Situation indessen unabänderlich scheint, so ergibt sich immerhin noch die Chance, einem Patienten darin beizustehen, daß dieser wenigstens innerlich seine Eigenständigkeit und Freiheit besser konsolidiert und Kräfte für eine spätere Chance sammelt, die verhängnisvolle äußere Situation zu modifizieren, ohne daß der Patient sich in selbstschädigender Weise nur weiterhin ungeduldig aufreibt.

Mitunter haben Psychotherapeuten indessen durchaus eine Gelegenheit, zusammen mit ihrem Patienten krankheitsauslösende äußere Faktoren zu verändern. Hier wäre die Zuflucht zu einer bloßen «Anpassungstherapie» vollends unentschuldbar. Zwei Beispiele aus dem Bereich der Erziehungsberatung mögen eine solche Konstellation verdeutlichen:

Eine Mutter bringt ihre zehnjährige Tochter zum Psychotherapeuten, weil die Tochter bei den Mahlzeiten über Appetitmangel klagt und nur ganz wenig ißt, andererseits heimlich aus der Speisekammer nascht. Man kann die Störung des Mädchens sofort in herkömmlicher Weise als «neurotische Eßstörung», verbunden mit «neurotischem Naschzwang», klassifizieren. Die Mutter beabsichtigt, das Kind beim Therapeuten als «Patientin» oder, noch genauer, als «Übeltäterin» abzuliefern und nach Reparatur des Defektes wieder aus der Behandlung in Empfang zu nehmen. Sie selbst erscheint also lediglich als Auftraggeberin, als gesunde Angehörige, die das Kind für die erforderliche therapeutische Maßnahme genauso bereitstellt wie für eine Operation an den Mandeln oder am Blinddarm. Und es ist nicht zu leugnen, daß manche Erziehungsberater lange Zeit blindlings die von solchen Müttern angebotene Rolle akzeptierten. Das heißt, sie stellten sich wie selbstverständlich darauf ein, die Eßstörung des Kindes als eine rein individuelle Verhaltensstörung anzusehen und zum Objekt therapeutischer Beeinflussung zu machen. Im Bunde mit der Mutter versuchten sie, das Kind wieder zu «ordentlichem Essen» zu erziehen.

In Wirklichkeit reagiert das genannte zehnjährige Mädchen mit seinen Eß-Symptomen protesthaft auf ein bedenkliches Verhalten seiner Mutter. Die herrschsüchtige Mutter engt das Mädchen stark in seinem Spielraum ein und kontrolliert sie überall. Dabei erwartet sie fortwährend Äußerungen von Dankbarkeit für ihre Fürsorge. Die Tochter kommt gegen ihre Bevormundung nicht an. Das Essen spielt für die Mutter eine besondere Rolle, es gehört zu den Vorzugsinstrumenten ihrer Herrschaft. Die Familie muß mit Lob und Wohlbehagen ihre Speisen genießen, sonst reagiert sie prompt gekränkt und macht einschüchternde moralisierende Vorwürfe. Der Vater, der sich ebensowenig wie die Tochter gegen die Mutter offen durchzusetzen vermag, drückt sich oft vor den häuslichen Mahlzeiten unter Vorschützung geschäftlicher Verpflichtungen. Die Tochter spürt die heimliche väterliche Opposition und weiß sich mit ihm darin einig. Ihr Schwanken zwischen Nichtessen und geheimer Naschlust ist in der Tat überwiegend ein maskiertes Aufbegehren gegen die ihr unerträglich gewordenen mütterlichen Bevormundungen. Es ist eine averbale Opposition an einem Punkte, an dem die Mutter besonders leicht irritierbar ist. Hier kann das Mädchen die Mutter, die eine Abweisung ihrer Speisenangebote nicht ertragen kann, aus Rache für die Unterdrückung bestrafen, die sie selbst erdulden muß. Infolgedessen versteht man das Eßproblem des Mädchens in adäquater Weise erst, wenn man es im Zusammenhang mit dem Verhalten der Mutter sieht. Gestört ist nicht das Kind für sich, sondern gestört ist die Kommunikation in der Familie, primär infolge des unbeherrscht rücksichtslosen Agierens der Mutter. Die Symptome des Kindes sind Zeichen einer verzweifelten Defensive gegen eine Vergewaltigung, zu deren Abwehr es in seiner Hilflosigkeit und Angst keine besseren Mittel gefunden hat.

Das Mädchen hätte vielleicht die Chance, die Symptome zum Verschwinden zu bringen, wenn es lernen würde, sich der Mutter endlich zu unterwerfen. Vielleicht könnte sich das Mädchen auch auf eine weniger provokative Form der Resistenz umstellen und sich damit auf ungefährlichere Weise gegen die Mutter abschirmen, so wie es etwa der Vater tut. Alle diese Auswege wären jedoch schlechter als ein Versuch des Therapeuten, sich direkt an die Mutter zu wenden, um sie in geduldigen, wenn auch sicher sehr schwierigen Bemühungen dazu zu bringen, ihren belastenden Druck auf die übrige Familie aufzugeben. Auch der Vater sollte dazu angehalten werden, sich nicht länger vor einer offenen Aussprache der Familienprobleme durch Flucht zu entziehen. Geht der Analytiker dieser familientherapeutischen Aufgabe aus dem Wege, muß er in den Augen des Kindes letztlich als ein korrupter Feigling erscheinen, der sich gegen bessere psychologische Einsicht von der Mutter genauso wie der Vater manipulieren läßt. Und er würde die Schwierigkeiten dieses Mädchens, seinen Abhängigkeitskonflikt je zu überwinden, eher noch verstärken als mindern.

Ein anderes Beispiel: Fast täglich kommen Eltern mit Kindern und Jugendlichen zu Psychotherapeuten, um die Schul- oder Studienleistungen ihres Nachwuchses verbessern zu lassen. Überaus häufig indessen drücken solche Arbeitsstörungen Konflikte aus, die ursprünglich gar nichts mit der Arbeit zu tun haben. Ein Kind rächt sich zum Beispiel durch schlechte Schulleistungen an Eltern, die ihm die meisten seiner Wünsche abschlagen, aber ihren eigenen ungestillten Ehrgeiz mit Hilfe seiner Schulerfolge kompensieren wollen. Die «Faulheit» des Kindes ist seine letzte Möglichkeit, aus dem Rollenzwang auszubrechen und sich noch einen Rest Freiheit zu bewahren. Eigentlich steckt gerade in seiner «Leistungsstörung» der Rest seiner psychischen Gesundheit. Denn hier handelt das Kind noch aus seinem eigenen Selbst heraus. In diesem Bezirk ist es noch nicht aufgesogen von der Rolle, die ihm die ehrgeizigen egozentrischen Eltern überstülpen wollen. Nichtsdestoweniger gibt es Psychotherapeuten, die kindliches Leistungsversagen so automatisch als therapiebedürftigen Mangel hinnehmen wie ein Mechaniker den Schaden einer Maschine. Ohne zu überlegen, ob nicht vielleicht die Leistungsunwilligkeit eines Kindes ein Hinweis sein könnte, den eigentlichen Störungsherd ganz woanders zu suchen, nämlich bei den Eltern.

Das soll natürlich nicht heißen, daß ein Psychotherapeut ein Kind, das aus unbewußtem Protest in seinen Leistungen versagt, etwa in seiner Leistungsunwilligkeit obendrein noch bestärken sollte. In dieser Form des Protestes fügt das Kind sich zumeist auf die Dauer mehr Schaden zu als denen, gegen die es opponieren will. Das Kind wird vermutlich jedoch wieder spontan Leistungsinteressen – wenn auch vielleicht nicht gerade auf dem von den Eltern vorzugsweise gewünschten Gebiet – entfalten, sobald es Leistung als freie eigene Initiative erleben kann und nicht mehr als aufgezwungenen Dienst zur Erfüllung egoistischer Elterninteressen. Deshalb muß Hauptansatzpunkt einer Therapie zunächst das Problem der Eltern sein, die ihre traumatische Rollenforderung revidieren müssen. Hier wiederum mag man darauf stoßen, daß die Eltern ihr eigenes lädiertes Selbstwertbewußtsein nur durch uneingeschränkte Konformität mit dem speziell in ihrer Schicht hochbesetzten Leistungsideal stabil halten zu können glauben. Vielleicht kann man als Psychotherapeut ihre diesbezügliche Angst reduzieren. Denn möglicherweise dient ihnen, wie so oft, besonderer Leistungsehrgeiz nur zur Kompensation anderweitiger Insuffizienz- und Schuldgefühle. Kann man ihnen helfen, diese abzubauen, vermögen sie vielleicht ihr auf das Kind verschobenes rigoristisches Leistungsideal einzuschränken. Der reale Druck gesellschaftlicher Normen in puncto Leistung, der auf Eltern wie Kind in unserer Kultur wirkt, setzt der Arbeit des Psychotherapeuten allerdings schließlich jene zuvor diskutierte Grenze der ärztlichen Wirksamkeit am Einzelfall.

Zusammenfassend läßt sich den modernen Psychotherapiekritikern immerhin zugestehen, daß sie zu Recht vor zwei Auswüchsen von Psychotherapie warnen: Erstens vor der Flucht aus unbewältigten Sozialkonflikten in eine egozentrische spiritualistische Innenschau, die durch ideologisierende Reaktionsbildung ressentimenthaft gegen die entwertete soziale Wirklichkeit überhöht wird. Zweitens vor einer mehr oder minder korrupten Anpassungstherapie, die ebenso wie die zuerst genannte phobische Therapie der Realitätsverleugnung gegen die Prinzipien verstößt, nach denen die Psychoanalyse konzipiert ist. In der Tat läßt sich schwer verhindern, daß die hochbrisanten Einsichten und die methodischen Instrumente der Psychoanalyse von manchen phobisch weltflüchtigen oder von einigen unkritisch konformistischen Psychotherapeuten mißbraucht werden. Immerhin ist es wichtig genug, immer wieder auf derartige Gefahren aufmerksam zu machen und nicht zu verschweigen, daß die Schäden einer falsch gehandhabten Psychotherapie nicht minder groß sein können als die befreienden Effekte einer unverfälschten Psychoanalyse.

Insgesamt ist der modernen Psychotherapiekritik also durchaus zu bescheinigen, daß sie zur Anregung einer selbstkritischen Besinnung der Psychotherapie auf Möglichkeiten ihrer Entartungen beigetragen hat. Auf der anderen Seite aber bedarf auch die bereits zuvor begonnene Reihe von Einwendungen gegen eine überspitzte soziologistische Polemik gegen Psychotherapie noch einiger Ergänzungen.

Die Behauptung, neurotische Leiden erwüchsen nur aus soziokulturellen Mißständen, ist nicht aufrechtzuerhalten. Der soziokulturelle Faktor ist nur *eine* der Bedingungen von Neurosen und psychosomatischen Krankheiten. Die *Erbpsychologie* beweist, daß verschiedene Formen von Neurosen und Psychosen mit hoher Konkordanz selbst bei solchen eineiigen Zwillingen auftreten, die unmittelbar nach der Geburt getrennt worden und in sehr unterschiedlichem Milieu erzogen worden sind[85]. Unkritischer Soziologismus führt leicht zu einer Unterschätzung des Erbfaktors.

Neben den unvermeidlichen biologischen Determinanten verkennen die extremen Kritiker auch die Bedeutung des Spielraums für persönliche Entscheidungen. Neben Neurosen, die tatsächlich weitgehend zwangsläufig aus überlastenden Umwelteinflüssen erwachsen, sieht man als Psychoanalytiker sehr oft seelische Störungen, die zum erheblichen Teil Folgen vermeidbarer persönlicher Fehlentscheidungen der Betreffenden sind. Individuen oder Familien entziehen sich aus eigenem Verschulden der Bewältigung ihnen aufgegebener Probleme. Diese Probleme, vor deren Inangriffnahme sie sich scheuen, schaffen steigende Spannungen, die endlich in neurotische Symptommanifestationen münden. Daß es indessen durchaus in den Kräften dieser Personen steht, mit den pathogenen Problemen fertig zu werden, beweisen sie in günstigen Psychotherapieverläufen dadurch, daß sie nur eines kontinuierlichen Anstoßes durch erhellende psychotherapeutische Interpretationen bedürfen, um die Aufgaben selbst aktiv zu lösen, an denen sie zuvor verzagt waren.

Die Erfahrungen der Psychoanalyse widersprechen jedenfalls den Theorien eines resignativen soziologistischen Determinismus, die den Anschein erwecken, der einzelne oder die Familie seien nichts als wehrlose Objekte gesellschaftlicher Faktoren. Trotz des Drucks vieler schädlicher soziokultureller Einflüsse und der einengenden Wirkungen der Erbkonstitution haben die Menschen eine Chance, an ihren individuellen und ihren Gruppenproblemen zu arbeiten und zahlreiche konfliktverdeckende Mechanismen durch Enthüllung abzubauen. Hier kann die Psychoanalyse dem einzelnen wie der Familie eine wichtige Hilfe leisten. Diese Arbeit im kleinen Kreis kann natürlich den politischen Kampf für eine freiheitlichere Umgestaltung im ganzen nicht ersetzen. Aber sie wird durch diesen Kampf ihrerseits keineswegs überflüssig, und sie wird sogar auf die Dauer dazu beitragen können, die Voraussetzungen in den Menschen zu verbessern, diesen Kampf effektiver zu führen.

Diejenigen Individuen aber, die heute die Chance einer aktiven Überwindung ihrer neurotischen Probleme in der erklärten Hoffnung vertun, eine revolutionäre Umgestaltung der Gesellschaft werde ohnehin automatisch alles psychische Leiden auflösen, dokumentieren in Wirklichkeit eine tiefe depressive Hoffnungslosigkeit.

In der Psychotherapiefeindlichkeit mancher radikaler Gruppen offenbart sich tatsächlich allem Anschein nach eine Art von irrationaler Resignation. Viele leugnen deshalb einen Anteil von

Selbstverantwortung für ihre unbewältigten Konflikte, weil es ihnen aus depressiver Verzagtheit heraus an dem Mut fehlt, sich ihr persönliches Versagen einzugestehen und sich damit auseinanderzusetzen. Das Bild einer völlig verkommenen Welt, als deren gelähmte Opfer sie sich darstellen, erlöst sie von dem Gefühl persönlich verschuldeten Gescheitertseins und ist zugleich ein gigantisches projektives Spiegelbild ihrer eigenen inneren Entmutigung.

2. Einige Reflexionen über die Probleme der Familie im sozialen Wandel

Die Familie ist ein Schauplatz, wo die in den verschiedenen Generationen aktualisierten emotionalen Strömungen von Depression, Angst, defensivem Beharrungswillen und Protest aufeinanderstoßen. Häufig prallen freilich auch nur eine offen ausagierte mit einer durch Verleugnungen und Projektionen abgeschirmten Depression aufeinander. Speziell die Familie mit heranwachsenden Kindern, älteren Schülern, Studenten wird neuerdings oft von den Spannungen erschüttert, die völlig unerwartet Abgründe zwischen Menschen aufreißen können, die nie zuvor an ihrer harmonischen Solidarität gezweifelt hatten. In kurzen Abständen sieht man in einer Psychosomatischen Klinik ratlose Eltern, deren vordem brav angepaßte Kinder plötzlich die Schule verlassen, das Studium aufgeben, in einer Kommune leben oder mit Altersgenossen einfach herumziehen wollen. Und zahlreiche dieser Eltern halten sich viel auf ihren liberalen Erziehungsstil zugute: «Es gäbe überhaupt keinen vernünftigen Grund für den Jungen (oder das Mädchen), jetzt alles hinzuwerfen und auszubrechen!»

Tatsächlich sind es oft durchaus nicht besonders autoritär unterdrückte Jugendliche, die plötzlich aus ihrem Gehäuse herauswollen. Man findet sehr viele gut behütete Kinder aus relativ liberalen Elternhäusern darunter. Irgend etwas zwingt sie, ihre Identität außerhalb oder sogar zeitweilig gegen die schützenden, fütternden, lehrenden Repräsentanten einer Elternwelt zu suchen, die sie nicht als die ihre übernehmen wollen. Gerade die Verführungen besonders idyllischer Elternhausmerkmale können den inneren Zwang verstärken, sich loszureißen und mit Hilfe einer Anti-Haltung in Gemeinschaft mit Altersgenossen einen eigenen Weg zu suchen. Freilich, nicht immer ist leicht zu trennen, was hier Neurose, was bloße Mode, suggestiver Sog kollektiver Strömungen, was zwingende Entscheidung kritischer junger Menschen ist, die nicht anders als auf diese Weise zu einer eigenen neuen Lebensform vordringen zu können glauben.

Gerade derartige stürmische Ablösungskonflikte älterer Kinder und Jugendlicher, wie sie heute fast zur Regel geworden sind, zeigen die neuen Möglichkeiten, zugleich die Grenzen einer familienbezogenen Psychotherapie auf. Möglichkeiten: Weil es ein Problem ist, dessen Ausgang nicht nur die Heranwachsenden, sondern die ganze Familie betrifft und das oft in gemeinsamer familientherapeutischer Arbeit mit einem Psychotherapeuten viel besser bearbeitet werden kann als in irgendeiner Form der traditionellen Einzeltherapie. Grenzen: Weil eben mitunter der psychopathologische und der medizinisch-therapeutische Aspekt nicht zureichen, den Sinn eines solchen Geschehens auszuschöpfen und Kategorien der Bearbeitung zu liefern. Hier brechen eben tatsächlich überfamiliäre Probleme in die Familie ein, für deren Verständnis und Bewältigung das Handwerkszeug des psychotherapeutischen Mediziners nicht mehr ausreicht. Um so wichtiger wird es für die neue Generation der Psychotherapeuten, sich mehr auch mit Soziologie zu befassen, um die Interaktion des Individuums und der Familie mit übergreifenden Sozialfaktoren besser verstehen und für die Klärung der therapeutischen Möglichkeiten besser in Rechnung stellen zu können.

Wie sieht aber nun heute überhaupt eine psychisch *gesunde Familie* aus? Schon die Frage verrät die Annahme einer Veränderung der Bewertungsmaßstäbe. Heute sind bestimmte interne Spannungen zwischen Eltern sowohl als auch zwischen Eltern und ihren Kindern nicht nur «noch normal», sondern sogar unter Umständen ein wichtiges Zeichen für die geistige Lebendigkeit, das heißt ein positives Gesundheitsmerkmal der Familie. Die klassische Harmonievorstellung mußte revidiert werden. Nicht das Vorhandensein stärkerer Konflikte, sogar eklatanter Kontroversen, beweist einen Defekt der Familie, sondern nur die Unfähigkeit ihrer Mitglieder, derartige Spannungen auszuhalten und miteinander zu klären, ohne einander zu verstoßen, zu bestrafen oder in regelrechte Symptombildungen hineinzutreiben. Man könnte nun hier noch diverse Kriterien von psychischer Gesundheit überprüfen und geriete notwendigerweise in die theoretischen Schwierigkeiten der Begriffe von psychischer Gesundheit und Normalität überhaupt, mit denen sich zur Zeit diverse Autoren mit mehr oder minder begrenztem Erfolg abmühen.* Offenkundig befinden sich gegenwärtig die Vorstellungen darüber im Fluß, was man denn in der Psychologischen Medizin überhaupt noch mit «gesund» und «normal» zu meinen habe. Wenn es richtig ist, daß eine untergründige Tendenz von depressiv getöntem Unbehagen für das Lebensgefühl seismographisch besonders sensibler Kreise bezeichnend ist, so könnte man konsequenterweise Familien, in deren Binnenklima Merkmale eines solchen Unbehagens besonders deutlich wären, nicht als abnorm einstufen. Wir müssen offenbar überhaupt lernen, daß in Zeiten starker gesellschaftlicher Spannungen gehäuft auffallende emotionelle Reaktionen und Verhaltensweisen auftreten, denen man nicht gerecht werden würde, wenn man sie lediglich als medizinische Phänomene psychopathologisch rubrizieren würde. Zahlreiche Entmutigungsreaktionen, Zustände von krisenhafter Gereiztheit und die in der Jugend neuerdings so stark verbreiteten Ohnmachtsstimmungen in Verbindung mit fast paranoid erscheinenden Vorwurfshaltungen sind mehr – oder, wenn man es andersherum sieht – weniger als medizinische Störungen. «Mehr» insofern, als sie durch übergreifende soziologische Determinanten bestimmt werden, «weniger» in der Weise, daß die Betreffenden in ihrer individuellen Struktur vielfach nicht oder kaum geschädigt sind. Unter Zugrundelegung der herkömmlichen Kriterien muß die Psychologische Medizin den Variationsradius für Normalität erweitern: Vieles, was von den Symptomen her so aussieht, ist dennoch nicht krank im Sinne der traditionellen Individualpathologie. Andererseits: Symptome, die primär als Ausdruck einer gesellschaftlichen Krisenphase zu verstehen sind, verlangen nichtsdestoweniger eine Therapie, aber eben eine solche, die an den sozialen Konflikten ansetzt.

Denkt man mehr an die konkreten Probleme, die man als Psychotherapeut in den Familien als zeitspezifisch und zum Teil

* Literatur bei: D. Offer u. M. Sabshin: ‹*Normality*›. Basic Books, Inc., Publishers, New York/London 1966.

unvermeidlich vorfindet, so fällt der Blick auf die allenthalben aktualisierten *Auseinandersetzungen um die Sexualität.*

Die in der öffentlichen Diskussion erkennbare Aufspaltung der Normvorstellungen über sexuelles Verhalten findet ihre Parallele in der Verwirrung vieler Familien über dieses Thema. Die Flut der Sex-Enthüllungen in den diversen Massenkommunikationsmitteln dokumentiert einen Einbruch in den starren traditionellen Normenkodex. Unsicherheit und Orientierungsverlust herrschen weithin. Einzelne Familien praktizieren bereits einen umgekehrten Sexual-Moralismus. An Stelle eines freieren, toleranteren Umganges mit der Sexualität verfechten sie mit geradezu missionarischem Eifer einen paradoxen, häufig hygienisch verbrämten Sex-Kult. Sex wird zum neuen Bildungsziel. Man will ihn studieren und fortschrittlich trainieren wie früher hygienische Frühsport-Methoden oder dergleichen. Mit nudistischen Praktiken, forcierten sexuellen Tischgesprächen mit den Kindern usw. beweist man sich selber Mut, Modernität – und verkennt doch leicht, daß derartige exhibitionistische und voyeuristische Initiativen eine eigentliche Bewältigung des Problems der Sexualität und der mit ihr verbundenen Ängste oft nur vortäuschen. Nichts Sexuelles sei ihren Kindern mehr fremd – brüsten sich mitunter hysterische Eltern über ihre systematischen Bemühungen, ihre Kinder zu einem problemfreien «natürlichen Sex» zu erziehen, womit sie vielfach nur eine rationalisierende Überkompensation verdrängter Sexualängste bei sich selbst – und den Kindern – erreichen. Denn eines ist sicher: Das Bild der furchtlosen Sexualbegeisterung, das unsere Gesellschaft zur Zeit äußerlich bietet, vermag nur dem oberflächlichen Betrachter den Eindruck zu vermitteln, als sei damit bereits eine definitive Verarbeitung des Problems Sexualität in Gang gebracht. Viele Erscheinungen demonstrieren nicht viel mehr als eine Verwandlung der traditionellen Sexualabwehr in eine nicht minder angstbesetzte Flucht nach vorn, wobei allerdings die Intellektualisierung des Phänomens eine Abspaltung und zugleich Unkenntlichmachung der affektiven Probleme erleichtert, deren reifere Verarbeitung, nicht aber illusionäre Eliminierung zu den echten Hoffnungen gehört.

Aber diese mehr oder minder hysterisch getönten Varianten von Pseudohypersexualität kennzeichnen trotz des erregten Aufsehens vorläufig doch nur einen kleinen Teil von Familien. In der Stille dominieren immer noch die klassischen Defensivtaktiken konservativer Eltern gegenüber Kindern und Heranwachsenden. Diesem Elterntyp begegnet man in der psychotherapeutischen Praxis immer noch weitaus am häufigsten. Es sind die Eltern, die zu Unrecht fürchten, die vom Druck anerzogener Verdrängungen und Verleugnungen befreiten Heranwachsenden könnten eine allgemeine chaotische Promiskuität heraufbeschwören. Für diese Befürchtungen gelten noch immer die klassischen psychoanalytischen Interpretationen: Die Älteren trauen den Jüngeren projektiv die Gefahren zu, gegen die sie sich aus unerledigten Sexualkonflikten heraus in sich selbst noch nicht besser als mit neurotischen Reaktionsbildungen zu schützen wissen. Auch Sexualneid auf die vitalere Jugend trägt zu den unbewußten Motiven für die Bildung der Theorie bei, die enttabuierte Sexualität der Jugend vermöchte unsere Kultur in schlimmer Weise zu deformieren.

Wenn man nun allerdings allmählich einsehen lernt, daß die Jugend die Art und Weise des Umganges mit ihrer Sexualität selbst finden muß, dann muß man sie eben auch in der Familie, in der Schule, in der Lehre usw. früh ihre Eigenverantwortung fühlen lassen, damit sie sich in der Steuerung ihrer Probleme üben kann. Natürlich kann man nicht erwarten, daß «halbe Kinder» alleinverantwortlich ihre Sexualität regulieren können, wenn man sie eben sonst überall noch wie «halbe Kinder» bevormundet. Es ist grotesk, was an falschen entwicklungspsychologischen Vorstellungen über angebliche Verworrenheit, blinde Impulsivität und Unvernunft als typisch für das Pubertätsalter verbreitet ist. Man hält dies für eine unabänderliche biologische Belastung und verleugnet geflissentlich, daß die Gesellschaft nach alter Tradition alles tut, um eben die soziale Reifung der Jugendlichen im Mißverhältnis zu der biologischen Akzeleration so lange als möglich hinauszuzögern. So hat man sich selbst einen Vorwand für erzieherische Manipulationen geschaffen, mit denen man phasenspezifische Bedürfnisse der Kinder und Jugendlichen zu befriedigen vorgibt.

Natürlich ist nicht zu bestreiten, daß ernsthafte Gründe wie zum Beispiel die langen Ausbildungszeiten gewisse sozioökonomische Abhängigkeiten der Jüngeren von den Älteren für einen längeren Zeitraum konstellieren, als eigentlich wünschbar wäre. Immerhin muß das Problem scharf gesehen werden, daß die meisten Fünfzehn- bis Sechzehnjährigen, infantilisierende Erziehungsschäden einmal nicht eingerechnet, ein Vielfaches von dem an Verantwortung für sich selbst und die Gestaltung ihrer menschlichen Beziehungen übernehmen könnten, was ihnen heute zugebilligt wird. Es gibt viele Erfahrungen aus anderen Kulturen und auch aus dem eigenen Kulturbereich, etwa aus den vielen unvollständigen Familien der Kriegs- und Nachkriegszeit, die uns gezeigt haben, wie besonnen und kritisch sehr junge Menschen bereits schwierige Aufgaben mit hoher Verantwortungslast zu tragen vermögen, was man von diesen «halben Kindern» gemeinhin nicht zu erwarten pflegt. Der praktische Erkenntniswert dieser Erfahrungen wurde indessen kaum ausgenützt. So, als ginge es da um irrelevante Ausnahmefälle. Daß in Wirklichkeit in den Jugendlichen nach Erreichen der Pubertät viel mehr potentielle Reife steckt, als in der ihnen allgemein zugeteilten sozialen Rolle zum Ausdruck kommt, ist in das öffentliche Bewußtsein kaum eingedrungen.

Falls Eltern nun heute allmählich liberaler und permissiver mit ihren Kindern umzugehen wagen, dann sollten sie sich am allerwenigsten vor sich selbst oder den Kindern als mildtätige Gönner darstellen, deren Großherzigkeit Dankbarkeit verdiene. Denn was sie tun, ist nur elementar selbstverständlich. Die Familien werden in Zukunft nur dann noch ihre Aufgaben bis in das Adoleszentenalter der Nachfolgegeneration erfüllen können, wenn man den Jugendlichen ermöglicht, in dieser Altersphase freiwillig und möglichst unreglementiert die menschlichen Beziehungen innerhalb der parentalen Familie für die Festigung der eigenen Identität auszunützen. Aber es wird immer gefährlicher und am Ende verhängnisvoll werden, wenn man die Jugendlichen nach wie vor dazu zwingen wollte, gewisse durch die Ausbildungssituation unvermeidlichen Einschränkungen ihrer sozialen Selbstentfaltung nicht freiwillig hinzunehmen, sondern gewissermaßen als «Kindespflicht» zu absolvieren. So als wären diese Einschränkungen das eigentlich Natürliche – und nicht das höchst Unnatürliche, was sie tatsächlich sind.

Zu hoffen bleibt, daß viele Eltern zur eigenen Entlastung einsehen lernen, wieviel Gewinn sie davon haben können, ihren

Kindern *frühzeitig eine ebenbürtige Partnerschaft* anzubieten. Mit diesem Angebot ist freilich nichts weniger als die neurotische Technik mancher Eltern gemeint, die ihren Kindern in unverantwortlicher Weise die Folgen der eigenen unbewältigten seelischen Störungen aufbürden. Die also ihre Kinder zu Sündenböcken, erlösenden Wunderkindern, zu politischen Kampfgefährten oder gar zu halben Sexualpartnern machen, je nachdem wie ihre eigene Neurose gerade strukturiert ist[73].

Hier geht es um die sachliche Frage nach der planvollen Vorverlegung der Offerte an Kinder, die gemeinsamen Probleme der Familie offen zu besprechen und miteinander zu entscheiden. Der Psychotherapeut erfährt regelmäßig, daß Kinder über ihre Eltern und deren Schwierigkeiten ohnehin viel mehr wissen, als diese ahnen. Sie spüren oft genau, wie es um die elterliche Ehe steht. Sie merken, wenn der Vater im Beruf Schwierigkeiten hat, wenn finanzielle Ängste oder Rivalitätsprobleme mit Angehörigen die Atmosphäre belasten. Sie ahnen auch vielfach, daß die Eltern ihre Probleme vor den Kindern nur aus Angst vor deren kritischem Urteil verheimlichen. Um so weniger dürfen sich die Eltern dann wundern, wenn die Kinder ihrerseits aufhören, sich über die eigenen Nöte offen auszusprechen. Man schützt sich defensiv voreinander, und zwar eben ursprünglich deshalb, weil die Eltern aus paranoidem Mißtrauen die Offenheit fürchten und das latente Partnerangebot der Kinder nicht zu akzeptieren wagen. Hätten die Eltern nur mehr Mut, dieses Angebot anzunehmen, dann würde ein wesentlich offeneres Klima und eine echte Solidarität entstehen, frei von den Verleugnungen und Schauspielereien, die durch die künstliche geistige Isolation der Kinder allzu lange aufrechterhalten zu werden pflegt.

Aber eben die Vermutung, man könnte bei offenem Problemaustausch mit den Kindern nicht mehr die Rolle einfältig bewunderter göttlicher Wesen zurückgewinnen, ist seitens der Eltern sicherlich berechtigt. Meist haben die Kinder jedoch ohnehin schon jahrelang dieses Bild kritisch revidiert, zum Nutzen der eigenen Weiterentwicklung, nur haben sie es den Eltern noch nicht mitgeteilt, weil diese aus Furcht davon noch nichts hören wollten.

Ein weiteres psychologisches Problem für die Familie im sozialen Wandel wird eine *Neudefinierung des Geschlechterverhältnisses* sein. Entgegen den Erwartungen mancher hat der Fortschritt der Frauenemanzipation in den letzten Jahrzehnten nicht zu einer generellen krisenhaften Erschütterung der Ehen geführt. Das ist vor allem Folge einer gegenläufigen Veränderung der männlichen Rolle. Mit der Stärkung der Position der Frau ist eine Schwächung des Mannes einhergegangen. Wenn Männer eine Psychosomatische Klinik oder Eheberatungsstellen wegen Eheschwierigkeiten aufsuchen, so hört man sie neuerdings seltener über bedrohliche Konkurrenzansprüche als über mangelhafte aktive Kooperation der Frauen in der Aufteilung der Initiativen, der Verantwortlichkeiten und der Arbeitslasten in der Familie klagen. Also: eher Unzufriedenheit mit zu schwachen als Angst vor zu starken Frauen wird von relativ vielen Männern als Problem angeboten. Die Kehrseite bildet die mannigfache Klage von Frauen, die durch abgespannte, Ruhe suchende Männer zu viel an Aktivitätserwartungen zugewiesen bekommen. Oft wird der Mann eher wie eine Art von ältestem Sohn erlebt: Zu anspruchlich und andererseits zuwenig verantwortungsbereit.

Vieles spricht dafür, daß auf seiten der Männer eine viel freiere Entfaltung vordem lange als verpönt unterdrückter passiver Bedürfnisse eingesetzt hat, die dem Geschlechterverhältnis ebenso einen neuen Akzent gibt wie vordem der Durchbruch der weiblichen Emanzipationsforderungen. Hier sind längerfristige wechselseitige Neuorientierungen und Anpassungsprozesse im Gang, deren Ausgang noch schwer abzusehen ist.

Auch in einem weiteren Punkt läuft eine Entwicklung mit ungewissem Ende: Werden sich *die Familien noch mehr nach außen öffnen* oder wieder stärker abschließen? Es ist denkbar, daß sich die Tendenz zur «Großfamilie» weiter ausdehnen beziehungsweise von den älter werdenden Jugendlichen beibehalten werden wird. Von vielen wird es als Vorteil empfunden, die besonderen Abhängigkeitsgefahren früher allzu exklusiver Paarbindungen zu vermeiden, ohne sich andererseits isolieren zu müssen. Die Angst vor der definitiven Auslieferung an einen einzelnen Menschen und vor einer Absperrung von breiteren Kontaktmöglichkeiten, die man zur freien Selbstentfaltung braucht, spielt anscheinend eine noch immer zunehmende Rolle. An sich begrüßt der Psychoanalytiker diese Tendenz zur freieren Öffnung der Paarbeziehungen und der Familien nach außen. Denn sie bedeutet einen Abbau von Motiven, die in allen sozialen Schichten immer wieder zur neurotischen Deformierung von Ehe- und Familienstrukturen geführt haben. Die Interpretation der Partnerbeziehung als Besitzverhältnis mit den dazugehörigen paranoiden Ängsten vor Betrug und Besitzverlust führte und führt noch immer allzu häufig zu überengen symbiotischen Verklammerungen, in denen Trennungsangst und präventive wechselseitige Verläßlichkeitskontrollen die positiven Gefühle zu ersticken vermögen.

Es zu erlernen, in etwas größeren Gruppen sehr offen und frei miteinander umzugehen und die Anregungen dieses größeren Kreises auszuschöpfen, erscheint für eine wachsende Zahl von Individuen attraktiv. Zweifellos hat übrigens das neue psychotherapeutische Modell der sogenannten Gruppentherapie nicht nur deshalb so viel Anklang gefunden, weil diese Therapieform objektive therapeutische Vorzüge hat, sondern vor allem auch deshalb, weil die «Lebensform» solcher Gruppen ähnlich dem Kommune-Modell sehr verbreiteten Bedürfnissen entgegenkommt. Es ist eine Tendenz unserer Zeit, mit derartigen Gruppenstrukturen im Arbeits- und Freizeitbereich zu experimentieren. Hier spielen sich jedenfalls Entwicklungen ab, die auch für die zukünftige Lebensform der Familie von Bedeutung zu sein scheinen.

Noch eine Bemerkung zu den speziellen *Problemen der Frau*: Nach den dargestellten Überlegungen zum Geschlechterverhältnis scheint es, als werde das steigende Aktivitätsstreben der Frau langfristig weniger durch männliche Konkurrenzangst, die freilich noch nicht verschwunden ist, als durch die Interferenz von Mutter- und Haushaltsaufgaben mit Ausbildungs- und Berufsinteressen belastet bleiben. Sehr viele junge Mädchen und Frauen erfahren, wieviel von innerer Sicherheit und Selbstwertgefühl sie durch eine erfolgreiche Ausbildung und später noch mehr durch berufliche Bewährung gewinnen können. Aber nur ein Teil von ihnen kann ohne Unterbrechung oder nach einem kürzeren Intervall von einigen Jahren Kleinkindpflege die Berufstätigkeit durchhalten. Die Pflege mehrerer Kinder kann die Fortführung der beruflichen Tätigkeit unmöglich machen. In einer Reihe von differenzierten Berufen genügen ein paar Jahre Unterbrechung durch Hausarbeit, um den Anschluß an den geforderten Leistungsstandard einbüßen zu lassen. Zumindest bei anspruchsvolleren Tätigkeiten wird besonderer Mut gefordert, wenn eine Frau nach mehrjähriger Pause durch häusliche Verpflichtungen einen zweiten Start wagen und sich mit der Tatsache konfrontieren will, daß sie einen erheblichen Leistungsrückstand aufzuholen hat und daß sie in der Konkurrenz inzwischen von zahlreichen jüngeren überflügelt worden ist. Erwartete Schwierigkeiten bei einer Rückkehr in den Beruf schrecken jedenfalls zahlreiche junge Frauen ab, nach dem einmal vollzogenen Rückzug in die Haushaltsarbeit noch einmal eine Umstellung zu wagen. Man kann sich hier übrigens vorstellen, daß eine fortschrittliche Gesetzgebung einiges tun könnte, die Rückgliederung junger Mütter in ihre Berufe zu erleichtern. Hier erscheint die sowjetische Regelung zum Beispiel außerordentlich hilfreich, die vielen jungen Müttern für die Zeit der Kleinkindpflege eine Rente bei Erhalt des Arbeitsplatzes sichert.

Die zahlreichen Frauen, die aus mannigfachen Gründen endgültig den Beruf zugunsten ihrer Hausarbeit preisgeben, geraten zum Teil erst mit dem Älterwerden in ernsthafte Rollenschwierigkeiten. Nachdem sie in jüngerem Alter ihre Identität wesentlich durch ihre erfolgreiche berufliche Aktivität abgestützt hatten, wird die Einschränkung ihres sozialen Wirkungsgrades mit der Zeit zu einem Problem. Von den älter werdenden Kindern immer weniger benötigt, werden die Frauen einsamer. Außer dem Ehemann bietet sich eines Tages niemand mehr von selbst an, den Sinn ihres Wirkens durch anregenden Austausch oder durch Erfolgsbestätigungen zu sichern. Verfügen sie nicht spontan über spezielle Interessen oder mißlingt es ihnen, sich aktiv kompensatorische menschliche Kontakte zu eröffnen, können depressive Empfindungen von Leere, Minderwertigkeit und Sinnlosigkeit leicht überhandnehmen. Dies kann man dann unter dem Aspekt eines individuellen psychopathologischen Defekts, aber auch unter dem Aspekt eines Ehe- und Familienproblems sehen. Denn wenn sich die übrigen Familienangehörigen der Schwierigkeit bewußt sind, werden sie oft Chancen für neue Stimulationen und Aufgabenzuweisungen ausfindig machen können, um die unausgeschöpften Kontaktbedürfnisse und Leistungsmöglichkeiten der alternden Frau besser zu nützen.

Hieran schließt sich die Frage nach dem *Umgang mit den alten*

Menschen überhaupt. Das Problem der alten Menschen in unserer Gesellschaft wird neuerdings allmählich wieder freundlicher thematisiert. Aber noch immer findet es nicht die ihm gebührende Beachtung, und vieles daran ist noch ganz unklar. Schon seit mehreren Generationen beobachtet man eine merkwürdige Desorientiertheit und Unschlüssigkeit darüber, wie man die Alten sehen und mit ihnen umgehen will. Es ist symptomatisch, daß Soziologie, Medizin und Psychologie über lange Zeit die Altersforschung außerordentlich vernachlässigt hatten. Auch die Psychoanalyse hatte sich nur ganz vereinzelt mit den Problemen des höheren Lebensalters beschäftigt und findet zu diesem Thema eigentlich erst neuerdings Zugang, seitdem die Psychoanalytiker im Gegensatz zu früher auch einen höheren Anteil von älteren Patienten für Behandlungen akzeptieren.* Immerhin scheint es nun, daß der derzeitige Ausbau der Altersmedizin (Geriatrie) und die Fürsorge für die Alten im Rahmen der Mental-Health-Bewegung eine Wandlung ankündigen. Möglicherweise stehen wir vor einer Art von Wiederentdeckung der alten Generation. Aber wie wird sich das Bild der Alten in Zukunft darstellen, welche Rolle kann und will die Gesellschaft ihnen anbieten?

Es ist eine triviale, dennoch offensichtlich nicht überflüssige Feststellung, daß zunächst eine ausgewogenere Respektierung der Interessen der alten neben den Interessen der jungen Generation abzuwarten ist. So wichtig es erscheint, daß sich die junge Generation mehr und mehr von schädlichen Bevormundungen und tradierten Unterdrückungen seitens der Älteren befreit und daß diese Älteren von sich aus ihre kulturell eingewurzelten Tendenzen des Machtmißbrauchs aufgeben, so gerechtfertigt erscheint andererseits die Mahnung an die Jugend, sich nicht etwa die vordem draußen bekämpften Fehler künftig selbst zu eigen zu machen. Ansätze für derartige mögliche Fehlentwicklungen findet man immerhin in mannigfachen Äußerungen aus radikalen Kreisen, wonach man sich die Alten am liebsten nur noch als Erfüllungsgehilfen im Dienste der Bedürfnisse einer jungen revolutionären Generation vorstellen möchte. Zweifellos sind derartige einseitig defensive wie repressive Thesen

* Vgl. G. L. Bibring: ‹*Das hohe Alter: Passiva und Aktiva*›. *Psyche* 23, 1969, S. 262.

noch von unverarbeiteten Ängsten und Racheimpulsen gespeist. Demgegenüber ist auf ein Wachsen der Einsicht zu hoffen, daß ein faktischer Machtschwund der Älteren und Alten in vielen Institutionen (Familie, Schule, Hochschule usw.) bereits eingesetzt hat und weiter fortschreiten dürfte, so daß ein weniger von Befürchtungen und antipathischen Regungen verzerrtes Image der älteren und der alten Generation resultieren könnte. Eines ist jedenfalls klar: Die Gesellschaft wird die Rolle der alten Menschen in unserer sich schnell wandelnden Welt nur dann verständnisvoll und fair definieren, wenn sie in ihnen mehr sehen kann als die Agenten einer reaktionären Repression, als lästige Sozialhilfeobjekte oder schließlich allgemein als geeignete Projektionsfläche für die Entschuldigung eigenen Scheiterns.

Ohne Zweifel wird vor allem der weitere Verlauf der Identitätskrise in der jüngeren Generation darüber entscheiden, ob diese Generation wieder mehr als heute Interesse daran gewinnen kann, in kooperativer statt in defensiv-kritischer Weise mit den Alten zusammenzuleben. Durch längeres Verbleiben in der trotzig-narzißtischen Isolierung, wie sie sie heute noch weithin bevorzugt, gibt sie den Alten nur ungenügend Gelegenheit, für sich eine erfüllende Rolle zu finden. Immerhin läßt sich erhoffen, daß eine allmähliche Entspannung des Generationenverhältnisses den alten Menschen neue sinnvolle Aufgaben zuzuführen vermag. Die Bilder des tyrannischen und obendrein geizigen Großvaters und der hexenhaft bösen Großmutter beziehungsweise Schwiegermutter sind nicht zeitlos dominierende Archetypen der alten Generation, sondern weitgehend historisch bedingt. Es läßt sich durchaus denken, daß die sich ausbreitende Berufstätigkeit der jungen Frauen allmählich zwanglos dazu führen wird, den Großeltern und vor allem auch den Großmüttern ein erhebliches Stück von der inzwischen eingebüßten innerfamiliären Bedeutung zurückzugeben. Dazu dürfte vor allem beitragen, daß die durch ihre Ausbildung und berufliche Bewährung innerlich sicherer gewordenen jungen Frauen vermutlich auf die Dauer weniger Angst davor haben werden, bei fortgesetztem engeren Kontakt mit Mutter oder Schwiegermutter in deren Abhängigkeit verbleiben zu müssen. Durch ihr Maß an gereifter Selbstsicherheit bestimmen die jungen Frauen ja ohnehin zugleich den Grad an Rücksichtnahme mit, auf dessen Beachtung sich die

Alten einstellen müssen. An der Idee, man könne als junge Familie nur allein frei sein oder werde bei nahem Kontakt mit den Großeltern von diesen unterjocht bleiben, ist allemal die innere Unsicherheit beteiligt, man könnte selbst der Versuchung anheimfallen, sich weiterhin in passiver Kindlichkeit der Führung der Älteren zu überlassen. Diese innere Gefahr ist jedenfalls regelmäßig daran beteiligt, wenn junge Eheleute endlose Abhängigkeits- und Ablösungsprobleme mit Eltern beziehungsweise Schwiegereltern provozieren.

Ein anderer Aspekt im Kontakt zwischen der jungen Familie und der Altengeneration tut sich indessen dann auf, wenn die Alten in der Jungfamilie keine sinnvolle Funktion übernehmen können, jedoch aus Angst vor Isolierung alte Abhängigkeitsverhältnisse ausnützen, um den Jüngeren die Fortsetzung symbiotischer Kontakte aufzuzwingen. Hier entstehen dann die typischen neurotischen Familienstrukturen, in denen Repräsentanten der Großelterngeneration die innere Unsicherheit und Schuldgefühlsbereitschaft junger Ehepaare erpresserisch verstärken, nur um sich nicht herausdrängen zu lassen. Da sieht man zum Beispiel die Mütter oder Schwiegermütter, welche erbittert um das Primat in der Erziehung der Enkel streiten, oder die Väter und Schwiegerväter, die lieber einschüchternd als ermutigend in die Dispositionen der Jungfamilie eingreifen. Gefährlicher noch als die Tyrannei der Macht ist allerdings oft die Tyrannei der Ohnmacht und der Gebrechlichkeit. Das ist der Fall der alten Leute, die ihre Präsenz, unter Umständen sogar ihre dominante Rolle in der Jungfamilie, durch Manipulation von Schuldgefühlen zu verteidigen verstehen. Unter fortgesetzten Hinweisen auf die eigene Kränklichkeit und Schwäche suggerieren sie ihren Kindern laufend Selbstvorwürfe als Strafe für deren Verselbständigungs- und Distanzierungswünsche. Fortgesetzt wird argumentiert, daß man sich als armer alter Mensch eben wehrlos herumstoßen lassen müsse, daß man ja ohnehin nur noch kurze Zeit leben werde und daß es den Jüngeren gewiß sehr recht sei, wenn sie diese Frist durch ihr unduldsames Verhalten noch weiter abkürzen könnten. Der Hinweis auf das Grab, an dessen Rand die Kinder vielleicht noch einmal ihren Egoismus bereuen würden, ist meist der letzte Trumpf dieser ebenso grotesken wie allzuoft noch effektiven Strategie.

Aber diese im Grunde aus Isolierungsangst geborenen traditionellen Einschüchterungsmanöver dürften allmählich um so mehr an Wirksamkeit einbüßen, je mehr sie auf eine Generation von selbstsicheren und früher emanzipierten Jüngeren stoßen, die solche Methoden eher mit größerer Distanzierung als mit Unterwerfung beantworten. Die Alten müssen ohnehin lernen, daß der soziale Wandel ihre Chancen verringert, auch noch als relativ funktionslose Pflegebedürftige in Familien zu verbleiben, die durch diese Fürsorgeaufgabe überlastet wären. Unter günstigen Umständen können Familien solche Aufgaben tragen, viele andere sind aber überfordert, zumal wenn berufstätige jüngere Frauen ihre Stellung speziell für solche Pflegeaufgaben preisgeben müßten.

Das *Altenheim,* einst als trostlose Bewahranstalt entwertet und gefürchtet, gewinnt allmählich einen neuen Sinn und ein besseres Ansehen. Die Gesellschaft lernt langsam, daß die zu bauenden Altersheime nicht Stätten des Wartens auf den Tod für Ausgestoßene oder Anhanglose sein dürfen, sondern daß sie durch sinnvolle Anregungen so attraktiv gemacht werden müssen, daß alte Menschen hier ihre Interessen positiv erfüllen können. Der Typ des stumpf vor sich hindösenden Heiminsassen ist zu einem erheblichen Teil Kunstprodukt einer Gesellschaft, die durch reizlos öde Asyle eben diese völlig entleerte Lebensform begünstigt hatte. Heute sieht man, daß alte Menschen sich in entsprechend organisierten Heimen viel unternehmungsfreudiger und kontaktfähiger verhalten, als man es aus entsprechenden alten Anstalten gewöhnt war. Ein angemessen stimulierendes Klima enthüllt, was für eine erstaunliche Dynamik an Impulsen und Interessen noch in dieser späten Lebensphase bereitliegt. Und es ist sehr aufschlußreich, daß diese Dynamik in gut geführten Heimen sich oft sogar lebendiger entfalten kann als innerhalb von Familien, in denen ein alter Mensch randständig und ohne echte Funktion sich nur noch notdürftig geduldet vorkommt und sich ganz den Interessen der jüngeren Generation unterordnen soll. Im Heim findet der alte Mensch eine Gruppe mit Problemen, die den seinen verwandt sind. Er ist nicht allein der Schwache unter jungen Starken, sondern manche um ihn sind noch gebrechlicher als er. Er ist also endlich wieder in einer Gruppe, in der er Schritt halten kann, was allein viel von schon eingebüßter Selbstachtung reparieren kann. Und es gibt Möglichkeiten von Gefühlsaustausch und von anregenden Partnerschaften, an die ein von seinen Altersgenossen lange isolierter alter Mensch oft schon gar nicht mehr geglaubt hatte.

Es erscheint jedenfalls sehr wertvoll, wenn sich das Heim mehr und mehr als eine durchaus interessante Alternative für alte Menschen anbietet, welche die Gesellschaft ohne Schuldgefühle präsentieren kann. Das wird vielen Familien eine Lösung erleichtern, in denen auch heute noch ein altes, gebrechliches Mitglied als fünftes Rad am Wagen sich selbst wertlos empfindet und auch von den Angehörigen nur aus Barmherzigkeit toleriert wird – aus dem gemeinsamen Vorurteil heraus, diese alle Beteiligten quälende Situation sei immer noch ein kleineres Übel als ein durch das Odium des besseren Obdachlosen-Asyls entwertetes Altenheim.

Damit sind nur stichwortartig einige Schwierigkeiten und zugleich einige Hoffnungen bezeichnet worden, die sich aus der Sicht des Psychotherapeuten als typisch für die Situation der sich wandelnden Familie bezeichnen lassen. Jeder Problemfall, den ein Psychotherapeut zu Gesicht bekommt, ist in derartige typische soziale Zusammenhänge eingebettet, deren differenzierte Klärung und Objektivierung der Familiensoziologie obliegt. Indessen bleibt die Hilfe aller soziologischen Überlegungen und Befunde für den Psychotherapeuten auch wiederum begrenzt. Denn ungeachtet aller möglichen Bestimmungen über die Rolle und die Funktion der Familie und deren einzelner Repräsentanten in der heutigen Gesellschaft können im Einzelfall ganz atypische individuelle Faktoren relevant werden. Der Familientherapeut sieht neben Konflikten, die relativ charakteristisch für den soziologischen Hintergrund einer bestimmten Familie sind, auch viele solche Konflikte, in denen die ganz persönliche Psychodynamik der Beteiligten durchschlägt. Trotz gleicher soziologischer Rollenmerkmale variieren Individuen und Familien auf einer breiten Skala psychologischer Möglichkeiten. Die Familiensoziologie kann deshalb niemals verbindliche therapeutische Regeln für den Einzelfall beisteuern. Jede einzelne Familie reflektiert die auf sie wirkenden Einflüsse des soziokulturellen Milieus in einer für sie spezifischen Weise. Und diese von psychodynamischen Faktoren abhängige spezifische Problemstruktur muß jedesmal von neuem begriffen werden, will man eine erfolgreiche therapeutische Kommunikation herstellen. Das wird sich an diversen Fallbeispielen deutlich zeigen, die in den folgenden Abschnitten die Arbeitsweise der Familien-Psychotherapie verdeutlichen sollen.

3. Zur psychoanalytischen Theorie von Familienkonflikten

Weil in der psychoanalytischen Theorie von Anbeginn vom Ödipuskomplex die Rede war, könnte man meinen, die Psychoanalyse habe sich seit eh und je mit der Entstehung und der Struktur von Familienkonflikten beschäftigt. Tatsächlich haben Freud und seine Schüler sehr differenziert verfolgt, wie das Kind durch die orale, die anale und die phallisch-genitale Entwicklungsphase hindurch erst zur Mutter, dann zu beiden Eltern, zu den Geschwistern und später zu anderen Partnern bestimmte Beziehungen aufbaut und welche Probleme diese Beziehungen jeweils enthalten. Zahlreiche Untersuchungen Freuds fragten danach: Welche Bedürfnisse will das Kind zu welcher Zeit von seinen Eltern erfüllt sehen? Wie bringt das Kind mit Hilfe seiner Erfahrungen an den Eltern die Ausdifferenzierung seines Charakters zuwege? Wie kommt es durch Komplikation dieser innerfamiliären Beziehungen zu psychopathologischen Störungen der kindlichen Entwicklung? Scheinbar ist das alles bereits mehr als Psychologie des Individuums, nämlich übergreifende Familienpsychologie.

Dennoch war Freuds Ansatz nicht eigentlich ein sozialpsychologischer. Seine gesamte großartige psychoanalytische Entwicklungslehre fußt im Grunde auf dem individualistischen Denkmodell seiner Zeit, das ja auch der somatischen Medizin zugrunde lag. Das Kind mit seinen phasenabhängigen Bedürfnissen steht allein im Mittelpunkt, und seine familiären Partner erscheinen perspektivisch verkleinert als Objekte, deren das Kind sich einseitig bedient, um seine Impulse darauf richten zu können, um Vorlagen für seine Identifizierungsbedürfnisse zu erhalten, die zum Aufbau seines Ichs und seines Über-Ichs nötig sind, und um schließlich seinen Ödipuskomplex mit Hilfe der klassischen Szenerie ausgestalten und untergehen lassen zu können. Von den Austauschprozessen zwischen familiären Partnern und Kind wird das, was die Eltern und die Geschwister auf Grund ihrer persönlichen unbewußten und bewußten Bedürfnisse mit dem Kind tun, nur wenig thematisiert. Sofern Freud zum Beispiel die Effekte der Mutter auf das Kind beschreibt, so nennt er hier fast ausschließlich stereotype Faktoren, die sich aus der Mutterrolle schlechthin ergeben: Er führt auf, wie die Mutter dadurch auf das Kind wirkt, daß sie es stillt und abstillt und daß sie schließlich einen geschwisterlichen Rivalen zur Welt bringt. Er zeigt, welche Effekte der Anblick ihrer Penislosigkeit im Kind hervorrufen kann. Ähnlich blaß und allgemein bleibt der Vater im Freudschen Familienbild. Der Anteil des Vaters an der Entwicklung des Ödipuskomplexes des Knaben zum Beispiel stellt sich etwa so dar, daß der Vater eben als Vater groß und mächtig ist und sich dem Sohn zur Verfügung stellt, der im Sinne des positiven Ödipuskomplexes mit ihm rivalisieren und im Sinne des negativen Ödipuskomplexes von ihm geliebt werden will. In dieser Betrachtungsweise erscheinen Mutter und Vater nicht als Personen, die mit ihren individuellen Erwartungen, Wünschen und Ängsten etwa die Ausgestaltung des kindlichen Ödipuskomplexes mitformen.

Freud zeichnet die Eltern freilich nicht nur in ihren biologisch bestimmten Artmerkmalen, sondern er schildert sie auch als Vermittler des in der Kultur herrschenden Normenkodex. In dieser Funktion wirken die Eltern modifizierend auf die Ich-Funktionen des Kindes ein, und sie bestimmen den Inhalt seines Über-Ichs. Sie fordern von ihm eine kulturspezifische Regulierung seiner Triebäußerungen. Aber auch dieser soziologische Aspekt läßt der psychoanalytischen Methode zur Erfassung des Umganges der Eltern mit dem Kind kaum Raum. Die von den Eltern tradierten gesellschaftlichen Normen erscheinen bei Freud nahezu so festgefügt wie die Ordnung der Naturgesetze. Zwar werden die prähistorischen und manche historischen Ursprünge der gesellschaftlichen Ordnung motivanalytisch verstanden. Aber gegenwärtig erscheint die von den Eltern vermittelte gesellschaftliche Ordnung erstarrt zu einer fixen Realität, die nahezu vergleichbar erscheint den biologischen Tatsachen des anatomischen Geschlechtsunterschiedes oder der Triebambivalenz. – Aber nicht nur die gesellschaftlichen Normen an sich wirken wie etwas Unabänderliches, sondern – und hier wird der Verzicht auf die Anwendung der psychoanalytischen Methode erst eigentlich bemerkenswert: Die Eltern als Agenten der Gesellschaft stellen sich stereotyp und gänzlich unplastisch dar. Von der älteren psychoanalytischen Entwicklungslehre kann man durchaus den Eindruck gewinnen, als verfüge nur das Kind über differenzierte variable psychische Reaktionen, und die Eltern seien ganz und gar unpersönliche Träger biologischer Artmerkmale (groß oder klein, mit oder ohne Brust beziehungsweise Penis ausgestattet) und rein gesellschaftlich determinierter Rollen.

Die prinzipielle Eingrenzung der psychoanalytischen Betrachtungsweise auf das psychoanalysierte Individuum selbst führte in der älteren klinischen psychoanalytischen Literatur dazu, daß die Partner der jeweiligen Patienten zumeist kulissenhaft im Hintergrund blieben. Sie wurden vielfach so ähnlich wie Klimafaktoren charakterisiert: als kalt, warm, streng, milde, weich, hart oder dergleichen, oder allenfalls wurden sie unter dem Aspekt ökonomischer Nutzbarkeit als verwöhnend, affektive Zufuhr spendend, Bedürfnisse befriedigend oder im Gegenteil als abweisend und frustrierend gesehen. Somit folgte die Umweltbeschreibung der Patienten in etwa dem Denkmodell der Organmedizin. Auch diese war und ist, mit ganz anderer Berechtigung, bekanntlich auf den einzelnen Organismus konzentriert, dessen Lebensprozesse von äußeren Faktoren wie Luftdruck, Wärme, Sauerstoffspannung, Wasser, Nahrungsmitteln und Mikroorganismen beeinflußt werden. Aber es ist leicht ersichtlich, daß die Kategorien zur Erfassung medizinisch relevanter Milieufaktoren, die in der Organmedizin sinnvoll sind, in der Psychologischen Medizin unangemessen wirken. Denn im psychologischen Bereich hat es der Mensch in erster Linie mit anderen Menschen und nicht mit einem vorwiegend biochemisch oder biophysikalisch beschreibbaren Milieu zu tun.

Immerhin war die Fokussierung der innerpsychischen Funktion des Individuums in Anpassung an das Modell der somatischen Medizin zweifellos eine wesentliche methodische Voraussetzung dafür, um jene wunderbare umfassende Orientierung über die Entwicklung, den Aufbau und die dynamischen Prozesse des individuellen psychischen Apparates zu gewinnen, die wir Freud verdanken. Tatsächlich setzt ja auch die Ausdehnung der strengen psychoanalytischen Betrachtungsweise auf Gruppenprozesse voraus, daß zunächst einmal die intraindividuellen Struktur- und Funktionsgesetze bekannt sind. Erst dann läßt sich die Interaktion studieren und beschreiben, die durch die Austauschbeziehungen der unbewußt determinierten Wünsche, Ängste und Abwehrformen zwischen Individuen zustande kommen. Was auch immer in Gruppenprozessen an überformenden Merkmalen hinzukommt, es geht dabei nie um Ausschaltung oder Entkräftung jener intraindividuellen psychischen Determinanten, die Freud entdeckt hat, sondern in erster Linie um eine Erfassung ihres wechselseitigen Zusammenspieles. In diesem Sinne erscheint es indessen fraglos an der Zeit, das Gesichtsfeld der Psychologischen Medizin sozialpsychologisch zu erweitern. Und zwar, wie noch einmal ausdrücklich betont sei, durch Ausdehnung des psychoanalytischen Denkens auf soziale Vorgänge. Keineswegs indessen soll hier der Erwartung das Wort geredet werden, daß man durch einfachere soziale Faktoren die Erklärung von psychosozialen Konflikten und Symptombildungen leisten könnte und sich die Tiefe und Subtilität der psychoanalytischen Motivationsforschung hierbei ersparen dürfte. Im Gegenteil: Die bisher vielfach äußerlich formal beschriebenen sozialen Interaktionsprozesse, welche die Psychologische Medizin unbedingt mehr als bisher thematisieren sollte, sind in ihren mehrseitigen Motivationen ohne jede Verkürzung des psychoanalytischen Ansatzes zu studieren. Eine Synthese zwischen Psychoanalyse und Sozialforschung im Sinne einer Einführung von globalen, nur die Bewußtseinsschicht und nicht das Unbewußte erfassenden sozialen Momenten als psychologischen Determinanten brächte, soweit ist einer kürzlichen Äußerung von Adorno zuzustimmen, in der Tat keinen Gewinn[3].

So rasch nun derzeit auch die Literatur über die Beziehung zwischen Familiendynamik und psychogenen Störungen anwächst (Ackerman[1,2], Ehrenwald[22], Jackson[52], Lidz[60,62,63], Pollock[68], Wynne[86], Boszormenyi-Nagy[10], Grotjahn[44]), so fehlt uns doch noch ein differenziertes, verbindliches Modell für das Verständnis der interindividuellen Austauschprozesse und der Formen ihrer Störungen, wie wir es vergleichsweise für die intraindividuellen Prozesse dank Freud haben. Wenn wir die Dynamik einer individuellen Neurose erfassen wollen, so wissen wir genau, wie wir vorzugehen haben. Wir kennzeichnen etwa den Konflikt durch Angaben darüber, welche Impulse bei welcher Über-Ich-Beschaffenheit, mit welchen Mechanismen, auf welchem Fixierungsniveau, mit welchem symptomatischen Resultat abgewehrt werden. Aber wie soll man nun den Sachverhalt einer Störung theoretisch bewältigen, an der zwei Partner oder sogar noch mehr beteiligt sind?

Man hat sich oft mit simplifizierenden Kategorien bei der Erfassung der sozialen Beziehungen in der Familie begnügt, die man eher als einen Rückschritt in voranalytisches Denken zu werten hat. In solchen Kategorien ist einfach nur davon die Rede, daß in der Familie ein Partner den anderen annehme oder zurückstoße, daß einer den anderen hemme oder überfordere, daß zwei Partner sich gegeneinander als ambivalent erweisen usw. Dies mögen im Einzelfall treffende Charakteristika sein, sie sind eben nur höchst global und schöpfen im Vergleich zu den hochdifferenzierten Möglichkeiten der individuellen Strukturbeschreibungen nicht im mindesten die dynamische Komplexität einer Partnerbeziehung aus.

Neuerdings sind nun allerdings mehrere Modelle entwickelt worden, die es ermöglichen sollen, die affektiven Austauschbeziehungen in einer Familie und die daraus erwachsenden Konflikte direkt zu erfassen. Da gibt es das Konzept von der Familien-Homöostase von D. Jackson[52]. Aus der gleichen Arbeitsgruppe von Palo Alto hat Weakland[93] kürzlich ein kommunikationstheoretisches Modell für Zwei- und Drei-Personenkonflikte vorgeschlagen, das als *«double-bind»*-Theorie bekanntgeworden ist, deren Brauchbarkeit er an den Befunden bei schizophrenen Familien von Lidz zu dokumentieren versucht hat. Von Eriksons[24] Identitätskonzept haben F. C. Wallace und R. D. Fogelson[91] eine Interaktionstheorie unter dem Begriff «Identitätskampf» *(Identity-Struggle)* abgeleitet. Dieses Modell ist für die Erfassung von Zwei-Personenkonflikten gedacht und ähnelt in mancher Hinsicht einem Konzept Wynnes[86,95] von dem sogenannten «Austausch der Dissoziationen» (*trading of dissociations*). Mit dieser Formel meint Wynne, daß jeder der Partner bedrohlich erscheinende eigene Merkmale dadurch aus dem Bewußtsein fernhalte, daß er sie mit Hilfe eines unbewußten Dissoziationsvorganges auf den Partner gleichsam «lokalisiere». Außerdem haben Wynne und Singer[86] sowie Lidz[60,62,63] eine locker gehaltene Hypothese über die Beziehungen zwischen elterlichen und kindlichen Denk- und Kommunikationsstörungen formuliert, die sich als sehr geeignete Basis für eine Reihe von ertragreichen experimentellen Untersuchungen an Familien Schizophrener herausgestellt hat. Verf. hat selbst für Eltern-Kind-Beziehungen eine Rollentheorie beizusteuern versucht, die eine systematische Erfassung psychosozialer Abwehrformen, nach Rollenthemen eingeteilt, liefern will[73]. Diese Rollentheorie ist ursprünglich für Eltern-Kind-Beziehungen entwickelt worden, eignet sich indessen auch zur Beschreibung von Partnerverhältnissen unter Erwachsenen. Der Versuch orientiert sich an den durch Freud beschriebenen Grundtypen der Partnerwahl (Objektwahl). Rolle wird dabei sozialpsychologisch-psychoanalytisch definiert als das strukturierte Gesamt der unbewußten und bewußten Erwartungen, die Partner aufeinander richten. Diese Rollen können überwiegend oder ganz Abwehrprozessen dienen. Das heißt, das Erteilen oder Akzeptieren solcher Rollenvorschriften kann von jedem der Rollenpartner dazu benutzt werden, sich kompensatorisch von intraindividueller Konfliktspannung zu entlasten. Anstatt persönliche Konflikte auf sich zu nehmen und zu bearbeiten, tragen die Betreffenden diese in die Partnerbeziehung hinein und manipulieren den jeweiligen Partner als entschädigendes Ersatzobjekt oder als narzißtische Fortsetzung ihres Selbst. In dieser Bedeutung werden die wechselseitig erteilten Rollenvorschriften identisch mit Grundformen psychosozialer Abwehr*. Es sind Manöver in der Beziehung zu Partnern, die in ihrem Zweck mit den altbekannten intraindividuellen Abwehrmechanismen übereinstimmen: sie sollen eine Ausflucht aus dem Druck unerträglicher innerer Konflikte schaffen. Im übrigen stehen diese psychosozialen Abwehrformen nicht in einem additiven, sondern in einem Überformungsverhältnis zu den klassischen Abwehrmechanismen, wie sie A. Freud[27] tabellarisiert hat. Die klassischen Mechanismen

* Mit einem abweichenden Konzept verbindet Ehrenwald[22] den Begriff «psychosocial defense».

sind an den psychosozialen Abwehrformen stets mitbeteiligt. Sie ermöglichen deren Entfaltung überhaupt erst, aber sie erhalten in dem sozialpsychologischen Zusammenhang einen neuen, übergreifenden Sinn.

Folgende Rollenvorschriften, die an anderer Stelle ausführlich an Hand von Beispielen dargestellt worden sind, lassen sich klassifizieren:

1. Rolle eines Partner-Substituts

Y kann von X unbewußt dazu genötigt werden, stellvertretend in die Rolle eines anderen Partners (Z) einzutreten, und zwar eines Konfliktpartners aus der eigenen infantilen Vorgeschichte von X. Y soll dann kompensierend die unerträgliche Enttäuschung wettmachen, welche jene andere unerfüllte oder gescheiterte Partnerbeziehung hinterlassen hat. Zugleich aber wird Y aus unbewußtem Wiederholungszwang dazu verführt, genau jene traumatisierenden Merkmale zu reproduzieren, unter deren Eindruck der historische Partnerkonflikt psychisch fixiert worden ist. Je nachdem erhält die Rolle von Y die Charakteristik einer präödipalen oder ödipalen Elternfigur oder einer Geschwisterfigur.

2. Rolle eines Abbildes

Y kann zweitens die Rolle auferlegt werden, als genaue Kopie das Selbst-Bild von X zu realisieren. Bei dem diese Rollenvorschrift erteilenden X handelt es sich stets um eine hochgradig narzißtische Persönlichkeit mit paranoiden Zügen, die sich durch Verleugnung ihres eigentlichen Ich-Ideals die Phantasie erhält, perfekt zu sein. Natürlich kostet es große Mühe, eine solche narzißtische Perfektionsphantasie in einer sozialen Realität aufrechtzuerhalten, die täglich auf den illusionären Charakter dieser Selbstüberschätzung hinweist. Keinesfalls darf vor allem Y die Vorschriften und Ideale anerkennen, deren konstante Verleugnung X enorme Anstrengungen abfordert. Denn würde Y die Verleugnung nicht mitmachen, würde er das Abwehrsystem von X ständig bedrohen und Angst hervorrufen.

3. Rolle des idealen Selbst

Eine weitere mögliche Rolle besteht darin, daß Y in narzißtischer Weise dazu gezwungen wird, ein Ideal zu erfüllen, dessen Realisierung X mißlungen ist. Y wird also gewissermaßen zum Substitut des idealen Selbst von X. Diese Rollenvorschrift setzt voraus, daß X nicht in paranoid verleugnender Weise die Phantasie der eigenen omnipotenten Perfektion aufrechtzuerhalten vermag, sondern unter dem Verfehlen des eigenen Ich-Ideals leidet. Deshalb erträgt er nicht nur, daß Y «besser» wird als er selbst, sondern er fördert es sogar, um sich dann mittels narzißtischer Identifizierung für das eigene Scheitern zu entschädigen. Er erstrebt in jener narzißtischen Weise «Heilung durch Liebe», wie es Freud in der «Einführung des Narzißmus»[30] beschrieben hat. Inhaltlich variiert diese Rolle, je nachdem ob X mehr den positiven, wunscherfüllenden Aspekt des eigentlichen «Ich-Ideals» oder mehr den negativen, repressiven Aspekt des Über-Ichs (Giltay[39], Lampl de Groot[57]) Y aufbürdet. Im ersten Fall fordert man von Y zum Beispiel besondere Klugheit, Karriere, Schönheit, Ansehen, im zweiten Fall etwa Erfüllung eines Ideals von perfekter Reinheit, Trieb-Abstinenz oder dergleichen.

4. Rolle des negativen Selbst

Y kann schließlich von X genötigt werden, diesem seine negative Seite «abzunehmen». Y soll also einen Aspekt darstellen, den X bei sich selbst nur dadurch erfolgreich unterdrücken und verleugnen kann, daß er ihn gewissermaßen auf Y zu verlagern vermag. Y wird damit zu einer Inkarnation der negativen Identität von X. Bei ausgesprochen sadomasochistischer Konfiguration dieser Rollenbeziehung wird Y zum Sündenbock.

a) Rolle des Sündenbocks

Y soll dann spezielle gefährliche Impulse realisieren, welche X bei sich verpönt und unterdrückt, zugleich soll er in entlastender Weise als Empfänger der Strafen verfügbar sein, welche X insgeheim selbst zu verdienen glaubt. Als Sündenbock verschafft Y X also einerseits eine schuldfreie Ersatzbefriedigung für die eigenen verdrängten Impulse, nämlich durch die Phantasiepartizipation, zum anderen ermöglicht er X eine

Abfuhr der quälenden Selbstbestrafungstendenzen nach außen. Im Gegensatz zu der unter 3. beschriebenen Rollenvorschrift (Substitution des idealen Selbst) müßte man diesmal statt vom Versuch einer Selbstheilung durch Liebe vom Versuch einer Selbstheilung durch Haß sprechen. Es handelt sich im Falle von X stets um Persönlichkeiten mit einer sehr mangelhaft gelungenen Triebabwehr, die ihre fortwährend durchbruchsbereiten Triebimpulse eben nur dadurch leidlich in Schach halten können, daß sie sich an dem verhängnisvollerweise aufgestachelten Triebleben von Y voyeuristisch mitbefriedigen können, was sie freilich vor sich selbst und der Umwelt durch periodische Strafexzesse zu kaschieren verstehen. Während bei der «Sündenbock-Variante» dieses Rollentyps die sadomasochistische Beziehung überwiegt, ist dies bei einer anderen Ausprägungsform weniger der Fall:

b) Rolle des schwachen Teils

Hierbei soll Y nicht den bösen, sondern nur den schwachen Teil von X übernehmen. X kann sich als groß, stark und aktiv darstellen, solange er seine unterdrückten Ideen von Kleinheit, Ohnmacht und Passivität in seinem symbiotischen Partner Y verwirklicht findet. Man kann dann sagen: Y drückt die Depression aus, die X bei sich abwehrt. Y ist die hilflose Kehrseite, die X in seiner phallisch narzißtischen Selbstdarstellung durch Überkompensation verdeckt. Müßte X diese schwache Seite bei sich selbst sehen, würde ihn das in seiner manischen narzißtischen Selbstüberschätzung schwerstens erschüttern. Aber wenn Y diesen depressiven Teil übernimmt, kann X sich weiterhin sicher fühlen. Der arme schwache Y läßt per Kontrast X sich in seiner Großartigkeit unangefochten abheben. Zugleich aber kann X heimlich ein Stück der eigenen unterdrückten Passivität und Depression in der symbiotischen Liebe zu Y ausleben. Während der psychologisch unerfahrene Beobachter in diesen Fällen oft meint, Y müßte doch für X nichts als eine hemmende Last bedeuten, zieht X aus dieser Rollenbeziehung unbewußt – und oft von der Umgebung unbemerkt – hinreichenden Gewinn.

5. *Rolle des Bundesgenossen*

X führt beständig äußere Kämpfe und verlangt von seinem Partner Y vor allem anderen Bundesgenossendienste in diesen Auseinandersetzungen. Alles andere, was Y ist und tut, wird unwichtig neben seiner Bedeutung als Kampfgefährte. In gewisser Weise erscheint diese Rolle als eine Extremvariante der Rolle 2. Auch im jetzigen Falle hat man bei dem Rollengeber X eine paranoide Struktur vorauszusetzen. Aber diesmal geht es X weniger um eine Abschirmung seiner narzißtischen Verleugnungen als um Stabilisierung seiner aggressiven Abfuhr. Die in der Rollenvorschrift steckende Aufforderung zur Kampfgenossenschaft wird leicht zu einem unentrinnbaren Zwang für Y. Denn bei Fortfall der kämpferischen Solidarisierung mit X droht dessen aus der Partnerbeziehung herausgehaltene Aggression in diese Beziehung selbstzerstörerisch einzubrechen. So kann man es beispielsweise erklären, daß die Ehegefährten von paranoiden Persönlichkeiten sehr häufig in den Wahn ihres Partners mit einsteigen und sich mit deren paranoiden Kämpfen solidarisieren.

Die Klassifikationstabelle der Rollenvorschriften kann hier weder so vollständig noch so differenziert wiedergegeben werden, wie sie an anderer Stelle bereits dargestellt, begründet und mit ausführlichen Fallbeispielen belegt worden ist*. Es bedarf indessen noch der Klarstellung, daß diese Rollenbeziehungen bei nur geringer Ausprägung der Rollenvorschriften ursprünglich durchaus normale Beimengungen in der affektiven Einstellung des Menschen zu intimen Partnern überhaupt darstellen. Sie sind ubiquitär wirksam. Sobald die Rollenvorschriften aber eine dominierende Bedeutung für das Partnerverhalten eines Menschen gewinnen, erhalten sie einen abnormen Charakter. Sie dienen dann regelmäßig für den Betreffenden defensiven Zwecken. Er vollzieht hierbei unter Angstdruck eine kompromißhafte Teilerledigung innerer Konflikte. Dadurch gewinnen die verschiedenen zitierten Rollenansprüche an den Partner, wie gesagt, die Bedeutung von psychosozialen Abwehrformen, denen in mancher

* H. E. Richter: ‹*Eltern, Kind und Neurose. Psychoanalyse der kindlichen Rolle*›. Stuttgart (Klett) 1963 und rororo 6082/6083, Reinbek (Rowohlt) 1969.

Hinsicht eine ähnliche Funktion zukommt wie den geläufigen intraindividuell konzipierten Abwehrmechanismen entsprechend der Klassifikation von Anna Freud[27]. Diese zuletzt genannten «klassischen» Mechanismen wie Verdrängung, Regression, Projektion, Introjektion, Reaktionsbildung, Verschiebung usw. sind freilich bei der Konstellation der zitierten Rollenbeziehungen immer mit im Spiel. Sie werden nur unter sozialpsychologischem Aspekt in einem neuen Sinne, in einer übergreifenden Komplexität, wirksam.

Neben der besonderen Komplexität ist es ein Merkmal dieser psychosozialen Abwehrformen, die zu den zitierten Rollenvorschriften führen, daß sie im Resultat nicht nur von der Verschiebung des Binnengleichgewichtes des Individuums her begriffen werden können, sondern daß sie unmittelbar eine bipolare oder sogar multipolare Miterfassung der Gruppensituation ermöglichen. Denn selbst wenn man bei dem simplifizierenden Modell bleibt, wonach eine Partnerbeziehung ganz von der Rollenvorschrift des einen Teils her gesteuert und strukturiert wird, so enthält diese Vorschrift ja jeweils zugleich ein Rollenthema für jeden der beteiligten Partner. Wenn der Vorschreibende eine schützende Mutter sucht, so macht er sich selbst zum hilfsbedürftigen Kind; wenn er einen Sündenbock erschafft, so nimmt er für sich die Position des gerechten Häschers in Anspruch; wenn er sich einen Sadisten heranzüchtet, so will er den Part des masochistischen Prügelknaben übernehmen. Diese rollentheoretische Konzeption eröffnet also stets zugleich einen mehrseitigen Zugang zu der Gruppenproblematik, im Gegensatz zu dem traditionellen, das Individuum zentralisierenden Ansatz, in dem ein Mensch als Träger von Funktionen und Impulsen fokussiert wird, während der Partner letztlich auf seinen positiven oder negativen Resonanzeffekt zu diesen ihm begegnenden Impulsen reduziert erscheint.

Unter den Partnerverhältnissen, die durch das Vorwiegen einer der typologisch entwickelten Rollenthemen eine abnorme Konfiguration erlangt haben, kann man solche von mehr asymmetrischem und solche von mehr symmetrischem Bau unterscheiden. Bei asymmetrischer Struktur ist es vornehmlich der eine Teil, der den andern gewaltsam in einer kompensatorischen Rolle festhält, während bei mehr symmetrischer Konfiguration die Interessen an der Aufrechterhaltung der Rollenbeziehung auf die Partner ziemlich gleich verteilt sind.

Es wäre falsch anzunehmen, daß symmetrische Beziehungen der genannten Art höchstens unter Erwachsenen, aber nicht bei Eltern-Kind-Beziehungen anzutreffen wären. Tatsache ist, daß zwar die Einleitung abnorm konfigurierter Rollenbeziehungen zwischen Elternfigur und Kind in der Regel so vor sich geht, daß die übermächtige Elternfigur eine für die eigene Konfliktentlastung benötigte Rolle dem Kind aufoktroyiert. Aber akzeptiert das Kind die Vorschrift und funktioniert das Rollen-Wechselspiel eine Zeitlang, so kann die von dem Kind auf die Elternfigur zurückreflektierte komplementäre Rollenvorschrift eines Tages die Wirkungsintensität der Ansprüche erreichen, denen es selbst seitens der Elternfigur ausgesetzt ist. Nicht ganz selten ereignet sich sogar eine Umkehr in dem Sinn, daß späterhin das Kind nachdrücklicher auf der Persistenz der einmal eingefahrenen Rollenbeziehung besteht als der Erwachsene, der diese Konstellation nur vorübergehend zur eigenen Konfliktentlastung benötigt und durchgesetzt hatte.

Eine Täuschung über die Symmetrie-Struktur von kompensatorischen Rollenverhältnissen ergibt sich wie bei Eltern-Kind-Beziehungen auch bei Erwachsenen-Partnerschaften leicht dann, wenn man nur in einer oberflächlich behavioristischen Betrachtungsweise die Partner hinsichtlich ihrer manifesten «Aktivität» oder «Stärke» vergleicht: In einer Mutter-Tochter-Beziehung etwa, in der die Mutter eine massive Overprotektion betreibt und die zwanzigjährige Tochter ein hilflos kränkliches Kind spielt, scheint die Mutter selbstverständlich der steuernde und hauptverantwortliche Teil für das entartete Rollenverhältnis zu sein. Ebenso unzweifelbar erscheint ein lauter Sadist der schuldige Peiniger seines scheu verhärmten masochistischen Partners zu sein. Psychoanalytische Erfahrung lehrt indessen, daß die äußere Wucht und Expansivität im Verhalten keineswegs ein verläßliches Kriterium für eine Klärung der Frage ist, wer von den Partnern den andern wirklich fester hält in dem Gefängnis der kompensatorischen Rollenfunktion. Erst eine eingehende psychoanalytische Untersuchung läßt diese Frage meist beantworten – und nicht selten zu Lasten des scheinbar schwächeren, unterdrückten, «gehemmten» Partners.

Aber mitunter ist es ohnehin schwer möglich und obendrein für die Entwicklung der ärztlichen Gegenübertragung keine Hilfe, wenn der Frage nach den Dominanzrelationen in derartigen kompensatorischen Rollenverhältnissen eine übergeordnete Bedeutung zugemessen wird, zumal da es schwierig genug ist, hinsichtlich der Pressionsintensität ganz heterogene Mittel miteinander zu vergleichen, wie etwa massives sadistisches Agieren mit still vorwurfshaftem Leiden usw. Vielfach kann man zu Recht die Vorstellung einer annähernd symmetrischen Rollenverzahnung aufrechterhalten. So sieht man dann zugleich steuernd und gesteuert miteinander verklammert: depressiv Verzagte mit maniform Omnipotenzbesessenen, anankastische Asketen mit triebhaft Verwahrlosten, wilde Tyrannen mit hörig Passiven, aber auch wie ein Ei dem anderen gleichende paranoide Narzißten. Jeder braucht den anderen in gleicher Weise – und sucht verzweifelt nach Ersatz, wenn der Partner wirklich aus irgendwelchen Gründen in seiner kompensatorischen Rollenfunktion nicht mehr verfügbar sein sollte. Man sieht jedenfalls Gleichgewichtsverhältnisse, in denen die jeweiligen individuellen Konflikte und die infolgedessen dem jeweiligen Partner zugewendeten Rollenansprüche tatsächlich exakt komplementär zueinander passen. Untersucht man in solchen Fällen die Ich-Struktur der beteiligten Partner näher, so mag man überraschenderweise und erschütternderweise feststellen, daß jeder der Beteiligten unbewußt und vielleicht schon sehr rigide mit einer Existenz als «Teilperson» identifiziert ist, die erst durch die Verfügbarkeit der kompensierenden Bezugsperson komplettiert wird. Man fühlt sich erinnert an den platonischen Mythos von dem Aufeinanderzustreben zweier ursprünglich geteilter Menschhälften, wenn man erlebt, welche extremen Grade von unbewußter wechselseitiger Abhängigkeit in solchen Partnerbeziehungen zustande kommen. Da kann am Ende keiner der komplementären Partner mehr – bis in die unbewußten Fundamente der Ich-Identität hinein – sich als eigene Person verstehen oder auch nur das Erreichen eines persönlichen Selbst erstreben. Jeder findet sich nicht nur damit ab, sondern ist sogar angstvoll darauf bedacht, sich lediglich als ein Persönlichkeitstorso zu verwirklichen, wobei er absolut auf eine zur Lebensfähigkeit vervollständigende ergänzende Bezugsperson angewiesen bleibt.

4. Die Struktur von Familienneurosen, Symptomneurosen und Charakterneurosen

Die Beobachtung der engen psychischen Abhängigkeitsverhältnisse, die in vielen Familien herrschen, kompliziert das Problem der Krankheitslehre und der Diagnostik in der Psychologischen Medizin. Man kommt nicht an der Erkenntnis vorbei, daß eine seelische Störung nicht unbedingt nur eine Sache des betroffenen Individuums ist, sondern unter Umständen auch oder sogar in erster Linie eine Angelegenheit einer ganzen Familie. Viele psychogene Störungen lassen sich erst zutreffend erfassen, wenn man sie überhaupt nicht als individuelle Krankheiten, sondern als *«Ehepaarneurosen»* oder als *«Familienneurosen»* beschreibt. Diese Denkweise ist zwar ungewohnt, und sie paßt vorläufig auch nicht zu dem festgefügten Organisationsschema unserer Medizin. Bisher kennen Ärzte, Krankenkassen, Rentenversicherungsträger nur den Einzelpatienten. Und für die Organmedizin ist auch kein Grund ersichtlich, dieses Modell aufzugeben. *Aber die Psychologische Medizin kann sich nicht länger nur als Individualmedizin verstehen.* Auch wenn sie aus standespolitischen Gründen gern noch immer mehr mit der Organmedizin verschmelzen würde, um aus dem Zwielicht eines suspekten Außenseiters herauszukommen oder, positiv ausgedrückt, sich voll in das sozioökonomische System der übrigen Medizin eingliedern zu können.

Unter den neurotischen Familienstörungen kann man zwei Typen unterscheiden:

1. *Familiäre Symptomneurosen,*
2. *familiäre Charakterneurosen*

Das Hauptmerkmal einer *familiären Symptomneurose* besteht darin, daß die Familie beziehungsweise ein Teil der Familie ein Mitglied (manchmal auch mehrere) krank macht und als «Fall» organisiert. Auf dieses Mitglied wird so lange ein überlastender Druck ausgeübt, bis der Betreffende dekompensiert, meist unter Produktion von medizinischen Symptomen, manchmal auch von Verwahrlosungszügen. Die übrige Familie verschafft sich durch das provozierte Scheitern ihres «Opfers» Entlastung. So wie ein Konversionshysteriker einen Teil von unbewältigter Konfliktspannung durch ein lokales Konversionssymptom ableiten kann, so vermag offensichtlich analog eine neurotische Familie ihre gruppeninterne Spannung zum Teil dadurch abzuführen, daß sie an einem geeigneten Mitglied eine manifeste Störung produziert. Man könnte dieses Mitglied dann als das «Lokalsymptom» der Familie bezeichnen[74]. In dem Augenblick, in dem dieses Individuum krank wird oder sozial versagt, kommt es plötzlich zu einer merkwürdigen Beruhigung der vordem erregten Familienatmosphäre. Insbesondere das Verhältnis zwischen dem Symptomträger und seiner nächsten Bezugsperson entspannt sich oft merklich. Paradoxerweise erscheint das Familienmitglied oft am gesündesten, dessen Druck einen anderen Teil der Familie krank macht. Oberndorf[65], der sich schon sehr früh in der gleichzeitigen psychoanalytischen Behandlung von Ehepaaren versucht hat, erwähnte diesen Typ der Interaktion bereits 1933: «... Wer eine neurotische Familiensituation induziert, gilt oft als normal und hält sich auch selbst dafür.» 1944 beschrieb Mittelmann[64] Partnerschaften, «in denen ein Individuum seine Bedürfnisse befriedigt und seine Angst beschwichtigt auf Kosten eines anderen, der sich in seinen Bedürfnisbefriedigungen einschränkt und mehr Angst bekommt. So erscheint das eine Individuum gesund, das andere manifest krank.»

Also ein Teil der Familie entgeht einem neurotischen Krankheitsausbruch dadurch, daß er seine ungelösten Schwierigkeiten einem anderen Teil aufbürdet. Auf solche kompensatorischen Rollenverteilungen weist immer wieder die Erfahrung hin, daß die therapeutische Besserung eines neurotischen Patienten gelegentlich einen Symptomausbruch oder eine Symptomverschlimmerung bei einer Bezugsperson nach sich ziehen kann. Die Verfügbarkeit eines Partners, der an den Problemen scheitert, die man bei sich selbst verleugnet, kann jedenfalls unter Umständen temporär von eigenem Konfliktdruck entlasten. Wird die Externalisierung der unbewältigten Schwierigkeiten aber unmöglich, indem der kompensatorische Partner kuriert wird, bricht das Gleichgewicht des vorher scheinbar Gesunden zusammen. Er fällt jetzt der Problematik anheim, die ihm vorher der andere abgenommen hatte.

Charakteristisch für die symptomneurotische Familie ist, daß sich in der Familie eine Spaltung vollzieht. Gegen den Familienteil, der Symptome produziert oder sozial scheitert, grenzt sich der übrige Familienteil ab. Das «Opfer» wird innerhalb der Familie mehr oder minder isoliert. In krassen Fällen kommt es zu regelrechten *Ausstoßungsprozessen.* Fleck[26] spricht in diesem Fall vom Typ der «ausstoßenden Familie».

Ein Elternpaar kanalisiert unbewältigte eheliche Spannungen so lange mit Hilfe periodischer gemeinsamer Schimpfkanonaden und Strafpraktiken an die Adresse eines Kindes, bis dieses immer depressiver wird und mehrmals für ein paar Tage davonläuft. Schließlich muß das Kind in ein Heim geschickt werden. Danach wiederholen die Eltern die gleiche Prügelknaben-Strategie an einem zweiten Kind. Auch dieses erliegt im Lauf der Zeit den zermürbenden Aggressionen der Eltern, entwickelt eine chronische Magenkrankheit und kommt in eine Klinik.

In Erziehungsberatungsstellen sieht man Familien, in denen alle paar Jahre ein Mitglied verstoßen wird: eine Ehescheidung folgt der anderen, ein Kind landet im Heim, ein anderes in einem Krankenhaus, ein weiteres begeht Suizidversuche. Bei näherer psychoanalytischer Überprüfung erkennt man, daß in der Familie, meist unter dem Druck eines stark agierenden Soziopathen, immer wieder gewaltsame Ausstoßungen als primitivste Lösung stark aggressionshaltiger Gruppenkonflikte probiert werden.

Weniger auffällig und auch weniger radikal gehen die vielen Familien zuwege, die ein oder nacheinander mehrere Mitglieder zwar in eine innerfamiliäre Außenseiterposition manövrieren, ohne indessen eine volle Ausstoßung vorzunehmen. Das «Opfer» wird zu einem Leistungsversager unter Tüchtigen, zu einem Pechvogel unter Erfolgreichen, zu einem Kranken unter Gesunden, zu einem Mutlosen unter Zuversichtlichen organisiert. Die übrigen Familienmitglieder nutzen den wenig widerstandsfähigen

Partner als Projektionsfläche für die jeweiligen eigenen verleugneten Defekte aus, aber sie halten ihn in dieser Funktion in der Familie fest. Die übrige Familie fühlt sich insgesamt «anders» als das von ihr isolierte Opfer. Man fühlt sich besser, stärker, gesünder – nämlich weil man die eigenen verleugneten Schuldvorstellungen, Ohnmachts- und Insuffizienzgefühle bei dem abgegrenzten Mitglied deponiert hat. Aber als wehrloser Speicher und zugleich Ausscheidungsventil ist der Symptomträger so wichtig für die Restfamilie, daß diese ängstlich bedacht bleibt, ihn in seiner Rolle zu konservieren. Man pflegt und hegt ihn in einer Art von goldenem Käfig. Man stellt ihn unter Umständen zahlreichen Ärzten vor und offeriert ihn vielleicht sogar einem Psychotherapeuten. Man unterstützt allerdings lediglich einen solchen Psychotherapeuten, der an den Symptomen des Patienten herumkuriert, dessen innerfamiliäre Hörigkeit aber unangetastet läßt. Die Krankengeschichte in Kapitel 13 liefert ein treffendes Beispiel dafür, wie Psychiater und Psychotherapeuten mehr oder minder unbemerkt als Erfüllungsgehilfen für die Stabilisierung solcher familiärer Symptomneurosen tätig werden können.

Gegenüber der familiären Symptomneurose ist die *familiäre Charakterneurose* dadurch charakterisiert, daß sich unter dem Druck eines unbewältigten Konfliktes das «Kollektiv-Ich» der Familie verändert. Die Familie baut sich eine neurotische Welt auf, oft unter Zuhilfenahme einer Ideologie, die geeignet ist, die innerfamiliäre neurotische Konfliktspannung irgendwie zu kompensieren.

Entscheidendes Kennzeichen für die familiäre Charakterneurose ist, daß keine Ausstoßung oder auch nur diskriminierende Abgrenzung eines Symptomträgers erfolgt. Die charakterneurotische Familie bildet in der Regel nicht zwei Teile – hie gesund, dort krank –, sondern formiert sich allmählich zu einem Ensemble von bemerkenswerter Einigkeit.

Dieses Ensemble bleibt auch erhalten, ja steigert sogar unter Umständen noch seine Solidarität, wenn ein Familienmitglied manifest krank wird. Ein Symptomträger in einer charakterneurotischen Familie ist in der Regel kein Außenseiter oder gar ein von Ausstoßung bedrohter Angeklagter, sondern meist eher im Gegenteil ein steuerndes Zentrum der Familiengruppe. Die übrigen neigen dazu, mit ihm eine *Überidentifikation* zu vollziehen. Bis hin zu der Möglichkeit, daß die Symptomatik von der Familie als Ausdruck von etwas besonders Wertvollem uminterpretiert und zum Kern einer paranoiden Ideologie gemacht wird.

Die eigentliche Krankheit der charakterneurotischen Familie besteht darin, daß diese Familie *sich eine verrückte Welt baut.* Sie verändert sich in ihrem «Wesen». Sie schafft sich ein ichsyntones Normensystem, das im ganzen gesehen daneben, schief, verdreht ist. Diese «Verrücktheit» wird ursprünglich begründet und unter Druck aufrechterhalten durch dasjenige Familienmitglied, das eigentlich das kränkste ist. Dieses Mitglied müßte sofort zusammenbrechen, wenn es ihm nicht gelänge, für sich und die übrige Familie das Bild der Realität so umzufälschen, wie es gerade zum Schutz seines inneren Gleichgewichtes notwendig ist.

Man kann sagen: Vor dem Aufbau ihrer Charakterneurose glaubte die Familie, vor die Wahl gestellt zu sein: entweder ihren vollen normalen Realitätsbezug aufrechtzuerhalten und dafür das latent gefährdetste Mitglied dekompensieren zu lassen oder den normalen Realitätsbezug zu opfern zugunsten einer spannungsfreien Solidarisierung mit dem potentiellen Patienten. Sie hat den zweiten Weg gewählt.

Familien mit ausgeprägten systematisierten Charakterneurosen bieten einem äußeren Betrachter in manchen Zügen ein ähnliches Bild wie Familien, in denen zur Weihnachtszeit alle Mitglieder einem Kinde den Glauben an den Weihnachtsmann oder an das Gaben spendende Christkind vorspielen. Oder wie solche Familien, die um einen sterbenskranken Krebspatienten herum ein Stück voller munterer Zuversicht aufführen, um ihm und sich selbst eine Konfrontation mit der ängstigenden Realität zu ersparen. – Aber der wesentliche Unterschied besteht darin, daß die charakterneurotische Familie zwar möglicherweise am Anfang, in späteren Phasen indessen immer weniger Kontrolle über das illusionäre Moment ihres Spiels hat. Die Beispiele in den folgenden Abschnitten werden veranschaulichen, wie die verschiedenen Typen von charakterneurotischen Familien am Ende völlig kritiklos ihr jeweiliges verfälschtes Realitätsbild assimilieren: Die angstneurotische Familie glaubt daran, die Welt sei so etwas wie ein friedliches *Sanatorium.* Die paranoide Familie sieht alle Probleme nur noch gewissermaßen durch die Schießscharten ihrer imaginären *Festung*, und die hysterische Familie phantasiert sich die ganze Welt zu einem einzigen *Theater* um.

Man könnte nun meinen, eine Familie mit einem derart eingeschränkten oder gar verzerrten Realitätsbezug müßte sich gesellschaftlich isolieren. Aber diese Annahme trifft nicht in jedem Falle zu. Charakterneurotische Veränderungen des familiären «Gruppen-Ichs» können sich in der Gesellschaft gehäuft in gleichförmiger Richtung vollziehen. Unter der Einwirkung eines kollektiven Trends mögen viele Familien sich gleichzeitig an einem neurotisch veränderten Realitätskonzept orientieren. Vieles spricht zum Beispiel dafür, daß die derzeitigen gesellschaftlichen Verhältnisse den Typ der angstneurotischen Familie begünstigen. Das heißt, viele Familien klammern sich mit Hilfe von Vermeidungs- und Verleugnungstaktiken an die Illusion einer friedlichen, guten, geordneten Welt, um sich die ängstigende Konfrontation mit den vorhandenen gesellschaftlichen Konflikten und Mißständen zu ersparen. Darüber wird anläßlich der systematischen Beschreibung der angstneurotischen Familie (Kapitel 6) noch die Rede sein.

Man kann also jetzt bereits sagen, daß die einzelne familiäre Charakterneurose nur dann auffällig zu werden pflegt, wenn sie als relative Ausnahme auftritt. Bei epidemischer Ausbreitung einer bestimmten charakterneurotischen Veränderung wird diese zur Durchschnittsnorm. Und die nach psychoanalytischen Gesichtspunkten gesunde Familie mag am Ende als anstößiger Problemfall erscheinen, gegen den sich die Gesellschaft mit Vorurteilen abgrenzt.

5. Beispiele für familiäre Symptomneurosen*

Symptomneurotische Familien müssen gelegentlich oder fortwährend ein Mitglied zu einem Versager (im medizinischen oder sozialen Sinne) machen, weil sie anders mit gruppeninternen Spannungen nicht fertig werden. Wenn man von den Fällen absieht, in denen Mitglieder ausgestoßen werden, so kann man Familien mit konstanten Symptomträgern von anderen Familien mit alternierenden Symptomträgern unterscheiden. Im ersten Falle bedient sich die Familie immer wieder der gleichen Person zur Spannungsentlastung, im anderen Fall sieht man *soziale Symptomverschiebungen*[76] innerhalb der Familie: Ein zuerst zum Symptomträger organisiertes Mitglied wird gesund, und sofort wird dafür ein anderes krank. Die Rolle des Scheiternden ist unentbehrlich. Gelingt es einem, diese Rolle abzustreifen, wird ein anderer präpariert, in diese Rolle einzuspringen, ohne deren Verfügbarkeit die Familie ihr neurotisch labiles Gleichgewicht nicht für längere Zeit aufrechterhalten könnte.

Eine ganze Kette von sozialen Symptomverschiebungen entwickelte eine Familie, in der ein Mitglied nach dem anderen eine Psychotherapie aufnahm. Dazu kam es infolge der in dieser Familie traditionellen Tendenz, einander zu irritieren und die neurotischen Konflikte wechselseitig zu verschärfen. Schließlich blieb nur noch ein Mädchen übrig, das sich gesund fühlte und in der Gruppe ohne Komplikationen zurechtkam. Ihr, so schien es,

* Die Daten aller in diesem Buch enthaltenen Familienbiographien und Krankengeschichten sind chiffriert worden, um eine Identifizierung beteiligter Personen auszuschliessen.

könnte eine Psychotherapie erspart werden. Indessen wurde sie allmählich das konzentrische Ziel der Attacken der übrigen Familienmitglieder. Diese scheuten nicht davor zurück, ihre in ihren eigenen Psychotherapien erhaltenen Deutungen in provokativer Weise an das Mädchen weiterzugeben. Sie hatten gelernt, wie durchdringend analytische Interpretationen wirken können. Und es verschaffte ihnen Genugtuung, das neiderregend gesunde Mädchen mit den Waffen zu attackieren, denen sie in ihren eigenen Therapien in schmerzlichen Weise ausgesetzt waren. Damit betätigten sie den psychoanalytischen Abwehrmechanismus vom Typ: Identifikation mit dem Aggressor[27]. Dafür folgendes makabre Beispiel: Eines Tages kam die Mutter nicht zur angekündigten Zeit von Besorgungen aus der Stadt zurück. Das Mädchen äußerte Besorgnis über die Verspätung der Mutter. Darauf der ältere Bruder: «Wenn du Angst hast, daß der Mutter etwas passiert sein könnte, dann heißt das, daß du unbewußt der Mutter den Tod wünschst. Du steckst voller verdrängter Aggressionen gegen die Mutter!» So hetzten vor allem die Geschwister das Mädchen mit unerbittlichen Sticheleien, bis diese schließlich ebenfalls dekompensierte und eine Behandlung brauchte. Erst dann ließ man sie vorläufig in Ruhe.

Während in derartigen Fällen verschiedene oder alle Familienmitglieder wie eine Meute konzentrisch einen Angehörigen zermürben und schließlich krank machen, so spielen sich in anderen Familien solche Prozesse vornehmlich zwischen *zwei* Personen ab, und die übrigen Mitglieder wirken eher randständig mit. Vielleicht führt ein Ehekonflikt dazu, daß einer der beiden Eheteile von seinem Partner in die Rolle eines Symptomträgers gedrängt wird, wobei die Kinder nicht viel mehr tun, als diese Rollenverteilung unter den Eltern zu akzeptieren und durch ein bißchen Nachhilfe womöglich zu fixieren.

Fall: «Depressiv warst du mir lieber!»

Eine sehr sensible, aber ehrgeizige und willensbetonte Kunstgewerblerin heiratet einen wesentlich älteren Studienrat. Nachdem sie sich durch ihre herrische und kühle Mutter immer abgewiesen und vernachlässigt erlebt hatte, fühlt sie sich besonders von der Gemütswärme und Weichheit des Ehemannes angezogen, der ihr einiges von der bei der Mutter vermißten Geborgenheit nachliefern soll. Sie unterschätzt, daß der Mann bei aller Weichheit recht verwöhnt und ziemlich eitel ist. Er vermag es ausgezeichnet zu arrangieren, daß man ihn in seiner sanften Art großartig findet und anhimmelt. In der Schule hat er jedenfalls stets einen Kreis von schwärmerisch verliebten Schülerinnen um sich. Die bei der Eheschließung noch sehr unsichere Frau, selbst noch vom Typ der anhimmelnden Schülerin, verwandelt sich während einer zehnjährigen Ehe in eine eher egozentrische und eigensinnige Partnerin, die sich durch die eitlen Allüren ihres Mannes schließlich nicht mehr fasziniert, sondern herausgefordert fühlt. Sie wird zu seiner erbitterten Rivalin und kann nicht umhin, seine im Grunde harmlosen Größenillusionen auf Schritt und Tritt so zu attackieren, als handle es sich um eine perfide Bösartigkeit. Der verunsicherte Mann versucht sich zu wehren, aber da er bei seiner Gemütsweichheit und seiner im Grunde melancholischen Tendenz ohne freundliche Resonanz nicht existieren kann, verliert er schnell an Boden gegenüber seiner Frau. Er muß ihr die Führungsrolle abtreten und wird zu einem nörglerischen Griesgram, der nun seinerseits als Neider versucht, die Frau durch Herumquengeln und durch Bagatellisierung ihrer Erfolge zu zermürben. Auf diese Rache für die erduldete Demütigung meint er nicht verzichten zu können. Indessen, die robustere Frau nutzt seine emotionelle Labilität schonungslos aus. Sie forciert die Auseinandersetzungen und zwingt ihn dazu, daß er am Ende doch immer wieder nachgeben muß. Seine innere Abhängigkeit von ihr bringt ihn unausweichlich in eine masochistische Position. Er muß es schließlich dulden, daß sie ihn laufend in Gegenwart anderer Menschen bevormundet. Sie konspiriert mit seinen Kollegen in der Schule und untergräbt auch dort sein Ansehen durch kleine hysterische Intrigen.

Während dieses unerquicklichen Machtkampfes konkurrieren die Ehepartner zugleich mit unterschiedlichem Erfolg um die Gunst der beiden Kinder. Beide Kinder hatten den gemütvollen, nachsichtigen Vater besonders geliebt. Nun aber erleben sie mit, wie der Vater sich oft unausgeglichen und nörglerisch aufführt. In seiner zunehmend gedrückten Stimmung ist er nicht länger fähig, sich den Kindern gleichmäßig geduldig und ermutigend zuzuwenden. Vielmehr wechselt bei ihm jetzt liebevolle Verwöhnung mit plötzlicher gereizter Zurückweisung ab. Die

Mutter hingegen, früher streng und kurz angebunden, gibt den Kindern nun planmäßig mehr Spielraum und schenkt ihnen ein lange vorenthaltenes Maß an Aufmerksamkeit. Und sie erreicht es, daß die Kinder jetzt auf sie als die anscheinend Mächtigere, Verläßlichere und Vernünftigere zu bauen beginnen. Irritiert durch die Schwäche und Unberechenbarkeit des Vaters, unterstützen sie unbewußt die mütterliche Taktik, den Vater schrittweise zu isolieren und ihm den Mut für eine Fortsetzung seiner phallisch-narzißtischen Selbstdarstellung zu nehmen. Da diese phallisch-narzißtischen Aktivitäten aber der Schutzwall waren, mit dessen Hilfe der Vater bislang seine immer schon untergründig bereitliegende Depression unterdrückt hatte, kommt es nun zu einem unaufhaltsamen Zusammenbruch. Der Mann erkrankt an einem schweren depressiven Verstimmungszustand. Er wird zu Hause untragbar und muß in eine Nervenklinik eingewiesen werden.

Nach einigen Monaten kehrt er aus der Klinik zurück. Die Depression ist zunächst überwunden. Er gibt sich eher zuversichtlich und aufgeräumt. Seine frühere Unternehmungsfreude ist wieder sichtbar. Er stürzt sich hoffnungsvoll in seine Lehrtätigkeit, und es hat den Anschein, als könnte er sich auch zu Hause wieder besser durchsetzen und einiges von seinem früheren Gewicht in der Familie zurückgewinnen. Dies beunruhigt aber seine Frau. Diese hatte sich in der Zeit seiner Krankheit hilfreich und verständnisvoll verhalten. Der Rivalitätskonflikt schien erledigt, klingt nun jedoch von neuem auf. Die schwungvolle Aktivität des Mannes bedroht ihre bereits unerschütterlich geglaubte Führungsrolle. Ihr vordem nur oberflächlich unterdrückter Konkurrenz-Komplex drängt sie, die leidlich reparierte Selbstsicherheit des Mannes durch erneute Sticheleien zu gefährden. Freilich ist ihre Motivation weitgehend unbewußt. Sie rationalisiert ihre Vorwürfe und Einschüchterungsversuche mit dem Argument, der Mann solle doch nicht vergessen, daß er vor kurzem noch schwer nervenkrank gewesen sei und jetzt nicht «zu übermütig» sein solle. Wenn er sich zuviel zumute, könne er leicht einen Rückfall erleiden. – Zunächst scheint der Mann genügend selbstsicher und widerstandsfähig, um diese Irritierungsversuche abwehren zu können. Darauf verschärft die Frau ihren Druck, provoziert offene Auseinandersetzungen und demaskiert sich wiederholt mit

Aussprüchen wie: «Als du deine Depression hattest, warst du mir viel lieber. Jetzt empfinde ich dich als unausstehlich.» Oder: «Du mußt wohl erst wieder krank werden, um einzusehen, daß ich recht habe.» – «Wenn du so weiter machst, wirst du bald einen Rückfall haben. Und dann wirst du begreifen, wie unvernünftig du dich benommen hast!»

So verrät sie sehr deutlich ihre Tendenz, ihn lieber wieder schwach und nervenkrank als stark und konkurrenzgefährlich zu sehen. Und im Sinne dieser Tendenz präpariert sie ihn in der Tat zu einem neuerlichen depressiven Zusammenbruch. Sie kritisiert und verspottet ihn, versagt sich seinem Verlangen nach sexuellem Kontakt und läßt ihn tagelang warten, wenn er nach irgendwelchen Auseinandersetzungen ihr versöhnliches Einlenken erbittet. So erschüttert sie planmäßig die Basis seines labilen emotionellen Gleichgewichtes, bis er wieder ängstlich, unentschlossen und pessimistisch wird. Schließlich kann er kaum mehr schlafen, verliert jeglichen Antrieb und gleitet in eine zweite depressive Erkrankung hinein. Wieder ist eine nervenklinische Behandlung nicht zu vermeiden.

Dieser Zyklus wiederholt sich noch zwei weitere Male. In der Nervenklinik spricht man von einer «phasischen, endogenen Depression». Indessen ergibt sich bei einer anschließenden psychotherapeutischen Betreuung ganz deutlich, daß das angeblich «endogene Geschehen» in Wirklichkeit weitgehend durch den Verlauf des Familienkonfliktes gesteuert wird. Die Frau provoziert aus ihrem unbewußten Rivalitätskonflikt heraus die Depression des Mannes (der damit in die Rolle ihres «schwachen Teils» eintritt), um der Gefahr drohenden Selbsthasses zu entgehen. Denn sie ist inzwischen selbst von dem phallisch-narzißtischen Geltungsdrang besessen, den sie einst bei ihm bewundert, sich aber längst selbst inkorporiert hat. Weil sie insgeheim entsetzliche Angst davor hat, ihre überkompensatorisch ausgebaute Männlichkeit wieder verlieren zu können, ist sie unfähig, auch nur einen Fußbreit der inzwischen okkupierten Machtposition in der Familie an den Mann abzutreten. Sie fürchtet unbewußt, ihr Überkompensations-Gebäude könnte sonst wie ein Kartenhaus zusammenstürzen.

Von daher treibt sie ihr Konflikt immer wieder zu dem makabren Spiel mit dem Ehemann: Dessen periodische Zusammenbrüche sollen sie vor der Dekompensation schützen, der sie im Falle ihres erneuten Unterliegens ihm gegenüber unausweichlich anheimfallen zu müssen glaubt. Eine Besorgnis, die bei ihrer Struktur verständlich ist.

Fall: Impotenz und Frigidität im Wechselspiel

Ein anderes Beispiel: Ein überkompensatorisch seine Selbstunsicherheit verdeckender Mann heiratet eine frigide Frau. Sie stellt für ihn zunächst die Rolle seiner «negativen Identität» dar. Sie repräsentiert seine Schwäche, die er sich um keinen Preis zugestehen will. Ihre sexuelle Empfindungsstörung vermittelt ihm das Gefühl unangefochtener männlicher Stärke, die er sich illusionärerweise zutraut. Die sexuell gestörte Frau hilft ihm zu verleugnen, wie passiv und potenzunsicher er sich insgeheim selbst fühlt. So hat er sich also extra diese frigide Partnerin ausgewählt, weil er bei einer sexuell voll erlebnisfähigen Frau zu versagen fürchten würde. Wenn sich die frigide Frau aber im Laufe der Ehe den sexuellen Wünschen des Mannes immer häufiger versagt, weil sie den Koitus nur als unangenehm empfindet, so entstehen dennoch Konflikte. Und so begibt sich die Frau eines Tages in eine Psychotherapie.

In einer Reihe von Fällen läßt sich Frigidität sehr effektiv psychotherapeutisch behandeln. So kommt es also dazu, daß die junge Frau im Verlauf der Psychotherapie lernt, nicht nur sexuelles Verlangen zu entwickeln, sondern auch zum Orgasmus zu gelangen. Und, wie nicht selten in diesen Fällen, wächst das so lange neurotisch gestörte sexuelle Bedürfnis sogar stark an. Die Frau begehrt häufig geschlechtliche Kontakte – und erlebt nun zu ihrer großen Überraschung, daß ihr Ehemann anfängt, ihr auszuweichen, und daß er gelegentlich sogar impotent reagiert. Die Tatsache, daß die Frau nicht mehr die kleine, schwache, versagende Person ist, sondern daß sie sich mit dem Mann hinsichtlich der sexuellen Kraft plötzlich messen kann, ja ihn darin sogar zu übertreffen droht, ist für diesen nicht leicht erträglich. Darin zeigt sich zugleich, daß er den Sexualkontakt seiner Struktur entsprechend eher als einen narzißtischen Wettbewerb und nicht so sehr als eine liebevolle Kommunikation erlebt. Es geht für ihn weniger um die wechselseitige Beglückung als um Sieg oder Niederlage.

Jetzt also ist die Furcht vor der Niederlage aktualisiert. Die Blamage, seiner Frau gelegentlich sexuell nicht zu genügen, ist ihm unerträglich. Um derartige Situationen zu vermeiden, dehnt er die Intervalle zwischen den sexuellen Kontakten mehr und mehr aus, so wie es früher die Frau getan hatte.

So gibt es Ehen, in denen viele Jahre ein derartiger Rivalitätskonflikt tobt. Stets ist immer nur einer von beiden Ehegatten gerade voll potent beziehungsweise orgasmusfähig, während jeweils der Partner schlecht funktioniert oder sogar radikal versagt. Auch hier handelt es sich also um eine typische Gruppenneurose, die durch einen Interaktionskonflikt unterhalten wird. Und zwar handelt es sich um eine Symptomneurose mit einer mehr oder minder zyklischen Symptomverschiebung. Der jeweilige Träger der manifesten Sexualstörung ist, wenn man so will, nur das Ausdrucksorgan der Ehepaarneurose. Der scheingesunde Partner ist an dem Krankheitsgeschehen jeweils in dem gleichen Maße beteiligt wie der Symptomträger selbst.

Fall: Das Kind wird groß, die Mutter krank

Ein anderer Typ von familiärer Symptomneurose ist vielfach in Familien mit überprotektiven Müttern zu beobachten. Hier kann es sein, daß entweder die Mutter das Kind in Symptome hineinsteuert, oder umgekehrt durch das Kind, wenn es sich zu emanzipieren versteht, in einen Symptomausbruch getrieben wird.

Bekanntlich neigt die überprotektive Mutter dazu, ihr Kind ängstlich und unselbständig zu machen, um es in symbiotischer Abhängigkeit festzuhalten[58]. Oft vertritt ein solches überfürsorglich eingeengtes Kind die Rolle eines Partnersubstituts. Die Mutter führt sich zwar dominierend und unterdrückend auf, ist jedoch selbst in infantil passiver Weise abhängig davon, daß das Kind sie nicht verläßt und ihr in einem fort affektive Zufuhr spendet. Vielfach leidet eine solche Mutter an einer untergründigen Verstimmung, die sie leidlich durch permanente Anklammerung an das Kind kompensiert. Das Kind gibt ihr einen Halt, indem es sie fortwährend mit Liebes- und Dankbarkeitsäußerungen bestätigen muß. Die Mutter nimmt es unbewußt durchaus in Kauf, wenn das Kind an einer phobischen Neurose erkrankt, wenn es Kontakthemmungen, Eß- oder Schlafstörungen entwikkelt. Denn vielfach stabilisiert die Neurose das Abhängigkeitsverhältnis, und die Mutter braucht weniger darum besorgt zu sein, daß das neurotisch geschwächte Kind aus der Symbiose ausbrechen könnte. Sobald das älter werdende Kind sich doch wirksamer gegen die mütterliche Überprotektion zu wehren versteht, beginnt die Mutter oft prompt depressiv zu dekompensieren. In dieser Phase kommt es häufig zu einer Eskalation von kindlichen Trotzäußerungen im Austausch mit verzweifelten mütterlichen Anklagen. Durch eine Flut von Beschuldigungen und Drohungen versucht die Mutter doch noch dem Kinde die Kraft zu nehmen, sich abzulösen und zu verselbständigen. Wie den Tod fürchtet sie die bevorstehende Isolation, von der sie vorausahnt, daß sie darauf mit einer Depression reagieren wird. In ihrer steigenden Beunruhigung entwickelt sie häufig allerhand vegetative Beschwerden: Herzklopfen, Stiche in der Brust, Kopfweh, Übelkeit. Neue Argumente, dem Kind möglichst noch mehr Schuldgefühle aufzuladen. Dabei sind diese Symptome natürlich nur Ausdruck der persönlichen Ängste der Mutter und ein ganz ungerechtfertigtes Erpressungsinstrument. Aber in ihrer steigenden Verzweiflung wird die Mutter am Ende blind in der Wahl der Mittel für ihr einziges Ziel: das Kind in der alten Symbiose festzuhalten.

Oft genug führt diese verhängnisvolle Strategie schließlich doch wieder zum «Erfolg». Das in die Enge getriebene Kind kapituliert, die Mutter erholt sich und honoriert die «Einsicht» des zermürbten Kindes mit eingestreuten Verwöhnungen. Bei Chronifizierung dieses neurotischen Arrangements entwickelt sich in der Regel eine familiäre Charakterstörung vom angstneurotischen Typ (siehe Kapitel 6).

Scheitert die Mutter indessen mit ihren Anstrengungen und setzt sich das Kind gegen alle ihre Einschüchterungswaffen durch, erleidet sie meist einen schweren Zusammenbruch. Sie muß jetzt rettungslos die Konsequenzen aus ihrem unbewältigten Konflikt auf sich nehmen, mit denen sie zuvor das Kind beschwert hatte. In diesem Sinne handelt es sich also auch hier wieder um eine «soziale Symptomverschiebung» wie im Falle der beschriebenen alternierenden Sexualneurose.

Das Phänomen der Symptomverschiebungen bei Familienneurosen sollte übrigens viel stärker als bisher von der Medizin beachtet werden. Die bisher bereits gelieferten und später folgenden typischen Fallbeispiele mögen zeigen, daß es sich hier um alltägliche Vorkommnisse handelt. Es ist begreiflich, daß die Medizin sich für dieses Phänomen bisher nicht besonders eingehend interessiert hat. Denn es paßt natürlich nicht in das Konzept der Individualmedizin hinein. Im Gegenteil, seine systematische Beachtung würde die Genugtuung über manche therapeutische Erfolgsstatistiken trüben. Die Erfolgsbilanz von Einzelbehandlungen in der Psychologischen Medizin ist natürlich dann ermutigender, wenn man nur die individuelle Symptombesserung unkritisch als Kriterium verwendet. Dann erfährt man nichts von den Scheinheilungen, die dadurch zustande kommen, daß der Einzelpatient zwar medizinisch gesünder wird, an seine Stelle aber ein neuer Symptomträger tritt, der fortan die ungebesserte Gruppenspannung kanalisieren muß[5].

Die psychosomatische Therapieforschung wird in Zukunft nur noch begrenzt Individualforschung sein dürfen, wenn sie glaubwürdig bleiben will. Diejenigen Kranken, die an Stelle einer echten Heilung in einer Psychotherapie nur lernen, ihren inneren Konfliktdruck mit Hilfe sozialer Partner auf deren Kosten zu kanalisieren, dürfen nicht länger naiverweise auf der Erfolgsseite der Bilanz verbucht werden. Man kann nicht länger immer nur danach fragen: Was wird aus den Individuen, die psychotherapiert worden sind? Man muß zugleich danach fragen: Was wird aus den familiären Bezugspersonen der Patienten? Dann erst wird man die echten Psychotherapieerfolge klar herausschälen können. Das sind nämlich die Fälle, in denen ein analysiertes Individuum durch einen Zuwachs an innerer Freiheit auch die Gruppenprobleme positiv zu beeinflussen lernt, in die es involviert ist.

Typen von familiären Charakterneurosen

6. Die angstneurotische Familie – Stichwort: «Sanatorium»

Familiäre Symptomneurosen kann man nicht gut systematisch qualitativ einteilen. Man kann lediglich gewisse formale Kriterien benutzen, die keinen bedeutenden Erkenntniswert bieten. Man könnte zum Beispiel Familien, die sich nur eine *periodische* Spannungsabfuhr über einen Symptomträger verschaffen, von solchen Familien unterscheiden, die sich eine *permanente* Kanalisation ihrer Konflikterregung mit Hilfe eines Symptomträgers leisten. Man könnte ferner die symptomneurotischen Familien danach klassifizieren, ob sie mehr zu *rotierenden Symptomverschiebungen* untereinander oder mehr zur Bewahrung einer stabilen Spaltung in einen konstant «gesunden» Teil und einen konstant «kranken» Teil neigen. Diese formalen Unterscheidungskriterien erscheinen jedoch nicht so wesentlich, als daß man sie unbedingt systematisch verfolgen müßte. Mit sehr viel mehr Gewinn lassen sich *familiäre Charakterneurosen* systematisch einteilen. *Denn eines ihrer Hauptmerkmale besteht ja eben darin, daß die betreffenden Familien sich relativ homogen nach einem einheitlichen neurotischen Konzept organisieren, das man jeweils als solches beschreiben und von anderen Konzepten qualitativ differenzieren kann.* Charakterneurotische Familien haben immer eines von wenigen Leitmotiven, die alles, was sich in diesen Familien abspielt, färben und strukturieren. Man kann versuchen, ein solches Leitmotiv mit einem Wort zu umschreiben: etwa mit «Sanatorium» (bei der angstneurotischen Familie), mit «Theater» (bei der hysterischen Familie) oder mit «Festung» (bei der paranoiden Familie).

Das Hauptkennzeichen der charakterneurotischen Familie besteht in jedem Fall darin, daß die Familie ihr ganzes Leben auf ein gemeinsames Thema hin ausrichtet – genauer gesagt: einschränkt. Denn das spezifisch Neurotische liegt in der Einseitigkeit des Themas und zugleich in dem starren Zwang, keinem anderen als immer nur diesem einen Thema zu folgen. Es gibt kein Improvisieren, kein Spiel, kein Experimentieren mit neuen Leitmotiven. Jedes heranwachsende Kind muß sich von vornherein in dieses starre thematische Konzept einfügen. Es darf sich nur eine Rolle suchen, die streng in die dramaturgische Vorschrift hineinpaßt. Jeder Verstoß gegen diese Vorschrift bedroht das mühsam errichtete kollektive Abwehrsystem der Familie. Er perforiert die in der Familie etablierte spezifische Schutzmauer gegen Angst und Verzweiflung. Infolgedessen kann sich diese Familie keinen Außenseiter leisten. Denn im Gegensatz zur symptomneurotischen Familie gründet sie ihre Abwehr ja eben nicht auf innerfamiliäre Spaltungs- und Austoßungsprozesse, sondern umgekehrt auf eine innerfamiliäre Solidarisierung. Psychoanalytisch würde man sagen, daß wechselseitig eine Überidentifikation stattfindet. Das Ausagieren des Konfliktes erfolgt gemeinsam nach außen hin. Die Konfrontation mit den intrafamiliären Spannungen wird dadurch vermieden, daß das interne Gruppenproblem verleugnet und mit Mitteln der Projektion aus der Familie herausgehalten wird. Die Abspaltungs- und Isolierungsvorgänge vollziehen sich also diesmal nicht zwischen dem einen und dem anderen Familienteil, sondern zwischen dem Familienkollektiv und der äußeren Welt. Und gewisse Typen von charakterneurotischen Familien lassen sich nun danach beschreiben, wie die Familien sich jeweils mit Hilfe bestimmter Verleugnungen, Vermeidungen oder Ideologiebildungen eine illusionäre Privatwelt schaffen, mit deren Hilfe sie an den echten Aufgaben der sozialen Realität vorbeizuleben verstehen.

Allerdings kann eine charakterneurotische Familiensolidarität unter bestimmten Umständen zusammenbrechen. Etwa wenn eine induzierende Figur ausfällt, ohne welche das kollektive neurotische Abwehrsystem instabil wird. Oder wenn ein heranwachsendes Kind sich standfest gegen die aufgezwungene Rolle wehrt, durch die es sich in das kollektive neurotische System einfügen soll. Dann können Zerfallsprozesse einsetzen, und die charakterneurotische Familienkonfiguration kann sich in eine symptomneurotische Konstellation umwandeln. Beispiele hierfür werden in den Kapiteln über die paranoide Familie und die hysterische Familie gezeigt werden.

Bei der *angstneurotischen Familie* entwickelt sich eine eigenartige Einschränkung des familiären «Gruppen-Ichs» unter dem Einfluß großer Ängste. Die Familie schafft sich eine sanatoriumsartige Schonwelt, die sie mit allen möglichen Mitteln gegen angstauslösende Reize abzuschirmen versucht. Wie eine solche Veränderung des Familiencharakters zustande kommen und sich darstellen kann, sei an einem typischen Modell erläutert.

Die Familie hat ursprünglich ein Mitglied, das an einer Herzneurose* (Angstneurose) oder an einer phobischen Neurose** erkrankt ist. Die Angstanfälle beziehungsweise die phobischen Befürchtungen verstärken in dem betroffenen Patienten regelmäßig das Bedürfnis, sich ganz eng an die nächsten Partner in der Familie anzuklammern. Wie an anderer Stelle ausführlich beschrieben***, versprechen sich die Herzneurotiker in einer magischen Weise einen Schutz gegen die Ängste durch symbiotische Anlehnungen an ihre engsten Bezugspersonen. Wie kleine Kinder, die nur in Anwesenheit ihrer Mütter angstfrei spielen können, trauen sie irrationalerweise ihren präsenten Angehörigen eine Schutzwirkung gegen die Gefahr von Angstausbrüchen zu. Viele dieser Patienten können also aus Trennungsangst kaum irgend etwas allein unternehmen. Sie müssen stets ihre Angehörigen um sich haben. Aber sie fürchten nicht nur Isolierungssituationen, sondern alle Ereignisse, denen irgendein Risiko, die Möglichkeit eines Unfalles oder dergleichen anhaftet. Denn sie stecken voll von mangelhaft unterdrückten Unheilserwartungen. Und so

* Nervöse Herzbeschwerden ohne organische Grundkrankheit, meist verbunden mit diffusen vegetativen Symptomen, großen Ängsten und hypochondrischen Vorstellungen.

** Krankhafte Angst in besonderen Situationen oder vor speziellen Objekten. Zwischen Herzneurose und Phobie bestehen enge Beziehungen.

*** H. E. Richter u. D. Beckmann: ‹*Herzneurose*›, Thieme-Verlag 1969.

neigen sie in ausgesprochen pedantischer Weise dazu, jedwede Unternehmung zu vermeiden, bei der ihnen selbst oder ihren Angehörigen etwas passieren könnte. Ja noch mehr: Viele dieser Herzneurotiker beziehungsweise Angstkranken ertragen nicht einmal Gespräche, Lektüre, Filme, in denen von irgendeinem Unheil die Rede ist, das sie in ihrer pessimistischen Verzagtheit ohnehin beständig hereinbrechen zu sehen erwarten. Das heißt, sie können nicht einmal Kriminal- oder Abenteuerfilme im Fernsehen anschauen, ohne sich panisch zu beunruhigen. In der Zeitung überschlagen sie nach Möglichkeit Berichte über Unfälle, Naturkatastrophen, Gewaltverbrechen, kriegerische Auseinandersetzungen oder dergleichen. Und sie verlassen am liebsten das Zimmer, wenn in der häuslichen Tischrunde oder bei Geselligkeiten über Krankheiten, Todesfälle, Autozusammenstöße oder sonstige düstere Begebenheiten geredet wird. Das heißt, diese Menschen müssen sich an die Illusion klammern, um sie herum gäbe es nur Friedlichkeit, Harmonie, Gesundheit und beschütztes Leben. Das Bild von einer heilen, behüteten Welt brauchen sie wie einen Stützverband, um ihr extrem leicht verwundbares seelisches Gleichgewicht vor gefährlichen Reizen zu schützen. Sie müssen sich enorm anstrengen, um ihren angstvollen Pessimismus niederzuhalten, der ihr Ich dauernd zu überschwemmen droht. Alle Vorsichts- und Verleugnungsarrangements sollen wie ein großer Damm die latenten Vernichtungsängste in Schach halten, welche in der akuten Krankheitsphase in Form von vegetativen Anfällen vulkanartig ausbrechen.

Nun sieht man häufig, daß die Angehörigen sich längere Zeit gegen die intensiven Anklammerungstendenzen eines frisch erkrankten Herzneurotikers zu wehren versuchen. Sie sträuben sich auch zunächst gegen die Behinderung der verschiedensten gemeinsamen Unternehmungen durch alle möglichen Vorsichts- und Schutzvorkehrungen, die der Patient einzubauen wünscht. Sie wollen sich nicht gefallen lassen, im Fernsehen immer nur harmlos unbeschwerte Stücke sehen zu dürfen. Und sie wollen sich auch nicht vorschreiben lassen, über nichts anderes als freundlich erbauliche Themen bei Tisch zu sprechen. Kurz, sie wehren sich dagegen, sich ihren eigenen Lebensspielraum durch das kranke Familienmitglied einschnüren zu lassen. – Aber mit der Zeit werden sie unter dem Drängen des Patienten oft mürbe.

Dessen Vorwurf, man belaste rücksichtslos seine Gesundheit, bereitet ihnen Schuldgefühle und macht sie nachgiebig. So bilden sie schließlich zusammen mit dem kranken Mitglied eine symbiotisch oknophile* Gruppe. Sie hocken nach Möglichkeit beieinander, verleugnen gemeinsam die Konfrontation mit spannungsvollen, beunruhigenden Problemen. Die Familie gestaltet sich um des Kranken willen zu einer Art von Kuranstalt um. Und tatsächlich reagiert der Patient oft mit einer entsprechenden Besserung seiner Symptome, nachdem er es erreicht hat, daß die Auslösereize für seine Angstanfälle radikal eingeschränkt worden sind.

Als Psychoanalytiker erkennt man, daß die individuelle Krankheit des Patienten dadurch verschleiert wird, daß die gesamte Familie jetzt seine Phobie mitagiert. Die Familie zieht sich in das Schonklima einer Sanatoriumswelt zurück. Nichts mehr hören und sehen von den bösen Dingen, von Grausamkeit, Unrecht, Gefahr – nach diesem Motto wird eine quasi geschichtslose vita minima gestaltet. Es handelt sich um einen bestimmten Typ von kollektiver Ich-Einschränkung. Durch phobische Reaktionsbildungen und -vermeidungen erfolgt ein Rückzug der ganzen Familie in eine insulär narzißtische Existenzform, in der tatsächlich wie in einem Sanatorium nur noch eine nach hygienischen Maßstäben gefilterte Fraktion von freundlichen Eindrükken und spannungsfreien Aktivitäten zugelassen wird. Durch sektorenhafte Einengung ihres Lebens manövriert sich die Familie fernab von dem Strom der großen Impulse und Erschütterungen der Tagesereignisse in eine geistige Isolation hinein, die freilich – vor allem seitens des Patienten – kaum schmerzhaft registriert wird, da sie durch die höher bewertete Ersparnis an Aufregung kompensiert wird.

Am Ende ist also unter Umständen die manifeste neurotische Erkrankung des ursprünglichen Patienten verschwunden – oder, genauer, unsichtbar geworden. Das Schonklima der veränderten Familienatmosphäre hat die individuelle Krankheit des betreffenden Mitgliedes in einen symptomfreien Latenzzustand zu-

* Oknophilie ist ein von M. Balint in die Psychoanalyse eingeführter Begriff, der ein mit besonderer Risikoscheu verbundenes Anklammerungsbedürfnis bezeichnet.

rückverwandelt. Aber, wie man sieht, die Familie hat dafür ein hohes Opfer gebracht. Sie hat das medizinische Problem ihres einen Mitgliedes eingetauscht gegen eine kollektive Ich-Einschränkung beziehungsweise Ich-Verarmung. Gegen eine partielle Abstumpfung und Immobilisierung, das heißt eine gravierende Einbuße an gesellschaftlicher Funktion.

Gerade dieses Beispiel zeigt wieder die unbefriedigende Einseitigkeit des traditionellen Gesundheitsbegriffes bei unkritischer Anwendung in der Psychologischen Medizin. Eine solche Form von innerfamiliärer Kompensation einer individuellen Neurose auf Kosten eines Freiheitsverlustes des familiären Kollektivs kann wahrhaftig nicht mit gutem Gewissen als Heilung deklariert werden. Man wird sogar mit Recht zu bezweifeln haben, ob die phobische Ich-Einschränkung des Kollektivs unter dem Druck des kranken Mitglieds den Schaden nicht eher noch vermehrt statt vermindert hat. Denn die jetzt von der ganzen Gruppe «ichsynton» agierte Phobie ist in gewisser Hinsicht weit gefährlicher als die damit verdeckte ursprüngliche individuelle Krankheit. Wenn die Familie erst einmal aufhört, unter dem Opfer ihres eingeengten Lebensspielraums zu leiden, und anfängt, ihren sanatoriumshaften neuen Stil als verbindliche Norm zu assimilieren, dann ist sie auf dem besten Wege zu einer irreparablen psychosozialen Verkrüppelung.

Und es nimmt der Befund nicht wunder, daß die Kinder solcher Familien zwangsweise ebenfalls meist zu höchst risikoscheuen, hypochondrischen und für Herzneurosen anfälligen Wesen heranwachsen[79]. In dem Maße, in dem sich die phobische Charakterveränderung der Familie verfestigt, erhöht sich die Gefahr, daß der Defekt zu einer fixen Tradition über mehrere Generationen hinweg wird.

Immerhin bleibt in vielen Familien, die derart die Herzneurose oder die Phobie eines ihrer Mitglieder kompensieren, doch noch lange ein Rest Bewußtsein von der Unnatürlichkeit des Opfers vorhanden, das die Angehörigen des Kranken bringen. Das ergibt sich zum Beispiel bei katamnestischen Nachbefragungen. Wenn man danach forscht, wie es mit Herzneurotikern beziehungsweise Phobikern mehrere Jahre nach ihrer ersten Untersuchung steht, so differieren gelegentlich die Auskünfte der Patienten von denen ihrer Angehörigen (Ernst[25], Beckmann, Richter und Scheer[5]). Mitunter erklärt ein Patient selbst sich für geheilt, während seine Angehörigen im Gegensatz zu ihm seine Ängste als ungebessert schildern. Der Widerspruch ist leicht zu erklären:

Der Patient fühlt sich kuriert, nachdem ihm die rücksichtsvoll fürsorglichen Angehörigen die meisten früheren Angstanlässe ersparen. Er hat sich in dieser Sanatoriumsatmosphäre, die ihm zu einer Selbstverständlichkeit geworden ist, gut eingerichtet. Die Angehörigen indessen registrieren so lange die Weiterexistenz seiner Krankheit, als sie noch etwas von der Selbstüberwindung verspüren, die sie zur Herstellung des von dem Patienten geforderten unnatürlichen Schonklimas leisten müssen. Erst wenn diese spannungsvolle Empfindung ganz geschwunden ist und die Angehörigen sich schmerzlos mit ihrem eingeengten Lebensradius abgefunden haben, werden auch sie den Kranken als gesund beurteilen. Dann ist die regressive Veränderung des Familiencharakters perfekt. Alle halten nunmehr den neuen, krankenhausartigen Lebensstil der Familie für normal.

Der nachstehende Fall erfüllt nicht alle, jedoch wesentliche Merkmale des hier skizzierten Modells einer angstneurotischen Familie:

Fall: Häschen in der Grube – zu dritt

Ein patriarchalisch agierender, kraftvoller Handwerksmeister und seine schüchtern brave Frau haben eine Tochter. An sich vital und unternehmungsfreudig, wagt sich das junge Mädchen doch nur sehr zögernd an Männer heran, die sich um ihre Bekanntschaft bemühen. Eine starke unbewußte Bindung an den Vater, Schuldgefühle aus Rivalität mit der kränkelnden Mutter und die Spuren deren kleinherzig ängstlicher Erziehungsmoral hemmen die Tochter in derartigen erotischen Kontakten. Viele Beobachter wundern sich über diese Zaghaftigkeit, die so augenscheinlich von dem lebenslustigen Tatendrang des Mädchens in vielen anderen Bereichen absticht. Sie gerät einige Male an draufgängerische, schwungvolle Bewerber, zuckt aber immer wieder in plötzlichen Angstausbrüchen zurück, wenn die Beziehungen enger zu werden drohen. Schließlich heiratet sie das genaue Gegenteil der bisher bevorzugten Bekannten: nämlich einen ganz unscheinbaren, ängstlich vorsichtigen Beamten. Der

Mann ist außerordentlich tüchtig und in seiner Behörde gut angesehen. Aber seine zwanghafte Pedanterie und seine Behutsamkeit hindern ihn daran, sich seiner guten fachlichen Begabung entsprechend durchzusetzen und eine eindrucksvolle Statur zu gewinnen. Es ist ganz deutlich: Die verunsicherte junge Frau hat diesen zuverlässigen, risikolosen Partner als Zuflucht gewählt, weil ihr die farbigeren, imposanteren Bekannten der verflossenen Jahre doch zuviel Furcht eingeflößt hatten. Bei ihrem Ehemann glaubt sie sich in absoluter Sicherheit: Er ist ein Muster an Treue, Fürsorglichkeit und Korrektheit. Und obendrein ist er, trotz seiner anankastischen Züge, recht tolerant und gewährt ihr Spielraum. Sie kann unbehindert ihren Hobbies nachgehen, Geselligkeit nach Geschmack pflegen, Möbel, Kleidung usw. kaufen, soviel sie will. Sie denkt nicht daran, seine Großzügigkeit zu mißbrauchen, aber es bereitet ihr immerhin Genugtuung, sich in diesen Bereichen frei zu fühlen.

Dennoch gerät sie erneut vorübergehend in unerwartete Versuchungen. Der Ehemann einer Freundin und später ein Vorgesetzter ihres Mannes beginnen, um sie zu werben. Auf einem Fest bedrängt sie der Letztere schließlich mit deutlichen Anträgen. Sie spürt seine körperliche Erregung beim Tanz. Er inszeniert einen gemeinsamen Wochenendausflug auf sein Landhaus, an dem mehrere Familien teilnehmen, wo er indessen wieder eine Gelegenheit arrangiert, die Frau allein zu sprechen und diesmal auch sexuell zu attackieren. Sie ist in höchstem Maße irritiert, zwar nach wie vor abwehrend, dennoch nicht imstande, sich seiner entschieden zu entziehen.

Die nächsten Nächte kann sie nicht schlafen, und eine Woche später erkrankt sie mit einem typischen herzneurotischen Angstanfall. Mehrere Stunden verspürt sie rasendes Herzklopfen. Ihr wird schwindelig. Es kommt ihr vor, als könnte sie nicht mehr richtig durchatmen. Jeden Augenblick erwartet sie, ihr Herz werde stehenbleiben. – Später wird sich herausstellen, daß dieser Anfall und eine nachdauernde exzessive Ängstlichkeit Folgen des unbewältigten Versuchungskonfliktes sind. Dicht davor, sich dem auf sie sehr faszinierend wirkenden Bekannten hinzugeben, war sie in Panik geraten, da sie mit dem Untreueimpuls ihre mühsam durch das symbiotische Arrangement mit dem Ehemann abgestützte Selbstsicherheit zu zerstören drohte. Konsequenz:

noch weiterer Rückzug in eine kindlich brave, zwanghafte Lebenshaltung. – Wochenlang bleibt sie in ärztlicher Behandlung, fürchtet eine ernsthafte Herzkrankheit und ist ausgesprochen niedergedrückt. Dann erholt sie sich langsam. Aber dem gefährlichen Bekannten geht sie fortan aus dem Wege und schränkt überhaupt ihre Geselligkeit ein. Der unerwartete Herztod ihrer Mutter in dieser Zeit ist ein weiterer Schlag, den sie offensichtlich nicht zu verarbeiten vermag. Leichter als früher gerät sie fortan aus ihrem emotionellen Gleichgewicht, weint viel und bleibt um den Zustand ihres Herzens besorgt, obwohl kein Arzt daran einen Defekt findet.

Von diesen Monaten an klammert sie sich verstärkt an ihren Mann. Dieser kommt diesen Bedürfnissen gern entgegen. Ohnehin früher durch das impulsive Temperament seiner Frau oft beunruhigt, steigt er jetzt bereitwillig auf ihre Neigung ein, gemeinsam die außerfamiliären Kontakte einzuschränken und innerhalb der Familie selbst alles auf Ruhe, Schonung, Vorsicht, Hygiene und Konfliktverleugnung abzustellen. Die inzwischen geborene kleine Tochter wird voll in dieses sanatoriumshafte Schonklima einbezogen. Beide Eheleute gewöhnen sich daran, sich gegenseitig als «Mami» und «Papi» zu titulieren – eines von vielen Zeichen für die regressive Infantilisierung der gesamten Familienkonstellation. Angst, Ohnmachtsgefühle und hunderterlei prophylaktische Schutzvorkehrungen gegen phantasierte Unglücksfälle bestimmen die Situation. Beide Eheleute verkehren miteinander auf der Ebene kindlicher Geschwister. Die Rollen von erwachsenen Ehegatten und von Eltern spielen sie eigentlich mehr in Form eines äußerlichen «Als-ob». Sie stellen entsprechende Rollenmerkmale artifiziell dar, ohne sie von ihrer Identität her erfüllen zu können. Wenn sie sich selbst «Mami» und «Papi» nennen, so bedeutet das für sie, daß sie sich als Eltern gewissermaßen mit den Augen eines Kindes (noch besser gesagt: mit ihren eigenen kindlichen Augen) sehen.

Da das wechselseitige Anklammerungsarrangement, an dem man natürlich auch das Kind teilnehmen läßt, nicht hinreicht, die Angst der Eheleute zu beschwichtigen, nehmen sie einen bereits kurz erwähnten weiteren Defensivmechanismus zur Hilfe: Sie behandeln die Vorschriften der bürgerlichen Moral und der Hygiene wie «Phantom-Eltern». So wie furchtsame Kinder besonders brav die Anweisungen ihrer Eltern befolgen, um deren Schutz nicht zu verlieren, bemühen sie sich um musterhafte Einhaltung diverser kleinherziger Vorschriften: Sie gehen nur noch pünktlich früh schlafen, essen leicht und diätetisch ganz planvoll, trinken mit Bedacht mäßig. Sie lesen nicht viel, um die Augen zu schonen. Der Fernsehapparat wird früh abgeschaltet, damit das Einschlafen nicht gestört wird. Man meidet Geselligkeiten, die zu sehr aufregen, anstrengen oder sonstwie ungesund sein könnten. Die sexuellen Kontakte sind hygienisch dosiert: Sonnabendabend, wenn es nicht zu spät ist, oder Sonntagfrüh – damit man sich danach auch gut erholen kann. Passiert es einmal unplanmäßig werktags – vielleicht war versehentlich ein Glas Wein zuviel schuld –, gleich schlägt das Gewissen: eigentlich hätte man das nicht tun dürfen. Das nächste Mal muß man besser aufpassen.

Mehr und mehr hält man sich von Bekannten und Ereignissen fern, die den Frieden stören könnten. Geld gibt man guten Gewissens aus für gesunde Kost, solide Haushaltsgegenstände – und spart risikofrei, dafür lieber mit kleinen Zinsen. Man liest selbstverständlich eine bürgerlich-konservative Zeitung, die für Ausgleich, Ordnung und Sicherheit eintritt und beunruhigende Tagesereignisse nur in so gedämpfter Form präsentiert, daß der geringgradig vermittelte Nervenkitzel nie unbekömmlich wird. Wenn es wirklich in der Politik bedrohlich wird, möchte man lieber nur noch die halbe Wahrheit hören und weiter gut schlafen, als bei Konfrontation mit der vollen Wahrheit möglicherweise aus dem Gleichgewicht zu geraten.

«Ich bin klein, mein Herz ist rein!» Dies ist das Motto eines universellen Demutsverhaltens, mit dem man sich unbewußt die Rache der neidempfindlichen Götter (im eigenen Über-Ich) zu ersparen hofft. Deshalb wagt man in keinem Lebensbereich mehr irgend etwas Originelles, Auffallendes, Kühnes. Man kleidet sich möglichst konventionell und brav, richtet sich in der Wohnung bescheiden ein, wählt einen unauffälligen Autotyp. Selbstverständlich vertritt man eine konservative Moral und ist fassungslos über die hitzigen Jugendproteste. So ziehen sich beide Eheleute gewissermaßen in einen geschützten, friedlichen Winkel zurück, den sie durch die Bunkermauern ihres Verleugnungssystems erschütterungssicher gemacht zu haben glauben. Und die demutsvoll beachteten moralischen und hygienischen Gebotstafeln sind – wie gesagt – nichts anderes als durch Projektion geschaffene (beziehungsweise von früher erinnerte) Phantom-Eltern, die Geborgenheit und Wohlbefinden als Prämien für strikten Gehorsam zu versprechen scheinen.

Während der Mann in dieser Lebensform eigentlich nur seine alte zwangsneurotisch-phobische Ich-Einschränkung konsequent fortsetzt, zeigt das Schicksal der Frau einen eklatanten Bruch. Dennoch ist sie es, die nach Eruption ihrer Angstanfälle die Herstellung des Sanatoriumsklimas in der Familie dominierend forciert. Von ihrer ehemaligen unbeschwerten Impulsivität ist kaum mehr etwas geblieben. Binnen weniger Monate hat sich diese frische, vitale Person in eine ältliche Invalidin verwandelt, die beständig fürchtet, durch einen falschen Tritt oder irgendeinen kleinen Frevel entsetzliche Katastrophen heraufzubeschwören. Sie muß – so würde die psychoanalytische Interpretation lauten, die Rolle der ängstlich kränklichen Mutter zur Strafe für ihre ödipalen sexuellen Wünsche weiterspielen, mit denen sie unbewußt den Tod ihrer Mutter verschuldet zu haben glaubt.

Es versteht sich von selbst, daß die kleine Tochter das Sanatoriumsspiel mitspielen muß: Man hält sie länger an der Hand und warnt sie eindringlicher vor allen Gefahren und dem Bösen als andere Kinder. Das Grundgefühl, das man ihr zwar unbewußt, dennoch fast wie planmäßig vermittelt, ist Unsicherheit und die ängstliche Erwartung von Unglück. «Gib nur acht, daß nichts passiert!» ist die häufigste von der Mutter gebrauchte Wendung an die Adresse der Tochter. Nur so, meint sie, werde das Kind rechtzeitig mit der notwendigen Aufmerksamkeit den Gefahren von Krankheit, Unfällen, Verführungen usw. ausweichen können. Das neurotische eigensüchtige Motiv, das Kind auf diese Weise auch als beständig verfügbares und manipulierbares Anklammerungsobjekt zu behalten, bleibt ihrem Bewußtsein verborgen.

Die Kleine gerät bald in einen Zustand fortwährender Überforderung: stets sauber, leise, bescheiden, absolut unaggressiv, überall achtsam und kontrolliert zu reagieren, das geht über ihre Kräfte. Bald brechen bei ihr die Frühzeichen einer eigenen angstneurotischen Veränderung aus. Die Eltern erscheinen darüber gar nicht beunruhigt. So wie sie ihre eigene ängstliche Ich-Einschränkung am Ende nicht mehr als krankhaft, sondern eher als besonders vernünftige Vorsicht, als sinnvolle Anpassung an die Gefahren der Welt betrachten, so freuen sie sich: «Unser Kind paßt gut auf sich auf!» Den Beginn der vielleicht lebenslänglichen kindlichen Neurose begrüßen sie als erste Etappe einer erfolgreichen Vorbeugungserziehung. Jedenfalls wissen sie nun, daß das Kind sich in das von ihnen geschaffene familiäre «Sanatorium» einpassen und die artifizielle Sterilität der angstneurotischen Lebensform weiterhin willig assimilieren muß.

So wie die Zahl der Herzneurosen nach dem Zweiten Weltkrieg in der Bevölkerung statistisch nachweislich zugenommen hat (Jorswieck und Katwan[56], Christian[16], Richter und Beckmann[79]), so sprechen die klinischen Eindrücke auch für eine Zunahme angstneurotischer Familienkonstellationen. Die beunruhigend hohe Quote angstneurotisch deformierter Familienstrukturen ist natürlich keineswegs nur oder auch nur in erster Linie als rein klinisches Problem zu werten, sondern vor allem auch als ein Problem von besonderer *soziologischer Bedeutung*. Die geschilderte angstneurotische Dynamik bedingt stets, auch wenn die Wesensveränderung der Familie nicht einmal sehr ausgeprägt ist, ein Erstarren der innerfamiliären Partnerbindungen mit den Merkmalen einer unreifen Symbiose. Man hält sich aneinander fest, um sich gemeinsam gegen die vermeintlich von überallher drohenden Gefahren zu schützen – und verfehlt natürlich in dieser defensiven Abschirmungshaltung die Möglichkeiten freier progressiver Entfaltungen. Häufig wird dieser Typ von Familienneurose obendrein ideologisch überbaut: Die phobischen Anklammerungsbedürfnisse beziehungsweise die Unfähigkeit, sich von einem schützenden Partner ohne chaotische Angstausbrüche zu entfernen, werden als frei gewähltes Treueverhalten und besondere Anständigkeit uminterpretiert. Voller Abscheu registrieren die Mitglieder angstneurotischer Familien Beispiele für freizügigeres Sexualverhalten, außereheliche Sexualbeziehungen, Scheidungen usw. in der Umgebung und kompensieren mit diesen Reaktionsbildungen oft nur die Gefahr verheerenden Neides auf die Angstfreiheit und Lebensoffenheit, mit der gesündere Menschen ihre Partnerschaften gestalten.

In der Tat bietet das Leben der angstneurotischen Familie äußerlich zumeist alle Merkmale bürgerlicher Wohlanständigkeit bis hin zu geradezu idyllischer Eintracht. Beispielhaft verläßlich erscheint die Verbindung der Eheleute miteinander, und auch die bis in ihr Erwachsenenalter anhaltende enge Beziehung der Kinder zu den Eltern mag den Neid vieler anderer erwecken, deren eigene Kinder frühzeitig opponieren und eigene Wege gehen wollen. «Gott sei Dank haben wir diese Probleme mit unseren Kindern nicht!» hört man angstneurotisch geprägte Eltern nicht selten stolz sagen und dabei auf die bewährten Prinzipien konservativer Erziehungsmoral verweisen.

In Wirklichkeit ist aber eben die *Angst* die Haupttriebkraft für das pseudoharmonische Zusammenklumpen der Angstneurotiker-Familien. Man käme nicht voneinander los, wenn man es auch wollte, weil man überhaupt nicht allein für sich sein kann, ohne einen kompletten Zusammenbruch der Selbstsicherheit zu erleben. Wenn die zeittypischen Gefährdungen der Ehe und die weltweit verbreiteten Ablösungsprobleme der Heranwachsenden in den angstneurotischen Familien im allgemeinen seltener oder zumindest milder als sonst auftreten, so liegt der Hauptgrund dafür darin, daß diese Menschen meist gar nicht den Reifestand erreichen, auf dem diese Probleme überhaupt erst aktuell werden können. Sie glucken in ihrer selbst geschaffenen Sanatoriumswelt beisammen, jeder ein gehemmtes Kind wie das andere – und keiner getraut sich, seine Differenzen mit seinen innerfamiliären Partnern entschieden und vollständig auszutragen.

Untersuchungen in unserer Gießener Psychosomatischen Universitätsklinik haben hierfür interessante Belege beigesteuert. In fünf Jahren haben wir über hundertfünfzig herzneurotische (angstneurotische) Erwachsene mit typischen Anfällen und phobischen Symptomen untersucht und auch ihre familiären Verhältnisse genau studiert[79]. Komplette oder zumindest partiell verwirklichte angstneurotische Familienstrukturen waren bei ihnen in der Mehrzahl zu finden. Erwartungsgemäß war bei den Patienten der Anteil der Ledigen beziehungsweise Geschiedenen statistisch gesichert geringer als beim Bevölkerungsdurchschnitt dieser Altersgruppe und auch als bei einer Kontrollgruppe sonstiger Neurotiker. Es sind also nicht nur Einzelbeobachtungen, sondern auch exakte statistische Kontrollen, die ganz deutlich an der Ehehäufigkeit die gesteigerte Symbioseneigung der Angstneurotiker nachweisen. Oft zeigte sich bei der Analyse der Familienstrukturen, daß die Ehepartner einander sehr wenig respektierten oder sogar erbittert haßten. Viele meinten, mit dem Ehepartner gar nicht zusammenzupassen und sich wechselseitig nur zu quälen. Feindselige Verwicklungen und impulsive Streitereien waren im familiären Alltag keine Seltenheit. Aber fast immer haftete diesen Differenzen das Spielerische und Unverbindliche von ängstlichen Kindern an, die von vornherein wissen, daß sie sich doch wieder vertragen müssen, weil sie selbst eine vorübergehende ernsthaft gemeinte Isolierung voneinander gar nicht ertragen könnten. Wir sahen viele angstneurotische Mitglieder solcher Familien, die in monatelangen Psychotherapien eine endlose Flut von Beschwerden über ihre Ehepartner ausgossen, ohne auch nur des Gedankens fähig zu sein, die Konsequenzen einer definitiven Auseinandersetzung zu tragen. – In noch stärkerem Maße als die Erwachsenen bleiben natürlich die in symbiotischer Abhängigkeit festgehaltenen Kinder der Angstneurotiker-Familien unfähig, sich einen wirklich selbständigen Weg zu suchen und ihre Ansprüche gegen die Eltern je durchzusetzen. Da sieht man Söhne und Töchter von über vierzig, die in ihren Elternhäusern noch so schüchtern und duckmäuserisch bei Tische sitzen wie vor dreißig Jahren und ihre inzwischen gegründete eigene Familie so unterwürfig in ihr Elternhaus einführen wie Schulkinder, die bei ihren Eltern zaghaft um Anerkennung für mitgebrachte Spielkameraden werben.

Obwohl nach den neueren medizinischen Statistiken mehr Männer als Frauen wegen angstneurotischer (herzneurotischer) Beschwerden Ärzte aufsuchen, werden ausgeprägte angstneurotische Familienveränderungen offensichtlich noch häufiger von Frauen gesteuert. Das entspräche auch dem Befund einer eigenen repräsentativen Fragebogen-Untersuchung (im Auftrag unserer Klinik vom Frankfurter Divo-Institut durchgeführt), wonach Frauen der mittleren und älteren Jahrgänge in der Bundesrepublik im Mittel sehr viel mehr Ängste angeben als Männer aller Jahrgänge und als junge Frauen*.

Zwischen «ich halte mich für sehr wenig ängstlich» und «ich halte mich für besonders ängstlich» hatten die Probanden auf

* s. Dieter Beckmann: *‹Das Gießener Persönlichkeitsinventar GPI›* Habilitationsschrift, Gießen 1970.

einer 7-Punkte-Skala anzukreuzen, wie sie sich selbst hinsichtlich des Grades ihrer Ängstlichkeit einschätzten:

«Ich halte mich für sehr wenig 3 2 1 0 1 2 3 besonders ängstlich»

Die Null war dann anzukreuzen, wenn man sich genauso viel beziehungsweise wenig ängstlich im Vergleich zu anderen Menschen empfand. Die Frauen der Altersgruppe 35–60 Jahre weichen in ihren Antworten von den gleichaltrigen und den jüngeren Männern um einen vollen Punkt nach rechts, also in Richtung «besonders ängstlich» ab. Weniger ängstlich im Vergleich zu ihnen, aber immer noch gesichert ängstlicher als die Männer stellen sich die jüngeren Frauen dar. Ähnlich fielen die Antworten bei einem anderen Statement aus:

«Ich glaube, ich mache mir 3 2 1 0 1 2 3 oft große Sorgen um verhältnismäßig selten andere Menschen»

Auch hier weichen die Frauen der mittleren und älteren Jahrgänge mit ihren Antworten am meisten nach rechts ab, und zwar ebenfalls in statistisch gesichertem Grad von allen anderen Gruppen.

Hier handelt es sich also nicht um Gelegenheitsbeobachtungen aus der ärztlichen Praxis oder Klinik, sondern um eine für die Bevölkerung der Bundesrepublik Deutschland repräsentative Erhebung. – Wenn die Frauen hierzulande demnach in einem Alter, in dem sie als Ehefrauen und Mütter in den Familien ihr Einflußmaximum erreichen, im Durchschnitt *ausgeprägte Ängstlichkeit* und besonders *große Besorgtheit um Bezugspersonen* ausdrücken, so läßt sich daraus folgern, daß darunter ein beträchtlicher Anteil von ausgeprägten Angstneurotikerinnen sein dürfte, die eine schwerwiegende innerfamiliäre Induktion entfalten. Die im vorigen beschriebene angstneurotische Familiendynamik ist somit zweifellos alles andere als ein Extremphänomen aus dem Raritätenkabinett der Psychotherapeuten, sondern ein Massenphänomen von bedeutendem gesellschaftlichen Einfluß.

Eines scheint gewiß: Was auch immer an neuen gesellschaftlichen Strömungen die Strukturen des herkömmlichen Familienlebens in Bewegung bringen wird – die weit verbreitete Gruppe der angstneurotisch verformten und ich-eingeschränkten Familien wird jedes Experiment und jede Entwicklung zu einer größeren Öffnung der Familie nach innen und außen, etwa in Richtung von Großfamilien, zur freizügigeren Gestaltung von Partnerbeziehungen usw. sicher immer nur als bedrohlich erleben und zu bremsen versuchen. Von dieser Gruppe muß einfach jede Auflockerung der durch überkommene Tabus und einengende Rechtsnormen zementierten innerfamiliären Verzahnungs- und Verklammerungsverhältnisse verworfen werden, obwohl gar nicht in Frage stehen kann, daß eine zunehmend mündigere Gesellschaft die Formen und Grenzen eines modernen Familienlebens nur noch auf der Basis freier Entscheidungen der Menschen und nicht mehr mit Hilfe autoritärer Gebotstafeln wird entwickeln können.

Nach all den kritischen Bemerkungen über die ungünstigen Aspekte der angstneurotischen Familienkonfiguration und ihre gesellschaftlichen Einflüsse sei indessen noch eine erläuternde Anmerkung nachgetragen, die auch für die in den folgenden Kapiteln geschilderten übrigen Formen familiärer Charakterstörungen gilt. In unserer Zeit treten bekanntlich medizinische und speziell psychiatrische Normbegriffe mehr und mehr das Erbe der herkömmlichen moralischen Maßstäbe an. Neurotisch, psychopathisch oder gar psychotisch («verrückt»), das sind im allgemeinen Empfinden bereits schlimmere Etikettierungen als schlecht oder böse. Um so mehr pflegt es manche uneingeweihte Leser psychoanalytischer Schriften zu verwirren, wenn sie im Rahmen psychoanalytischer Beschreibungen eigene Wesenszüge porträtiert finden, obwohl sie doch alles andere lieber als in den Augen des Psychiaters oder Psychoanalytikers abnorm sein möchten. Nun gibt es aber in jeder Familie Anteile von je nachdem angstneurotischen, hysterischen oder paranoiden Strukturmerkmalen, wobei man sich auch immer in Erinnerung zu rufen hat, daß die Psychoanalyse für das Normale grundsätzlich keine andere Sprache hat als für das psychisch Auffällige und Krankhafte. Deshalb pflegt der Psychoanalytiker sogar bei der diagnostischen Deskription von Menschen, die in etwa der Durchschnittsnorm entsprechen, die Schattierungen hysterischer, angstneurotischer, paranoider, depressiver usw. Einsprengsel für die Kennzeichnung der Persönlichkeitsstruktur zu verwenden. Diese Vernachlässigung einer klaren sprachlichen Differenzierung ist allerdings wiederum nur deshalb möglich, weil wir eben, wie gesagt, alle Züge der einen oder anderen Neurosenform darbieten, meistens sogar mehrere in irgendeinem Mischungsverhältnis. Nietzsche und nach ihm – in differenzierterer und präziserer Weise – Freud mit seinen Schülern haben entlarvt, wieviel an kindlichen Relikten, an undurchschauten irrationalen Phantasien und Impulsen das Handeln selbst der sogenannten Normalen motiviert. Wir glauben, uns dieser Entdeckungen schämen zu müssen – und sollten aus dieser Scham in der Tat lernen, uns um eine fortschreitende Erhellung dieser irrationalen Determinanten unseres Handelns zu bemühen, anstatt wiederum mit einer neurotischen Abwehr zu reagieren, nämlich die peinliche Wahrheit aufs neue zu verleugnen und Freud zum Sündenbock zu machen. So als habe er unserer aller neurotischen Ballast nicht entlarvt, sondern quasi erfunden. Der oft gehörte Vorwurf, die Psychoanalytiker neigten infamerweise dazu, an allen Menschen Neurotisches zu finden, entstammt ja eben diesem Versuch, die Aufdeckung einer peinlichen Realität in eine böswillige Fiktion umzumünzen. So wird die Psychoanalyse dafür geprügelt, daß sie hartnäckig einer der zähesten und eitelsten Illusionen in der Geschichte den Garaus zu machen versucht. Der Illusion nämlich, die Gesellschaft bestehe selbstverständlich aus rein bewußtseinsgesteuerten Wesen, die sich jederzeit in ihren Absichten und Impulsen furchtlos zu durchschauen vermöchten – was selbst, wie wir heute wissen, nach einer langen Psychoanalyse nur begrenzt möglich ist.

Um so mehr ist es eine gesellschaftliche Aufgabe, die erst langsam in ihrem Ausmaß sichtbar werdenden Einflüsse infantiler, irrationaler emotioneller Regungen auf unser Verhalten besser zu erkennen und zu kontrollieren. Das Gefühl für diese Notwendigkeit ist es auch, das uns die Konfrontation mit unserem gegenwärtigen unzulänglichen Zustand so schrecklich, aber eben unentbehrlich macht. Wir müssen unter anderem begreifen, daß zum Beispiel viele traditionelle Moralvorstellungen und Bestimmungen unseres Rechtes (speziell auch des Familienrechtes) nichts anderes sind als kollektive Reaktionsbildungen auf unreife Ängste. In dem Maße, in dem speziell gerade die angstneurotischen Relikte in der Determination unserer Familienstrukturen allmählich überwunden werden können, werden wir erst herausfinden können, welche frei gewählten Formen familiären Lebens wir in der Gesellschaft eines Tages beibehalten beziehungsweise neu entwickeln wollen und können.

7. Die paranoide Familie – Stichwort: «Festung»

Während die angstneurotische Familie ihren Realitätsbezug vor allem einengt, unter Einsatz von zahlreichen angstbedingten Verleugnungen und Vermeidungen, gestaltet die paranoide Familie die Realität *wahnartig* um. Hier sei allerdings schon vorausgeschickt, daß «paranoid» und «wahnartig» nicht im engeren psychiatrischen Wortsinn gemeint sind. Nur in Grenzfällen bildet eine im paranoiden Sinne charaktergestörte Familie ein regelrechtes klinisches Wahnsystem aus. Sehr viel häufiger sind es nur systematisierte überwertige Ideen beziehungsweise Ideologien, die in den Familien zur Konfliktabwehr mobilisiert und krampfhaft verteidigt werden. Zwischen dem Typ der angstneurotischen und dem Typ der paranoiden Familie gibt es fließende Übergänge. Genaugenommen lebt ja auch bereits die angstneurotische Familie in einer nicht allein geschrumpften, sondern auch inhaltlich veränderten Realität. Denn indem sie speziell die Anteile von Aggression, Unheil und Tod aus ihrem Wahrnehmungsbereich ausklammert, schafft sie sich eine nicht nur eingeschränkte, sondern obendrein qualitativ alterierte «Restwelt». Wenn man will, könnte man auch dies bereits als den Beginn eines wahnhaften Umbaus der Realität ansehen. Die eigentlich paranoide Familie verändert ihre Welt indessen nicht nur mit Hilfe von phobischen Verleugnungen und Vermeidungen, sondern zugleich mittels *aktiver systematischer Uminterpretation.* Sie denkt die Realität konstruktiv um – und erreicht damit, daß ein Mißverhältnis zwischen Realitätskonzept und Selbstkonzept der Familie aufgehoben wird. Das Paranoid bietet manchen Familien die letzte Chance zu einer Solidarisierung, die meist wegen eines besonderen Maßes an unbewältigter Aggression auf andere Weise nicht mehr erreicht werden konnte.

Als Repräsentanten des Typs der paranoiden Familie findet man oft Paare oder mehrköpfige Familien, die sich immer wieder erfolgreich darum bemühen, unerträgliche wechselseitige feindselige Impulse nach außen gegen einzelne Personen, Gruppen oder Weltanschauungen abzuleiten. Sie schaffen sich die Fiktion guten Einvernehmens, indem sie ihr internes Gruppenproblem externalisieren und sich in der Umwelt Adressaten für die Vorwürfe besorgen, die sie eigentlich gegeneinander und ursprünglich sogar meistens unbewußt gegen ihr eigenes Ich richten.

Meistens fungiert ein Teil eines Ehepaares als Kristallisationskern des wahnartigen Systems. In der Regel ist dies der sthenischere, reizbarere, fanatischere Teil. Hat dieser erst einmal seine paranoide Position bezogen, geht von ihm ein großer Druck auf den Ehepartner beziehungsweise die übrige Familie aus, sich entweder zu solidarisieren oder sich selbst feindlich zu polarisieren. Das Freund-Feind-Denken des wahnhaften Fanatikers läßt eigentlich immer nur die Wahl zwischen bedingungsloser Bundesgenossenschaft oder Feindschaft zu. Infolgedessen ist es leicht verständlich, daß die eingeschüchterten übrigen Familienmitglieder sehr häufig zu hörigen Parteigängern werden, auch wenn es ihnen ursprünglich sehr schwerfällt, die verzerrte Lebensanschauung ihres Angehörigen einleuchtend zu finden. Zweifellos ist es die einzigartige Unheimlichkeit und Penetranz, die von einer paranoiden Persönlichkeit ausgeht, welche über alle intellektuelle Kritik hinweg induzierend wirkt. So nur kann man sich auch die gelegentlich epidemieartigen Verbreitungen abnormer überwertiger Ideen in Zeiten scharfer Gruppenpolarisierungen erklären. Wer nicht über eine sehr fundierte persönliche Identität verfügt, ist anscheinend unter gewissen Umständen auch gegen besseres Wissen bereit, dem suggestiven Sog eines paranoiden Denksystems zu erliegen, das blitzableiterartig eine Abfuhr aller bedrohlichen intraindividuellen beziehungsweise gruppeninternen Spannungen verheißt.

Dupont und Grunebaum[21] haben kürzlich eine sehr aufschlußreiche Studie über die Ehestruktur von neun verheirateten wahnkranken (nicht schizophrenen) Frauen veröffentlicht. In allen neun Fällen nahmen die Ehemänner mehr oder minder aktiv teil an dem wahnhaft veränderten Verhalten ihrer Frauen. Im einzelnen ergaben sich folgende bemerkenswerte Zusammenhänge:

Die Frauen hatten sich als Ehepartner Männer gewählt, die eher passiv, sozial isoliert und sowohl aggressiv wie sexuell gehemmt waren. Meist waren diese Männer unfähig, sich beruflich in Positionen mit höherem Verantwortungsgewicht zu behaupten. Die Ehefrauen wurden in der Regel zu einer Zeit paranoisch krank, in der sich ihre Männer zunehmend von ihnen zurückzogen. Sexuelle Kontakte hörten in dieser Phase meist auf. Die Männer erwiesen sich als außerstande, gegen das bizarre, gestörte Verhalten ihrer Frauen Schranken zu errichten. Als «willige Opfer» ließen sie sich nicht nur in die Wahnstörung mit hineinziehen, sondern trugen durch ihre Solidarisierung eher noch zu einer Verschlimmerung der Krankheit der Frauen bei.

Wenn schließlich eine Klinikeinweisung der Patientinnen erfolgte, so nicht etwa auf Anregung oder zumindest mit Billigung der Ehemänner, sondern immer nur durch Intervention von außen. Die Ehemänner rebellierten sogar solidarisch mit ihren Frauen gegen deren Klinikunterbringung und die damit auferlegte vorläufige Trennung, absolut uneinsichtig für die Behandlungsbedürftigkeit ihrer Gattinnen.

In diesem Beispiel liegt nun freilich tatsächlich eine regelrechte *Wahnkrankheit* vor, das heißt mehr als eine bloße Charakterveränderung im Sinne einer familiären Charakterneurose. Aber selbst hier ist bemerkenswert, daß die Ehepaare außerstande sind, den Krankheitswert der ausgebrochenen Störung zu realisieren. Innerhalb der Familie fehlt also jedes Krankheitsbewußtsein. Erst durch Interferenz mit der sozialen Umgebung kommt es von außen her zu einer Bewertung als «medizinischer Fall». – Insofern kann man dieses Beispiel wohl doch noch als Extremvariante der hier beschriebenen Kategorie von familiären Charakterstörungen zuordnen.

Durch das Paranoid kompensieren die Ehegatten ihre jeweils ziemlich desolaten ehelichen Störungen. Hier handelt es sich um eine regelrechte *folie à deux*, durch die eine von Zerfall bedrohte, schwerstens deformierte eheliche Beziehung noch vorläufig abgestützt wird. Folgerichtig halten es Dupont und Grunebaum für unzureichend, diese Wahnbildungen nur als Probleme der individuellen Psychopathologie der Frauen aufzuschlüsseln.

Letztlich strukturieren sich diese Störungen wie die zuvor geschilderten angstneurotischen Typen von familiären Ich-Störungen auf dem Hintergrund eines gemeinsamen dialogischen Konfliktes der beteiligten Partner.

In den meisten Fällen von paranoiden Familienstörungen liegt nun allerdings, wie bereits gesagt, kein Wahn im engeren psychiatrischen Begriffssinn vor. Es geht um Familien, die nur von besonders merkwürdigen, einseitigen und überwertigen Ideen beherrscht werden. Kennzeichnend ist eine gewisse kämpferisch fanatische Besessenheit von diesen Ideen, die meist zu einer Ideologie systematisiert werden.

Einige Beispiele mögen das Wesentliche der paranoiden Familienstruktur verdeutlichen. Die erste, an dramatischen Akzenten reiche Familienbiographie zeigt einen allmählichen Übergang von einer hysterischen in eine paranoide Familiendynamik.

Fall: Wir werden es ihnen zeigen!

Ein aus sehr einfachen schlesischen Verhältnissen stammender erfolgreicher Großhändler heiratet ein fünfzehn Jahre jüngeres Mädchen. Äußerlich kann man sich kaum einen größeren Kontrast denken als den zwischen dem bullig gedrungenen, mit einem Augenfehler behafteten Mann und der schmächtigen hübschen Frau, die erst nach längerem hartnäckigen Widerstand den ebenso unbeirrbaren Werbungen des Mannes nachgibt. Aber eben diese beiderseitige Hartnäckigkeit in der Ouvertüre des folgenden jahrzehntelangen Ehedramas zeigt bereits, daß beide einander in ihren seelischen Strukturen sehr viel ähnlicher sind als in ihren äußeren Erscheinungen. Beide können bis zum Fanatismus unbeugsam sein – die äußerlich so gebrechlich erscheinende junge Frau sogar in noch höherem Grade als ihr Gatte. Und jeder wittert im anderen den gleichen enormen Ehrgeiz und Machtwillen. Sie, noch eher kindlich unerfahren, fühlt sich von seinem brillanten Berufserfolg und seinem weltmännischen Lebensstil angezogen und ist entschlossen, mit seiner Hilfe die kränkende Dürftigkeit ihrer häuslichen Verhältnisse abzustreifen. Er schmückt sich mit der allseits bewunderten elfenhaft zierlichen Frau zur Kompensation seiner wenig attraktiven, plumpen Erscheinung und erhofft sich vor allem eine weitere Stärkung seiner Position mit Hilfe ihres großen Durchsetzungswillens. Es ist von beiden Seiten her eine überwiegend «narzißtische» Partnerwahl. Jeder liefert dem anderen genau das bisher noch fehlende Instrument zur Erfüllung der eigenen hochfliegenden Ambitionen. Anlehnungsbedürfnisse, die der Ehemann im späteren Verlauf der Ehe deutlich demonstrieren wird, erscheinen zunächst nicht als ein gewichtiges Motiv.

Beide steigern sich zunächst fast rauschhaft in die Vorstellung hinein, daß sie gemeinsam unendlich viel erreichen könnten. Das dominierende Thema der jungen Ehe sind Macht- und Größenvorstellungen, die anfänglich noch als harmloser Gefühlsüberschwang erscheinen, jedoch allmählich immer mehr fanatische Züge annehmen. Es ist eine schleichend sich entwickelnde Rivalität zwischen beiden Eheleuten, die diesen ambitiösen Fanatismus anheizt. Die junge Frau erweist sich nicht als der Typ der neidfreien Gehilfin, die ihren eigenen Ehrgeiz partiell an den Mann delegiert und sich durch Teilnahme an seinen Erfolgen Genugtuung zu verschaffen versteht. Trotz ihrer noch fast kindlichen Erscheinung und des sehr erheblichen Altersunterschiedes macht sie ihm die Führungsrolle in der Ehe von Anfang an streitig und verteidigt jeden Zentimeter Boden. Die gemeinsam entwickelten und immer hartnäckiger verfochtenen Größenvorstellungen erweisen sich somit als eine vorübergehende Zuflucht aus der Gefahr wechselseitiger Zerstörung.

Sie bauen ein schloßartiges Haus – natürlich das stattlichste Wohnhaus weit und breit. Sie bekommen Kinder – mehr und prächtigere – wie sie glauben – als andere Menschen. Die fünf Kinder erhalten phantastische und ganz ungebräuchliche Vornamen. Jedesmal protestieren die Standesbeamten, welche die ausgefallenen Namen nicht eintragen wollen. Aber – wie auch sonst fast überall – setzt das Ehepaar seinen Willen durch. So einzigartig und unvergleichlich, wie sie sich selbst empfinden, sollen auch ihre Kinder sein – und heißen.

Nicht alle fünf erweisen sich allerdings als die erwarteten Musterkinder. Mit fast barbarischer Härte werden sie gezwungen, starke, mutige, überlegene Kinder nach außen darzustellen, innerhalb der Familie selbst indessen sich als mehr oder weniger willenlose Manipulationsobjekte herzugeben. Eine Tochter ist schwierig und ein wenig trotzig. Es hagelt Schläge auf sie. Schließlich wird ein strenges Internat dazu ausersehen, ihren Willen zu brechen und ihre gefügige Unterwerfung unter das elterliche Regime zu präparieren.

Nach Geburt ihrer fünf Kinder – in sieben Jahren – hat die junge Frau noch nichts von ihren hohen egozentrischen Ansprüchen eingebüßt. Sie beginnt diverse Flirts. Bei ihren Versuchen, interessante Männer in ihre Gewalt zu bringen, treibt sie mehr als andere ein unersättlicher Machtwille. Sie inszeniert diese Eroberungen vor den Augen ihres allmählich alternden Gatten. Dieser rächt sich mit Schlägen. Sie duldet seine Mißhandlungen ungebeugt. Der eheliche Machtkampf nimmt zeitweilig groteske Formen an. Einen Augenblick sieht es so aus, als würde sich der verletzliche, jähzornige Mann eines Tages zu einer exzessiven Gewalthandlung hinreißen lassen können, so zynisch erscheinen die Provokationen, mit denen die rivalisierende Frau ihn fortgesetzt demütigt. Aber etwas anderes Unerwartetes geschieht: Dieser klobige Mann mit seiner allerseits bestaunten Energie und seinen ungeschmälerten geschäftlichen Erfolgen kriecht zu Kreuze. Er nimmt es am Ende hin, daß seine noch jugendliche Frau ihn öffentlich wegen seiner nachlassenden Vitalität verspottet. Er duldet es, daß die Frau zu Hause ein launenhaftes Terror-Regime entfaltet, mit den Kindern in irrationaler Willkür umspringt und seine Freunde sinnlos beleidigt. Heimlich verrät er seinen Vertrauten, daß er seine Frau für krank hält. Aber Konsequenzen aus dieser Einsicht wagt er nicht zu ziehen.

Die Frau stürzt sich in vereinspolitische Aktivitäten. Sie hält Reden, wird in den Vorstand einer kleinen Organisation gewählt, reist als Funktionärin herum und gewinnt einige Befriedigung in der Ausübung politischer Macht im kleinen Kreise. Der Mann bestätigt sie in dieser politischen Betriebsamkeit und in der Illusion bedeutenden Wirkens. Er läßt es zu, daß sie geschäftig herumreist, das Haus vernachlässigt, es an Fürsorge für die Kinder fehlen läßt und seinem eigenen Einfluß fast völlig entgleitet. Ein paar Jahre versucht er, hinter ihrem Rücken noch ein wenig von dem durch sie zerschlagenen Porzellan zu kitten, aber auf offene Auseinandersetzungen läßt er es schon nicht mehr ankommen. Allmählich verliert er indessen auch noch den Rest an innerer Distanz zur irrationalen Entwicklung seiner Gattin. Er erträgt die Spannung einfach nicht mehr, sich gegen ihre unnachgiebige Solidarisierungsaufforderung auch nur heimlich und partiell defensiv abzuschirmen. Aus dem halbherzigen Ja-Sagen wird am Ende ein automatisches Ja-Denken. Dabei wird er unfähig zu registrieren, daß sie in ihrer Hektik immer ausgeprägtere Züge eines wahnhaften Querulantentums ausbildet. Immer enger und ausschließlicher kreisen ihre Interessen um die angeblichen Bösartigkeiten und Defekte anderer Menschen und die Feststellung eigener Unfehlbarkeit. Immer kürzer werden die Intervalle provozierter Auseinandersetzungen mit Behörden, Bekannten und oppositionellen Verwandten. Überall verschreckt sie durch ihr paranoid anmaßendes Auftrumpfen selbst die gutwilligsten Partner. Auf diese Weise isoliert sie sich bald auch in ihrem kleinen politischen Wirkungskreis.

Solange der Ehemann, Kinder und Angestellte gefügig applaudieren und in die jeweils verlangte Bundesgenossenrolle einschwenken, bleiben die innerfamiliären Spannungen leidlich verdeckt. In dieser Phase ist die paranoide Familienkonfiguration annähernd erfüllt:

Man sitzt in einer gemeinsamen Festung, zehrt von der Illusion eigener Überlegenheit und macht Ausfälle gegen die vermeintlichen äußeren Unruhestifter und Verfolger.

Aber zwei der heranwachsenden Kinder beginnen, gegen das paranoide Regime der Eltern Widerstand zu leisten. Sofort wendet sich die Mutter in geradezu amokläuferischer Besessenheit gegen sie. Undenkbar ist es für sie, jemand aus ihrer engeren Einflußzone zu entlassen. Prompt muß sie den Betreffenden für seine Unbotmäßigkeit rachsüchtig bestrafen. So wütet sie blindlings gegen die beiden eigenen Kinder. Jahrelang vermögen diese sich trotz mutiger Oppositionsanstrengungen nicht dem Bannkreis des querulatorischen wahnartigen Systems zu entziehen, zumal sie zu ihrer grenzenlosen Enttäuschung vom Vater im Stich gelassen werden, dessen Unterstützung sie heimlich erhofft hatten. Sie müssen einsehen: in dieser wahnhaft gespannten, aggressiv geladenen Atmosphäre gibt es keine Diskussion – nur Kampf um Tod oder Leben oder Flucht in eine unerreichbare Isolation.

Tatsächlich erreichen später drei Kinder während ihrer Ausbildung wenigstens eine partielle Ablösung, freilich permanent von häuslichen brieflichen Vorwürfen und Mahnungen verfolgt.

Trotz des beklemmenden Zwanges zur Solidarisierung ist damit immerhin ein teilweiser Zerfall des paranoiden Systems erfolgt.

Mit ihrem engeren Gefolge – dem Mann, zwei Kindern, einer solidarisch ressentimentgeladenen ferneren Verwandten und ein paar abhängigen Angestellten – verbleibt der alternden Mutter am Ende fast nur noch ein verbindender Themenkreis: Autosuggestion der Idee von der eigenen Herrlichkeit, ohne die geringste Zutat von selbstkritischen Zweifeln. Weitere permanente Diskriminierung der Außenfeinde, für die man alle möglichen schikanösen Maßregelungen ersinnt. So erstarrt diese Restgruppe in einem von der Mutter induzierten, aus Größenideen, Verfolgungsvorstellungen und Querulantenwahn gemischten «verrückten» Denksystem. Es ist die Endphase des paranoiden Selbstzerstörungsprozesses einer Familie, die sich dereinst als Idealmodell einer modernen Erfolgsfamilie dargeboten hatte.

Fall: Wer den Sex ausrotten will . . .

Auch in dem folgenden Fall geht es um die Entwicklung einer paranoiden Ehepaar-Neurose. Diesmal ist es indessen nicht die Frau, die wie im soeben dargestellten Fall oder in der Untersuchung von Dupont und Grunebaum die Realität in paranoider Weise umdenkt. Sondern hier geht der Mann voran, und die Frau steigt erst sekundär in die neurotische Ideologie des Mannes mit ein – bis die Solidarität auch hier am Ende zusammenbricht.

Ein Geschäftsmann lebt mit seiner Frau in starker Spannung. Der Mann, nur wenig älter als die Frau, ist mit einer Störung der sexuellen Potenz behaftet. Aber er verleugnet diesen Defekt, da er um keinen Preis an seiner Männlichkeit und Stärke zweifeln kann. Er liebt es, wenn man ihn fürchtet und sich ihm unterwirft. Diesen Wunsch erfüllt ihm seine junge Frau auch anfänglich. Sie ist sehr beeindruckt von seiner imposanten Erscheinung und seinem energischen Auftreten. Obwohl eher temperamentvoll veranlagt, registriert sie infolge ihrer sexuellen Unerfahrenheit seine Impotenz zunächst kaum. Erst allmählich wird ihr die sexuelle Entbehrung zum Problem. Dem Ehemann gelingt es indessen, die Ansprüche seiner ihm intellektuell unterlegenen Partnerin dadurch abzuwehren, daß er die Frau in laufend verstärktem Maße mit einer Askese-Ideologie indoktriniert. Er schimpft bei jeder Gelegenheit über die verderbliche «Sex-Welle», die einen Kulturverfall einleite. Die sexuelle Haltlosigkeit der heutigen Jugend sei das schlimmste aller Übel. Sein Haus, so prahlt er auch auf Geselligkeiten, werde er rein und anständig halten. Die chronisch unbefriedigte Frau gerät unter dem Druck dieser drohenden Reden immer mehr in Schuldgefühle hinein. Nach einigen vergeblichen Versuchen des Aufbegehrens übernimmt sie schließlich selbst die triebfeindliche Ideologie des Ehemannes. Und zwar vollzieht sie unbewußt eine Reaktionsbildung, in deren Folge sie bald mit dem Mann darin wetteifert, alle Zurschaustellungen von Sex in den Massenkommunikationsorganen zu verteufeln. Fortan entspannt sich das eheliche Verhältnis. Beide Ehegatten vereinigen sich in einer kämpferischen Anti-Sex-Ideologie und finden laufend Vorwände, sich ihrer Solidarität durch Austausch von Entrüstungsbeweisen über «sexuellen Schmutz» zu versichern. Durch diese Identifizierung mit der Ideologie des Ehemannes entgeht die Frau vorläufig der Gefahr katastrophaler ehelicher Auseinandersetzungen. Das gemeinsame kämpferische Engagement bindet obendrein so viel Energien von beiden Seiten, daß keiner der Eheleute ein Krankheitsbewußtsein entwickelt. Die Schrumpfung der sexuellen Kontakte wird eben ideologisch zu etwas besonders Wertvollem uminterpretiert. Das eigentlich Krankhafte wird zur Idealnorm. Dieses ressentimenthafte Umdenken kennzeichnet hier die neurotische Charakterveränderung des Ehepaares. Psychoanalytisch läßt sich die paranoide Realitätsfälschung der beiden Eheleute als eine generalisierte Sündenbock-Strategie verstehen: sie verleugnen die eigene unverarbeitete Sexualität, indem sie diese statt bei sich selbst nur noch projektiv in der äußeren Welt beständig aufspüren und verteufeln.

Erwartungsgemäß bestimmt ihre triebfeindliche Haltung auch die Erziehung ihres einzigen Sohnes. Tatsächlich entwickelt sich der Junge zu einem braven, stillen und besonders auf Sauberkeit achtenden Kind. Aber eines Tages finden ihn die Eltern als Siebenjährigen in einem Gartenhäuschen damit beschäftigt, den Körper der unbekleideten fünfjährigen Nachbarstochter zu betrachten. Und er gesteht, daß er das Mädchen zu dem Striptease angestiftet habe, weil er sie habe nackend sehen wollen.

Die Eltern interpretieren diesen Vorfall als Katastrophe. Der Junge erhält Schläge und gleich über mehrere Wochen Stubenarrest. Die Eltern machen einen Entschuldigungsbesuch bei den Nachbarn, den Eltern des beteiligten Mädchens. Dabei bauschen sie die keineswegs ungewöhnliche und seltene Sexualforschung ihres Sohnes zu einem gewaltigen Verbrechen auf. Aber ihre Erwartung, die Nachbarn würden ihre moralische Entrüstung teilen, wird schwer enttäuscht. Die Eltern des Mädchens reagieren gelassen und versuchen sogar, ihre fassungslos entsetzten Besucher zu beschwichtigen. Diese lassen sich jedoch von ihrer düsteren Version des Vorfalles und ihrem Strafeifer keineswegs abbringen und beziehen sogar umgekehrt auch die ihnen nun moralisch höchst suspekt erscheinenden Nachbarn in ihre Entrüstung mit ein. Sie fühlen sich wie die Helden einer moralischen Tragödie: als unschuldige Streiter für eine reine Welt, vom Teufel heimgesucht und obendrein unverstanden.

Aber ihr neurotisches Ehe-Arrangement bleibt nicht auf die Dauer stabil. Auf einer Faschings-Party erliegt die junge Frau der Verführung eines Jünglings. Und es kommt zwischen beiden zu einem andauernden Verhältnis. Der Ehemann, von seiner Frau inzwischen innerlich viel stärker abhängig, als sein dominierendes Gebaren erraten läßt, duldet die außereheliche Beziehung seiner Frau, wenn auch mit mühsam unterdrückter Erbitterung. Aber eines Tages hält er es nicht mehr aus und fällt mit Verwünschungen und Schlägen über seine Frau her. Diese dreht den Spieß um, bezichtigt zusammen mit ihrem Freund den Ehemann der Kuppelei und zeigt ihn sogar wegen dieses Deliktes bei der Polizei an. Sie zieht aus dem gemeinsamen Haushalt aus. Es kommt zu langwierigen, höchst aggressiv geführten Scheidungsauseinandersetzungen.

Hier hat also die gemeinschaftliche neurotische Reaktionsbildung als Grundlage der ehelichen Charakterneurose nicht gehalten. Die Trieberuption bei der jungen Frau hat das solidarische Abwehrsystem zerstört. Die Aggression, vorher im gemeinsamen ideologisierten Außenkampf gebunden, ist nun an der Stelle durchgebrochen, wo sie sich auch ursprünglich gebildet hatte: innerhalb des Konfliktes der beiden Eheleute, die ja in ihrer unechten Anti-Sex-Ideologie immer nur eine pseudologische Zuflucht vor ihrem persönlichen Problem gesucht hatten.

Dieses Beispiel ist insofern instruktiv, als es sehr deutlich den möglichen dynamischen Hintergrund einer Familienneurose vom paranoiden Typ enthüllt. Man kann sehr gut verfolgen, wie ein von vornherein desolat erscheinender Ehekonflikt lange Zeit mit Hilfe einer gemeinsamen neurotischen Reaktionsbildung und eines solidarischen Ideologisierungsprozesses verdeckt werden kann. Solange die «Wesensveränderung» anhält, herrscht in der Gruppe ein überenges Einvernehmen – im Gegensatz zu den Spaltungsvorgängen bei typischen symptomneurotischen Familien.

In vielen ähnlichen Fällen erweist sich übrigens eine derartige solidarische neurotische Reaktionsbildung als stark genug, um eine Demaskierung des unterdrückten Ehekonfliktes zu verhindern. Die paranoide Familienneurose erhält sich dann nicht nur in ihrer Struktur, sondern verfestigt sich sogar unter Umständen im Laufe der Jahre bis Jahrzehnte durch einen kontinuierlichen Ausbau des solidarischen Abwehrsystems. Wenn man streng sein will, mag man die Bezeichnung «paranoide familiäre Charakterneurose» auch nur diesen Fällen vorbehalten, in denen die Änderung des familiären «Gruppen-Ichs» sich derart verfestigt hat. Wir meinen indessen, man könnte über diese strengere Definition hinausgehen und die Bezeichnung doch immer bereits dann verwenden, wenn eine Familie einen neurotischen Konflikt nicht durch Spaltung in gesund und krank (Symptomfamilie), sondern umgekehrt durch die totale Solidarisierung mit Hilfe paralleler Reaktionsbildungen, Projektionen und Ideologisierungen zu erledigen versucht, ganz gleich, welchen Grad von Irreversibilität die Wesensänderung der Familie dabei im Einzelfall bereits erreicht haben mag.

Fall: Tanz um den kranken Engel

Noch ein Beispiel von paranoider Familienstörung mag folgen. Dieses Beispiel soll veranschaulichen, daß es den Typ der paranoiden Familienneurose auch in einer verhältnismäßig harmlosen Variante gibt. Harmlos insofern, als die in den bisher erwähnten Fällen besonders ausgeprägte aggressive Komponente weniger deutlich hervortritt. In dem folgenden und ähnlich gelagerten Fällen vollzieht die wesensveränderte Familie eher eine narzißtische Isolierung, sie zieht sich in eine wahnartig umgebaute Privatwelt zurück. Und diese Abgrenzung führt nicht zu der fortwährenden feindseligen Verwicklung mit der Umgebung wie bei dem gerade zuvor geschilderten Fall.

Ein Finanzbeamter und seine Frau, eine ehemalige Verkäuferin, haben lange auf ein Kind gewartet. Endlich bekommen sie eine Tochter. Die Geburt ist kompliziert. Die Nabelschnur hat sich um den Hals gewickelt. Die Atmung setzt verspätet ein. Nach einigen Monaten erleidet die kleine Marion hintereinander einige Krampfanfälle. Sie bekommt Medikamente, und die Anfälle verschwinden wieder. Es ist ein graziles Mädchen, sehr schreckhaft und sensibel. Sie weint leicht. Sie ißt unregelmäßig und hat einen leicht störbaren Schlaf. Sie lernt mit geringer Verspätung laufen und sprechen. Ihre Intelligenz entwickelt sich, soweit man das durch Tests beurteilen kann, mit einer leichten Verzögerung. Sonst aber bestehen keine krankhaften Beeinträchtigungen mehr, und die Ärzte raten den Eltern, das Kind wie ein gesundes Kind anzusehen und es ganz normal zu behandeln.

Dieser Rat folgt bereits der Beobachtung, daß die Eltern in auffälliger Weise mit Marion umgehen. Vor allem der Vater sorgt dafür, daß die Tochter wie ein rohes Ei bewacht und gepflegt wird. Kommt er abends aus dem Amt, prüft er zuerst das Aussehen von Marion und erkundigt sich nach ihren Tageserlebnissen. Sobald sie einmal etwas blasser aussieht oder schlecht ißt, verdächtigt er die Mutter, daß sie etwas falsch gemacht haben könnte. Andererseits reagiert er fasziniert und bewundernd auf jede sprachliche Neuerwerbung und auf die ersten unbeholfenen Buntstiftkritzeleien des Mädchens. Die Mutter muß darüber Tagebuch führen. Alles abgelegte Spielzeug, jede belanglose Kritzelzeichnung wird sorgfältig gesammelt wie historische Denkwürdigkeiten.

Die Mutter leidet darunter, daß Marion ein recht launisches und trotziges Wesen entwickelt. Es wurmt sie insgeheim, daß die Kleine stets ihren Kopf durchzusetzen versteht, aber sie beugt sich am Ende doch immer wieder den Erziehungsprinzipien ihres Mannes. Sie ängstigt sich entsetzlich vor seinen Vorhaltungen, und im Laufe der Zeit zweifelt sie immer mehr an der Berechtigung ihrer kritischen Gefühle gegenüber dem Kind. Sie fängt an, sich für derartige Regungen zu verurteilen. Und so schwenkt sie allmählich ganz auf die Seite des Mannes um. Wenn er ihr vorwirft, sie hätte verhindern müssen, daß Marion hingefallen ist und sich eine Beule geholt hat oder daß sie auf der Straße durch einen Hund so erschreckt worden ist, daß sie abends nicht gleich einschlafen kann, dann steckt die Mutter diese Beschuldigungen am Ende widerspruchslos ein und verdammt sich selbst für ihr Versagen. In dem Empfinden, immer noch mehr für das Kind tun zu müssen, läßt sie Marion nicht mehr einen Augenblick allein oder unter fremder Aufsicht. Sie macht keine Besuche mehr und empfängt zu Hause nur noch solche Gäste, die sie in ihrer aus Unterwürfigkeit und Ängstlichkeit gemischten überengen Bindung an das Kind nicht stören.

Ihr Mann tut alles, um sie in diesem Verhalten zu bestärken. Er übertrifft sie darin noch dadurch, daß er bedingungslos alle Wünsche des Mädchens erfüllt und auch ihre schwer leidlichen Eigenheiten niemals rügt. Marion flüchtet sich daher gern zum Vater und beklagt sich, wenn die Mutter ihr doch einmal einen Wunsch abgeschlagen oder von ihr irgendeine lästige Leistung verlangt hat. Sie kann sicher sein, daß der Vater ihr Genugtuung verschafft.

Die Folge der ständig erlebten Bewunderung und Verwöhnung ist, daß Marion allmählich im Hause das Regime übernimmt. Es wird getan, was sie wünscht. Natürlich will sie nicht in den Kindergarten, nachdem sie erlebt hat, daß sie bei den anderen Kindern nicht wie zu Hause ihre Ansprüche widerspruchslos durchsetzen kann. Man wagt nicht, mit ihr wegen eines schlechten Zahns zum Zahnarzt zu gehen. Denn sie lehnt den Zahnarztbesuch ab. Schließlich will sie auch zu Hause keine fremden Kinder mehr auf Besuch sehen. Denn sie will auf deren Interessen keine Rücksicht nehmen. Alle sollen sich nach ihrem Willen richten. Sie spielt nur mit dem Hund der Eltern und ihrem Spielzeug. Auch die Mutter muß sofort auf Verlangen zum Spiel antreten, sonst schreit sie so lange, bis die bestrafte Mutter sich fügt. Wie nicht anders zu erwarten, ißt Marion auch nur bestimmte Lieblingsspeisen. Und sie kann sicher sein, daß ihr Speisezettel – mit Unterstützung durch den Vater – nur auf das genaueste ihrem Verlangen entspricht.

Man mag sich fragen, wie halten die Eltern diese beschwerliche Unterwerfung unter die kleine Tyrannin aus? Diese Frage geht von der Erwartung aus, die Eltern müßten normalerweise bestrebt sein, sich in ihren eigenen Lebensinteressen nicht in einem derartigen Ausmaß durch den Eigensinn des Kindes einschnüren zu lassen. Aber diese Voraussetzung trifft hier nicht in der erwarteten Weise zu. Die Eltern haben einen Umdenkprozeß vollzogen. Dem zarten, anfälligen Kinde zu dienen und zu huldigen, ist unter allen ihren Lebensinteressen das Höchste geworden. Nichts ist den Eltern so wichtig, als sich in den Augen ihres bewunderten Lieblings zu bewähren. Dieses Leitmotiv, vom Vater absolut, von der Mutter mit einer noch durchspürbaren Ambivalenz verfolgt, steht in der familiären Werthierarchie obenan. Rationalisiert wird die Vergötterung des Kindes unter anderem mit seiner Kränklichkeit. Als wäre sie eine Todgeweihte, der man noch für eine kurze Lebensfrist möglichst viel Glück bereiten müßte. Außerdem schwebt insbesondere dem Vater vor, es handele sich bei Marion um ein einzigartig differenziertes Wesen von wunderbarer Kostbarkeit. So wird es am Ende zu einer Auszeichnung, den Ansprüchen dieses Ausnahmekindes die profanen eigenen Interessen zu opfern. Beide Eltern würden sich übrigens gegen die Verwendung des Wortes «Opfer» in diesem Zusammenhang verwahren. In ihrer Sicht, vor allem in derjenigen des Vaters, ist der Dienst an diesem Kinde eine so erfüllende Aufgabe, daß jeglicher Einsatz dafür sich von selbst versteht.

Hier erkennt man nun die paranoide Störung. Man ist zwar darauf gefaßt, daß Eltern eines besonders gebrechlichen oder behinderten Kindes dessen Vorzüge etwas überbewerten. Dies ist ein normales unbewußtes Schutzmanöver zur Erhaltung des inneren Gleichgewichtes. Man redet sich ein, daß der opfervolle Einsatz für ein derart strapazierendes Kind dadurch aufgewogen werde, daß in diesem Kind besondere geheime Begabungen zu wecken seien oder daß es zumindest in Zukunft sehr wertvolle Eigenschaften enthüllen könnte. Von solchen illusionären Tröstungen zehrt man, um sich innerlich davor zu schützen, gegen die durch ein solches krankes Kind auferlegten Belastungen aufzubegehren und das Kind womöglich insgeheim fortzuwünschen. Derartige rücksichtslose Gedanken würde das Gewissen nicht zulassen. Und daher wird unbewußt jegliche Möglichkeit zu schönfärbenden Illusionen ausgenutzt, um die Fürsorge für das Kind möglichst ambivalenzfrei zu halten.

Hier indessen geht die Selbst-Illusionierung der Eltern unter der Regie des Vaters doch noch über das ubiquitäre Maß hinaus. Die unkritische Vergötterung des Kindes bis an den Rand der

Selbstaufgabe hat neurotisch wahnhafte Ausmaße angenommen. Es ist für die Eltern nicht mehr die Frage: wie können wir dem kränklichen Kinde helfen, daß es zu einer leidlich normalen Entwicklung findet? Sie fragen sich vielmehr: wie können wir unzulänglichen Eltern leidlich den Ansprüchen dieses wunderbaren Engels genügen? Von daher sind sie ja auch so leicht geneigt, das Mädchen vor Kontakt mit Altersgenossen zu schützen. Sie wollen nicht mit dem Entwicklungsrückstand Marions konfrontiert werden und statt dessen an der Einbildung festhalten, das Mädchen sei ihren Altersgenossen an Feinheit, Bewußtheit und innerer Reife weit voraus. Sie sei im Vergleich zu den anderen nicht insuffizienter, sondern großartiger. Hier begehen sie eben eine konstruktive wahnhafte Realitätsfälschung. Typisch ist auch die Unkorrigierbarkeit der charakterneurotischen Ideologie: beiden Eltern ist es ein leichtes, die vernünftigen Erziehungsratschläge der Ärzte und mancher Verwandter in den Wind zu schlagen. Wenn der Kinderarzt beispielsweise empfiehlt, Marion unbedenklich mit anderen Kindern spielen zu lassen und endlich mit der Sonderwunsch-Diät aufzuhören, so bringt der Vater gerade noch die Selbstüberwindung auf, so viel angeblicher Ignoranz mit nachsichtigem Schweigen zu begegnen. Die weniger kontrollierte Mutter verwickelt sich mit solchen Ratgebern noch eher in impulsive Auseinandersetzungen. Ihre Erregung kommt daher, daß sie doch noch mehr Mühe hat, die paranoide Realitätsfälschung aufrechtzuerhalten. Wenn ihre eigenen unbewußten Zweifel von außen stimuliert werden, so muß sie dagegen sogleich heftig opponieren, aus Furcht, sie könnte diesem Zweifel nachgeben, feindselige Gefühle gegen ihre Tochter entfalten und die schützende Solidarität mit ihrem Manne verlieren.

So hält diese Familie das System ihres ressentimenthaften «Privatwahns» gegen alle äußere Kritik aufrecht. Und es läßt sich bereits voraussehen, daß das wie ein Engel verzärtelte und vergötterte Mädchen nur sehr geringe Chancen haben wird, sich je in der echten Realität zurechtzufinden, die von der zu Hause errichteten Scheinrealität so endlos weit entfernt ist.

Es stellt sich indessen die weitere Frage: wie kommen diese Eltern zu ihrer so massiven paranoiden Gemeinschaftsneurose?

Sicherlich spielen jene allgemeinen Motive eine Rolle, die für Eltern geschädigter Kinder als ubiquitär beschrieben wurden.

In diesem Falle treten nun aber noch ganz spezielle Determinanten hinzu:

Der Vater ist ein körperlich schwächlicher, aber ungemein ehrgeiziger Mann, der in seinem Leben viele Kränkungen durch Zurückweisung seiner kämpferisch expansiven Strebungen erlebt hat. Bereits seine Mutter hatte ihn zu seiner Enttäuschung recht kurz und streng gehalten. Im Beruf hat er sich wegen seiner arroganten Ansprüchlichkeit zahlreiche Auseinandersetzungen verschafft. Manche demütigende Zurücksetzungen haben ihn tief in seinem Geltungsbedürfnis gekränkt, aber seine aggressive Hartnäckigkeit nie zu brechen vermocht. Die sehr viel jüngere, kindlichere und ihm intellektuell unterlegene Frau hatte er in der Hoffnung geheiratet, ihrer liebevoll unterwürfigen Bewunderung zeitlebens sicher sein zu können. Aber nach mehreren Ehejahren ergaben sich steigende Spannungen durch vermehrte Resistenz der jungen Frau gegen seinen absoluten Herrschaftsanspruch.

Die Probleme des kränklichen Kindes verschaffen dem Mann nun eine Chance, seine Position wieder zu festigen. Dabei kommt ihm zugute, daß die Frau geneigt ist, auf die Krankheit ihrer Tochter mit übertriebenen Schuldgefühlen zu reagieren. Sie selbst hatte als Kind einmal ihre kleine Schwester von einer Mauer hinuntergestoßen und ihr dadurch eine Gehirnerschütterung beigebracht. Oft hatten ihr ihre strengen Eltern vorgeworfen, die Schwester beinahe umgebracht zu haben. Infolge eines starken Neides auf die bevorzugte Schwester fühlte sie sich unfähig, sich gegen diese Beschuldigungen zu wehren. Schließlich haßte sie die Schwester tatsächlich, und der Stoß von der Mauer war ja auch in Wirklichkeit passiert. So verwandelten sich allmählich die erlebten Beschuldigungen seitens der Eltern in chronische nagende Selbstvorwürfe. Bis zum heutigen Tage ist sie von diesem unbewußten Selbsthaß nicht mehr frei geworden. Und aus diesem unbewältigten Konflikt heraus wird sie jetzt zu einem wehrlosen Opfer der Anklagen ihres Mannes. Sie reagiert so, als seien die Geburtskomplikationen und die nachfolgende Krankheit der kleinen Tochter Auswirkungen ihres persönlichen Versagens und als müßte sie durch die von dem Mann laufend geforderten Schuldbekenntnisse und Wiedergutmachungsleistungen ein von ihr angerichtetes Unheil wieder kompensieren. Aus unbewußtem

Wiederholungszwang überträgt sie also in der Phantasie ihr unerledigtes Geschwisterproblem auf die Beziehung zu der kleinen Tochter.

Der Ehemann wiederum, Hauptinitiator der gemeinsamen unterwürfigen Vergötterung des kranken Kindes, hat neben der Wiederherstellung der Herrschaft über seine Frau noch ein anderes Motiv für die Entwicklung der abnormen Ideologie: unbewußt identifiziert er sich mit dem kleinen Mädchen. Während ihn seine Frau durch Assimilation der Sündenbock-Rolle entlasten soll, projiziert er auf die Tochter den Aspekt seines «schwachen Teils». Denn hinter der Fassade des unerbittlichen kämpferischen Gewaltmenschen ist er selbst ein zarter, schwacher, unzählige Male gekränkter und geschundener Mensch. Diesen Selbstaspekt der Schwäche und Verletzlichkeit spiegelt ihm nun das kränkliche Mädchen wider. In ihr sieht er also ein Duplikat des tausendfältig ungerecht frustrierten Wesens, als das er sich insgeheim selbst fühlt. Aber so wie er seine eigene Schwächlichkeit gewaltsam überkompensiert, so muß er nun auch dafür sorgen, diesen Aspekt bei seiner Tochter durch wirksame Abwehrmechanismen zu reparieren. Diesem Zweck dient nun zunächst die Umdeutung der zarten Gebrechlichkeit in etwas Bewunderungswürdiges und Großartiges. Und indem er seine Frau so wie alle Gäste des Hauses zwingt, dem armen kleinen Mädchen wie einem höheren Wesen zu huldigen, entschädigt er sich zugleich für die vielen eigenen erlittenen Kränkungen. Indem er die kleine verwöhnte Prinzessin wie eine Tyrannin über ihre gesamte Umgebung herrschen läßt, genießt er – heimlich mit ihr identifiziert – die Demütigungen der Gesunden und Starken, gegen die er selbst so viele Niederlagen erlitten hatte. Auch an seiner Mutter nimmt er eine verspätete phantasierte Rache. Diesen zusätzlichen Sinn hat es nämlich, wenn er jetzt speziell die Unterwerfung seiner Frau unter die Forderungen des Kindes fördert. Seine Frau muß für etwas büßen, was seine Mutter seiner Meinung nach an ihm verbrochen hat.

Diese hintergründigen Motive zeigen jedenfalls, daß auch am Aufbau dieser paranoiden Familienneurose aggressive Komponenten deutlich beteiligt sind, obwohl die Familie zunächst äußerlich besonders liebevoll, sanft und opferbereit wirkt. Tatsächlich beruht der ideologisierte Engelskult auf einem typischen

Ressentiment. Hinter der solidarischen Reaktionsbildung der Eltern verbirgt sich vielfältiger Haß: Haß der Mutter auf ihre bevorzugte kleine Schwester, Haß des Vaters auf seine strenge Mutter und alle Peiniger seiner beruflichen Vergangenheit – und verleugnete Wut schließlich natürlich auch auf die kleine tyrannische Tochter selbst, die man als Engel verklärt, um sie nicht als kleinen lästigen Teufel hassen zu müssen. – Aber wie die anderen zuvor geschilderten paranoiden Familien versteht auch diese, den innerfamiliären Bereich weitgehend vor Aggressionsdurchbrüchen zu schützen. Die Aggression wird in der mißtrauischen Abkapselung gegen die Umwelt gebunden.

Während eine paranoide Familie dieses Typs sich eher in eine narzißtisch wahnhafte Privatwelt zurückzieht, bleiben zahlreiche andere paranoide Familien, bei denen eine kämpferisch aggressive Note stärker manifest wird, oft über Jahrzehnte in Streitigkeiten und Prozesse mit ihrer Umgebung verwickelt. In Zeiten stärkerer politischer Unruhe neigen paranoide Familien leicht dazu, sich auf der einen oder anderen Seite blindlings zu engagieren. Da sie ohnehin entsprechend ihrem paranoiden Lebenskonzept dazu tendieren, interne Spannung durch Solidarisierung gegen einen Außenfeind niederzuhalten, liefern ihnen politische Spannungszeiten die erwünschte Gelegenheit, sich mit einer politischen Exrem-Gruppe zu identifizieren, um deren Rivalität mit einer gegnerischen politischen Gruppe für die Kanalisation der eigenen feindseligen Impulse auszunutzen.

8. Die hysterische Familie – Stichwort: «Theater»

Es gibt Familien, in denen ein Mitglied an den Symptomen einer hysterischen Neurose erkrankt. In anderen Fällen bildet sich eher so etwas wie eine *«hysterische Charakterveränderung»* einer gesamten Familie heraus. Eine hysterische Zentralfigur organisiert die Familie nach ihren Bedürfnissen in der Weise, daß die übrigen Mitglieder, die persönlich nicht hysterisch strukturiert sein müssen, das hysterische Arrangement mehr oder weniger mitspielen. Sie selbst erhält sich dadurch gut kompensiert. Auch die übrigen Familienmitglieder mögen sich nicht als leidend fühlen, obwohl ein Außenstehender schnell bemerkt, daß sie eigentlich ihre persönliche Identität verleugnen oder zu entwikkeln verpassen, indem sie sich mehr oder weniger ausschließlich in den Chargen verwirklichen, die ihnen die regieführende hysterische Zentralfigur zuweist. Aber es kann auch vorkommen, daß ein Angehöriger gegen die ihm zugedachte Rolle aufbegehrt und in diesem Konflikt entweder neurotisch erkrankt oder seinen hysterischen Partner damit so frustriert, daß dieser selbst mit Symptomen dekompensiert. Dann verwandelt sich die hysterisch «charaktergestörte» Familie in eine «Symptomfamilie». Und es kommt unter Umständen zu einer Sequenz von sozialen Symptomverschiebungen, wie sie für manche Symptomfamilien bereits ausführlich als charakteristisch geschildert wurden.

Kennzeichnend für die im hysterischen Sinne charakterveränderte Familie ist, daß man diesen Typ nicht so prägnant beschreiben kann wie die angstneurotische oder die paranoide Familie. Die Formen der Familienhysterie sind relativ bunt und vielgestaltig. Aber ein Merkmal sticht in jedem Falle hervor: *das Theaterhafte des Familienlebens.* Teils spielen die Mitglieder voreinander Theater, teils formiert sich die ganze Familie zu einem Ensemble, das der Umgebung ein Stück vorspielt. Es geht immer um Darstellung und Effekt.

Die «Unechtheit», bekanntes Charakteristikum für den einzelnen Hysteriker, bestimmt auch das Leben der hysterischen Familie. Wer sich nur in Ruhe selbst verwirklichen und überwiegend sachbezogen leben will, wirkt in einer hysterischen Familie störend. Also versuchen die übrigen Mitglieder und vor allem die steuernde hysterische Hauptperson, den «Sachlichen» so lange zu irritieren, bis dieser mitspielt. Bis er lernt, daß er sich selbst und die anderen nicht dauernd ernst nehmen soll und daß man auch ihn nicht fortwährend ernst nehmen will. Man sagt etwas, tut etwas, drückt eine Emotion aus – und es ist dabei gar nicht so wichtig, wieweit man hinter dem steht, was man sagt, tut oder darstellt. Man will eine direkte Resonanz haben, die einen ermutigt, weiterzuspielen. Wer danach fahndet, das Illusionäre, Übertriebene, Flüchtige dieses permanenten Theaters zu entlarven, würde sich selbst als «Spielverderber» ächten. Also lassen sich zurückhaltende, stillere Mitglieder einer hysterischen Familie doch oft darauf ein, wenigstens eine unbedeutendere Charge in dem Familienspiel und obendrein die Rolle eines stimulierend applaudierenden Zuschauers zu übernehmen, womit sie jedenfalls in das hysterische System mit eintreten. In dem großen Wechselspiel zwischen Exhibitionismus und Voyeurismus sind ihnen am ehesten voyeurhafte Befriedigungen vorbehalten.

Man könnte sagen, das Spiel der hysterischen Familie funktioniere dann am besten, wenn die Mitglieder sich wechselseitig in dem Grade aktiv faszinieren oder passiv voneinander fasziniert fühlen, daß alle dabei hinreichende Genugtuung empfinden, und wenn die Familie sich im Ganzen obendrein erfolgreich als attraktives Ensemble gegenüber der außerfamiliären Umwelt zur Geltung bringen kann.

Damit ist dann ein System der Selbsttäuschung leidlich perfektioniert, das errichtet wurde, um mannigfache Ängste vor Isolation, Schwäche und Elend vermeiden zu können. Allerdings ist die permanente theaterhafte Realitätsverfremdung stets durch den Einbruch der Desillusionierung bedroht. Wehe, wenn man sich mit der Kluft zwischen dem Schein der hysterischen Show-Welt und der echten «grauen Realität» konfrontieren muß. Die hysterische Familie muß sich und die Umwelt beständig davon überzeugen, daß ihr Theater die eigentliche Welt und daß die Welt nur ein Theater ist. Bräche dieser Glaube zusammen, bliebe nur noch depressive Leere übrig. In der Tat ist die ganze kunstvoll konstruierte hysterische Szenerie nichts als ein ängstlich verteidigtes *Abwehrsystem* gegen die Gefahren einer *Depression.* Und so sieht man auch immer wieder Depressionen in hysterischen Familien ausbrechen, wenn irgendein Ereignis das illusionäre Spiel unterbricht. Zum Beispiel der plötzliche Tod der Zentralfigur, von deren Inszenierungskraft das Ensemble abhängig war. Man erlebt dann unter Umständen, wie eine hysterische Familie, eben noch voller dramatischer Kraft und Faszination, jäh in sich zusammenfällt. Oft erst dann wird der Umgebung offenbar, wie unecht und brüchig die Basis war, auf der die hysterische Familie vordem ihre glänzende Selbstdarstellung aufgeführt hatte.

Fall: Glanz und Elend eines Show-Ensembles

Da ist eine sehr expansive, zur Exhibition und zur Übertreibung neigende Frau. Sie heiratet nach mehreren gescheiterten Partnerschaften einen stattlich aussehenden, aber psychisch zarten und im Verhältnis zu ihr schwächeren Mann. Er läßt sich gern gefallen, daß sie ihn in vielfacher Hinsicht managt. Sie sorgt dafür, daß er sich gefällig kleidet. Sie fördert, dank ihrer zahlreichen Beziehungen, seinen beruflichen Aufstieg. Aber sie braucht dabei stets zu ihrer Beruhigung das Bewußtsein, daß er seine Erfolge letztlich ihr verdanke. Sie wünscht, daß man ihren Mann anerkenne und achte. Aber die Leute sollen sie zugleich dafür bewundern, was sie aus diesem Mann gemacht habe. Und vor allem soll der Mann selbst dieses Spiel mitspielen. Er darf sich soweit entfalten, als er ihre Regie anerkennt. Bedroht er dieses Arrangement, indem er seine Unabhängigkeit stärker hervorkehrt, schlägt die gönnerhafte Fürsorglichkeit der hysterischen Frau unter Umständen schnell in Haß um. Sie ist dann möglicherweise auch imstande, ihre bisherige Protektion in intrigante Schikanei zu verwandeln: der Mann soll nie vergessen, daß sie allein die Macht habe, ihn aufzubauen oder zu zerstören. Nur als williges Objekt ihrer Inszenierungen kann er sich vor den Vernichtungsängsten schützen, die seine Frau unter Ausnutzung seiner großen Selbstunsicherheit in ihm stets wachzuhalten weiß.

Die Frau erlebt ihren Mann also überwiegend in der Rolle einer narzißtischen Ergänzungsfigur (vornehmlich als ihren «schwachen Teil»), zum Teil aber auch als positive Fortsetzung ihres Selbst, indem sie sich über ihn der phallischen Männlichkeit zu versichern hofft, deren Entbehrung sie nicht verwunden hat. Deshalb ist es für sie auch so wichtig, daß der Ehepartner ihr die Illusion läßt, daß sie eigentlich erst seine Männlichkeit entfalte, steuere und beschütze.

Obwohl der Ehemann manch einem Betrachter als armes Opfer der hysterischen Tyrannei seiner Frau erscheint, ist er doch durchaus für sein Schicksal verantwortlich. Denn er hat diese hysterische Ehekonstellation mit entschieden. Es ist sein Entschluß, daß er seine Selbstunsicherheit nicht aus eigener Kraft oder auch mit Hilfe eines Psychotherapeuten zu überwinden trachtet, sondern sich statt dessen auf eine kompensatorische Partnerin verlassen will, die das im Überfluß beizusteuern vermag, was er nicht zu entfalten riskiert. Er delegiert also an sie die Rolle seines idealen (phallisch-narzißtischen) Selbst – und resigniert damit zugleich an der Aufgabe, die entsprechenden Wünsche seinerseits stärker zu verwirklichen. Solange der Mann mit der Frau in gutem Einvernehmen lebt, fühlt er sich angenehm angeregt durch ihre immer unterhaltsame dramatische Selbstdarstellung und beschützt durch ihre verwöhnende Protektion. Er kann seine geheime Eitelkeit befriedigen, indem er an der Bewunderung partizipiert, die sie überall erntet. Schließlich kann er sich, ohne sich besonders anstrengen zu müssen, als beneideter Sieger in der Konkurrenz mit zahlreichen Bewerbern erleben, die gleich ihm von dieser Frau stark angezogen werden.

Natürlich ist das nur ein Pyrrhussieg. Denn er weiß selbst am besten, daß er nicht der Eroberer, nicht einmal ein ebenbürtiger Gefährte seiner Frau ist. Wenn sie ihn nach außen hin dennoch mitunter als fabelhaften Mann erscheinen läßt, so doch nur deshalb, um ihn als ihr Besitzstück glänzen zu lassen. Planmäßig schult sie ihre drei Kinder für Rollen, die in ihr dramaturgisches Konzept gut hineinpassen. Auch die Kinder sollen möglichst auffallen und das familiäre Show-Ensemble effektvoll ergänzen. Die Kinder werden für alles belohnt, was nach außen imponiert, was anziehend wirkt – oder auch schockiert oder besonders komisch erscheint. Die Hauptsache, die Kinder sind nicht «langweilig», sondern «interessant». Sie sollen «gefragt» sein. Nichts macht der hysterischen Mutter mehr Kummer als fehlendes Echo, als Gleichgültigkeit des Publikums. Sofort ist sie von Minderwertigkeitsängsten bedroht. Denn sie vermag das Vertrauen in ihren Wert nicht aus dem eigenen Inneren, sondern immer nur aus der momentanen äußeren Resonanz zu schöpfen.

Ihr ältester Sohn ist ein williges Objekt ihrer Inszenierungskünste. Sie bringt ihm bei, sich als attraktiver charming boy aufzuführen, und sie genießt es, ihn durch ihre hysterischen Verführungstaktiken als kleinen Gigolo an sich zu binden. Auf der anderen Seite impft sie ihm unkritische Größenphantasien ein. Sie verspricht ihm, ihn später zu einem großen mächtigen Mann zu machen, und bewirkt, daß er bald größenwahnsinnigen Tagträumereien nachhängt. Da sie jedoch geflissentlich versäumt, seine Verselbständigungstendenzen zu ermutigen, bleibt er verhältnismäßig schwach und abhängig. Es ist für sie völlig gefahrlos, ihm die imposanteste Zukunft zu prophezeien, da sie ihn aus seiner kindlichen Bindung an sie nicht losläßt. Im Gegenteil, je utopischer und übertriebener die Zukunftsideen sind, mit denen sie seinen Kopf verwirrt, um so sicherer kann sie seiner Hörigkeit sein. Denn sein reales Ohnmachtsbewußtsein muß ihn mehr und mehr davon überzeugen, daß nur seine Mutter ihm die Realisierung der ihm einsuggerierten Großmanns-Träume garantieren kann. So gewinnt seine Rolle bald ähnliche Züge wie diejenigen des Vaters.

Die nächst ältere Tochter ist ein lustiges, unbefangenes Mädchen. Sie ist in hohem Maße arglos und offen. Sie entwickelt sich insofern zu einem Problemfall für die Mutter, weil sie von vornherein ganz ungeeignet für das Erlernen eines hysterischen Rollenkonzeptes erscheint. Sie hat einen robusten inneren Kern. Was ihr einfällt, das sagt und tut sie ohne Umschweife und ohne taktische Effektberechnung. Also kostet es die Mutter Mühe, sie in das hysterische Familienensemble komplikationslos einzufügen. Die Mutter findet jedoch einen Ausweg: diese Tochter wird systematisch in der Rolle der «jugendlichen Naiven» ausgebeutet. Die ungebrochene Direktheit der kindlichen Gefühls- und Meinungsäußerungen wird mit viel Applaus belacht. Die Kleine wird zu einer Art Hofnärrin, zu einer Clownsfigur. Bei Geselligkeiten stiftet man sie zu regelrechten kleinen Auftritten an, bei denen sie ihr komisches Ausdrucksvermögen zur Erheiterung der Gäste zum besten geben soll. Natürlich verliert das Mädchen dabei allmählich ihre Unbeschwertheit und ihre intuitive Selbstsicherheit. Sie spürt, daß man sie zur Schauspielerin ihrer selbst dressieren will. Daß man sich wenig darum kümmert, wie sie *ist*, sondern nur darum, wie sie *wirkt*. Ja daß man eigentlich gar nicht will, daß sie hinter der Komikerin-Rolle noch irgendein Wesen entwickelt, das man ernst nehmen müßte. Sie soll eben nichts anderes mehr als die kleine «Närrin» sein und bleiben, naiv und etwas töricht. Es bleibt ihr, wie ihr schmerzlich klar wird, nichts anderes übrig, als sich in diese Rolle hineinzufinden und zu verschweigen, was sonst in ihr vorgeht. So mag man sie immerhin. So schenkt man ihr auch freundliche Aufmerksamkeit. Würde sie auszubrechen versuchen – was ihr bei ihrem im Grunde denkbar unhysterischen Charakter eigentlich gemäßer wäre –

geriete sie in eine ohnmächtige Isolierung, die vollends unerträglich wäre.

Leichter hat es da – zunächst – die jüngste Tochter: bildhübsch, kokett und der Mutter sehr ähnlich. Mit ihr kann die Mutter sich leicht identifizieren. Die Mutter ermutigt sie, alle die von ihr selbst gut beherrschten Techniken der Verführung und der Faszination anderer Menschen zu erlernen. Bald erweckt das kleine Mädchen überall Entzücken, in dessen Genuß sie sich mit der Mutter teilt. Natürlich bucht diese die Erfolge ihres «Abbildes» zugleich als ihre eigenen. Diese Tochter gelangt jedenfalls auf der Familienbühne bald ganz nach vorn in eine tragende Rolle, die freilich auch wiederum vor allem dazu dient, die Hauptakteurin des Familientheaters, die Mutter, in ihrer eigenen dominierenden Rolle noch brillanter zur Geltung zu bringen. Die Tochter wird für eine glänzende Ehe präpariert. Und so heiratet sie auch bereits früh als junges Mädchen einen adeligen Unternehmer, der – versteht sich – zugleich der Mutter alle ersehnten Huldigungen darbringt. Allerdings geht der Schwiegersohn bald in Konkurs. Die junge Frau, vom äußeren Erfolg abhängig, verläßt ihn. Manche zunächst vielversprechende Freundschaften scheitern, am Ende verfällt sie dem Alkohol.

Vorher ist allerdings bereits die Mutter tödlich verunglückt – mit katastrophalen Rückwirkungen vor allem auf den zurückbleibenden Ehemann. Viele erwarten, der marionettenhaft von seiner Frau gegängelte und tausendfach gedemütigte Mann würde sich nach anfänglicher Trauer um den Verlust freier als vorher zur Geltung bringen können. Denn jeder oberflächliche Betrachter hatte zuvor den Eindruck, nur die Präsenz der dominierenden Frau halte ihn davon ab, sich selbständiger und aktiver zu verhalten. Statt dessen bricht der Mann vollständig zusammen und erholt sich nie wieder von dem Schlag. Initiativlos vegetiert er dahin, und nur intensive stützende Fürsorge der älteren Kinder und mancher anderer Verwandter bewahrt ihn davor, vollständig den Halt zu verlieren. Schließlich gibt man ihn in ein Schweizer Sanatorium, da er in seiner depressiven Hilflosigkeit ohne stationäre Pflege nicht mehr auskommt.

An seinem Schicksal zeigt sich besonders deutlich nachträglich die kompensatorische Funktion, welche die hysterische Familien-Konfiguration zuvor erfüllt hatte. So lange das hysterische Ensemble noch intakt war, hatte man sich wechselseitig gestützt: der Mann hatte als ungefährlicher Gespiele, als dekorativer Prinzgemahl und als gehorsamer Anbeter seiner Frau geholfen, sich stabil zu halten. Sie wiederum hatte ihm Halt gegeben, indem sie ihn direkt protegierte und stimulierte und ihm zugleich Gelegenheit gab, als eine Art von stiller Teilhaber die Erfolge mitzugenießen, die sie als Substitut seines phallisch-narzißtischen Ich-Ideals errang. Nun bleibt er als ein hilfloser depressiver Torso zurück. Er könnte wahrhaftig von sich sagen, daß er seine «bessere Hälfte» verloren habe. Denn eben diese Bedeutung hatte seine Frau für ihn, und nun ist er in seinem Alter nicht mehr elastisch genug, die erfahrene Amputation irgendwie auszugleichen.

Hier wird ganz allgemein ein Hauptproblem der hysterischen Familienkonfiguration offenbar. Die Strukturierung des Rollensystems richtet sich immer nach den Bedürfnissen der dominierenden Zentralfigur. Die Rollen der übrigen Familienmitglieder erhalten ihren Sinn durch ihren Bezug auf die Rolle des Hauptakteurs, der zugleich das gesamte Ensemble durch seine Regie koordiniert. Nach seinem Konzept und für ihn spielt jeder der anderen seinen Part, unter Umständen zeitweilig in einer gelungenen «konzertierten» Harmonie. Fällt indessen diese zentrale Figur aus, ist eine Katastrophe meist unausbleiblich. Denn jetzt rächt sich, daß das hysterische Familienspiel die einzelnen Teilnehmer zuvor daran gehindert hatte, sich auf ihre persönliche Identität zu stützen beziehungsweise diese überhaupt erst zu entwickeln. Alle sind wie Schauspieler, die nicht mehr wissen, wie sie außerhalb der Möglichkeiten einer erlernten Rolle noch etwas von ihrem eigenen Wesen verwirklichen können. Nach Auflösung der Bindung ihres hysterischen Zusammenspiels fühlen sich die verschiedenen Mitglieder plötzlich wie funktionslose Fragmente. Erst in dieser ihnen kaum erträglichen Isolierung wird ihnen das Torsohafte ihrer bisherigen Existenz und das Fehlen einer persönlichen Identität erschreckend klar. Die Angst vor dem Nichts, vor der Leere, macht sie verzweifelt.

Am ehesten finden sich in der Regel noch diejenigen Mitglieder mit der neuen Lage zurecht, die – wie hier zum Beispiel die mittlere Tochter – mehr eine randständige Rolle in dem Familientheater gespielt hatten. Denn diese Rollenposition läßt doch immer noch mehr Freiheit für ein gewisses Maß von Selbstverwirklichung, während die engsten Rollenpartner der Zentralfigur nun dafür büßen müssen, daß sie zuvor von dieser in deren innersten Bannkreis gezogen worden waren. Vorher hatten sie sich durch besondere Zuwendung bereichert gefühlt – jetzt sehen sie, daß sie nur in besonderem Maße entleert worden sind beziehungsweise sich selbst entleert haben.

In dem geschilderten Beispiel zeigt sich überdies, daß eine hysterisch-charakterneurotische Familie sich dann in eine symptomneurotische Familie verwandeln kann, wenn die mit Hilfe des hysterischen Systems geschaffene Solidarität zusammenbricht. Das Theater-Ensemble löst sich in eine lockere Gruppe von Einzelwesen auf, von denen einer oder mehrere mit Symptomen dekompensieren. Vornehmlich manifestieren sich depressive Merkmale, die zuvor – im engen Wortsinn – überspielt worden waren durch die eine Zeitlang funktionierende Gemeinschaftshysterie.

Übrigens kann nicht nur der Wegfall der regieführenden Person, sondern auch das Ausscheiden eines anderen Mitgliedes aus einem hysterischen Familien-Ensemble das Gleichgewicht der Gruppe ernsthaft gefährden. Auch die eher passiven, zurückhaltenden Mitglieder haben in dem Familienkreis mitunter eine wichtige stabilisierende Funktion, die möglicherweise erst dann voll erkannt wird, wenn ein solches Mitglied aus dem Verband plötzlich ausschert:

Fall: Die im Dunkeln sieht man nicht

Ein Ehepaar mit einer kleinen Tochter steht ganz unter der Herrschaft der höchst betriebsamen hysterischen Frau. Wegen ihrer enormen Kontaktfreudigkeit und ihres sprühenden Temperaments gehört diese zu den stadtbekannten Erscheinungen. Auf allen Festen und bei allen sonstigen sogenannten Öffentlichen Ereignissen zählt sie zu den Figuren, welche die Szene beherrschen. In ihrem Hause folgt eine Party der anderen. Im Lauf der Zeit hat sich um sie ein stattliches Gefolge von Leuten angesammelt, die sie mit immer neuen Einfällen zu unterhalten und zu faszinieren versteht. Auch die kleine hübsche Tochter, die bald die affektierten Allüren eines Star-Kindes annimmt, verstärkt den Glanz des Hauses. Der Ehemann erweckt eher den

Eindruck eines besseren Statisten, der nur zur Vervollständigung der Dekoration für die Aufführungen der Primadonna wichtig ist. Widerstandslos duldet er die zahlreichen flüchtigen und auch längeren Flirts seiner Frau mit den verschiedensten Bewunderern. Sie muß ihn gelegentlich fast dazu zwingen, daß er auf den Parties etwas mehr aus sich herausgeht und auf sich aufmerksam macht. Denn immerhin soll er nicht als ganz und gar langweiliger Trottel erscheinen. Nichtsdestoweniger halten alle Kenner der Familie den Mann für eine Quantité négligeable, für ein bloßes Anhängsel seiner großartigen Frau.

Eines Tages ist die Familie wegen beruflicher Umstände gezwungen umzuziehen. Und ehe sie sich in der neuen Stadt eingelebt hat, muß der Ehemann wegen eines Lungenleidens für ein Jahr ein Sanatorium aufsuchen. Daraufhin bricht die Frau, eben noch vor Gesundheit und Lebenskraft scheinbar strotzend, schlagartig zusammen. Sie weint stundenlang, vermag nicht mehr zu schlafen und läuft in einer Art von panischer Umtriebigkeit umher. Die Tochter kann ihr nichts recht machen. Die Handwerker in der Wohnung bringt sie mit lauter kleinlichen Beanstandungen völlig durcheinander. Am liebsten würde sie in die frühere Stadt zurückflüchten und dort bei einem der alten Bekannten Unterschlupf suchen. Sie fühlt sich plötzlich wie lebensunfähig. Ein körperliches Symptom nach dem anderen stellt sich ein: Unterleibsbeschwerden, Gallenschmerzen, Stiche in der Brust, dazu kommen eine hektische Nervosität und regelrechte Angstzustände. Es ist ein Zustand, wie man ihn populärerweise als Nervenzusammenbruch zu bezeichnen pflegt. Nach Konsultation von drei Ärzten findet sie schließlich vorübergehend Zuflucht in einer Kurklinik, wo sie sich erst während mehrerer Monate allmählich erholt.

In den Gesprächen mit dem Arzt zeigt sich nun sehr deutlich, wie sehr alle Beobachter die Bedeutung des stillen Ehemannes für das Gleichgewicht der Frau unterschätzt hatten. Zu Unrecht hatte man in ihm nur ein absolut entbehrliches und austauschbares Anhängsel gesehen. Dies war zwar immer seine Rolle nach außen, aber insgeheim ist die Frau sehr seiner Unterstützung bedürftig. Nur unter dem magischen Schutz seiner geduldigen und immer verläßlichen Bestätigung kann das kleine Mädchen, das sie in Wirklichkeit im Inneren geblieben ist, ihre imposante

Starrolle durchhalten. Sie muß, was niemand von ihren vielen Bewunderern weiß, jeden Abend mehrmals aus seinem Munde hören, daß sie ihre Sache gut gemacht habe. Und sie muß sich wie ein kleines armes Kind von ihm wärmen und streicheln lassen, um wieder Kraft für ihre nächste Show-Nummer zu sammeln. Auch wenn sie überall mit dem Anschein der größten Selbstsicherheit hineinredet und exzentrische Meinungen verkündet, während ihr Mann in der Öffentlichkeit kaum den Mund aufmacht, so hört sie in geradezu kindlicher Ergebenheit auf seine Stellungnahmen, sobald beide allein sind. In der Abgeschlossenheit kommt es also zu einem heimlichen Rollenwechsel. Da ist er plötzlich eine kurze Zeit ein souveräner, vernünftiger Vater und sie ein unsicheres, schwaches Kind, das sich von ihm die Kraft holen muß, um am nächsten Tag wieder die große Schauspielerin ihrer selbst sein zu können. Daher also die Ohnmacht und die Kopflosigkeit bei der Sanatoriumseinweisung des Mannes.

Allerdings hat die steuernde Zentralperson der hysterischen Familienneurose bei Partnerverlusten allgemein bessere Kompensationschancen als umgekehrt ihre Bezugspersonen, wenn sie selbst ausfällt. Denn sie hat meist doch noch – zum Beispiel neben dem Ehegatten – ihre Stützen in Reserve. Die Umstellungsfähigkeit auf Ersatzpartner ist vielfach bemerkenswert. Der Hysteriker hängt in der Regel lange nicht so eng wie zum Beispiel ein depressiv strukturierter Mensch an einer spezifischen Person. In dem vorliegenden Beispiel kommt sicherlich der vorausgegangene Umzug als erschwerendes Moment für die hysterische Frau hinzu. Sie hatte noch nicht die Zeit, sich am neuen Ort Reserve-Partner zu verschaffen.

Dieser zuletzt genannte Fall belegt zugleich, daß hysterische Familienkonstellationen nicht nur von innen her – durch Ausscheiden eines Mitglieds – leicht aus dem Konzept gebracht werden können, sondern daß ihnen *auch von außen Gefahr* droht. Nämlich dann, wenn stützende Außenbeziehungen durch Ortswechsel oder andere Umstände plötzlich entfallen. Die hysterische Familie wird sofort ernstlich verunsichert, sobald sie um sich kein »theaterfreundliches« Publikum mehr hat. Sie braucht die Atmosphäre der Show-Welt als eine vitale Bedingung. Es gehört ja eben zu den Hauptmerkmalen des hysterischen Familien-Charakters, daß eine solche Familie in hohem Maße peristolabil ist. Sie kann auf die Dauer aus sich heraus nicht die Impulse und Reize produzieren, die für die Inganghaltung des hysterischen Spiels notwendig sind. Erst das mitgehende Publikum sichert die Konstanz des notwendigen Theater-Fluidums.

Deshalb sieht man, daß sich gern eine hysterische Familie an die andere anschließt. Man befriedigt einander alternierend. Jede Familie spielt und applaudiert abwechselnd für die andere. Man liefert sich wechselseitig die üblichen kleinen hysterischen Sensationen. Man findet einander «toll», «umwerfend», «phantastisch». Zwischendurch vielleicht auch gelegentlich «unerträglich». Aber da man einander braucht, kommt man doch immer wieder zusammen. Schließlich sind die kleinen Kräche und Skandale unter Hysteriker-Familien oft nicht mehr als Theaterdonner und zum Teil als Nervenkitzel nicht immer nur unerwünscht. Die Hysteriker-Familien trachten jedenfalls danach, einander die Illusion zu erhalten, daß ihre gekünstelte, exaltierte Lebensform die großartigste sei. Und gemeinsam entwerten sie die Welt der Unhysterischen verständnislos als spießig, fade, geistlos usw. Diese ressentimenthafte Reaktionsbildung brauchen sie aus der bereits geschilderten panischen Furcht heraus, sie könnten an ihrem Glauben an die Geltung ihrer hysterischen Als-ob-Welt selbst irre werden. Diese Neigung hysterischer Gruppen zum kohäsiven Zusammenspiel erleichtert die Entstehung hysterischer Subkulturen, wie man sie zum Beispiel in relativ reiner Ausprägung bei vielen Film-, Fernseh- und Rundfunkleuten verbreitet findet.

Eine geradezu paradiesisch reine Ausprägung hysterischer Lebensformen bieten neuerdings ja auch touristische Mode-Orte, die sich mit viel Geschick ganz auf die Bedürfnisse einer hysterischen Klientel eingestellt haben. Hier ist alles Play, Exhibition und Voyeuristen-Applaus. Die Berge und die See werden ausschließlich zum Dekor für lauter kleine und große Mimen ihrer selbst, die von der Bedeutung leben, die sie sich in ihrer gemachten Theater-Welt wechselseitig einsuggerieren. Eine Reinkultur des hysterischen Illusionismus – berauschend für das Hysteriker-Kollektiv, komisch, unheimlich, irritierend für den Nicht-Hysteriker, der seine Eindrücke treffend in einigen Filmen von Tati widergespiegelt finden mag.

Freilich: Hysterie ist nicht nur Angeberei, falscher Flitter, Überkompensation von Leere und Depression oder sonstiges Psychopathologisches. Gewiß, in einigen extremen sozialen Ausprägungen wirkt sie nur noch albern – oder sehr bedauernswert. Und im klinischen Fall gehört sie als ein therapiebedürftiger Defekt eindeutig in die ärztliche Kompetenz.

Aber das Hysterische hat natürlich auch eine ganz andere Seite, die in dieser klinisch-psychopathologischen Untersuchung nur randständig erwähnt werden kann. Komponenten des Hysterischen erweisen sich in diversen sozialen Bereichen – ein interessantes Studienfeld für psychoanalytisch vorgeschulte Soziologen – als durchaus fruchtbare gestalterische Kräfte. In ausgewogener Verbindung mit anderen Elementen vermögen «hysterische Züge» sich höchst kreativ auszuwirken. Allzuleicht denkt man hierbei nur an die musischen Disziplinen. Aber überall, wo Leben sich neu gestalten will, kann es etwas von der den Hysterikern eigenen Phantasie und ihrem Drang gebrauchen, Gewohntes immer wieder in origineller Weise umzudenken und schöpferisch neu zu inszenieren. Allerdings: Wie das angstneurotische Element in seiner Risikofeindlichkeit und puren Sicherheitsstrategie leicht unfruchtbare Erstarrungen bewirkt, bedroht das hysterische Element umgekehrt infolge seiner Tendenz, sich in phantastischem Illusionismus zu verlieren, die Wahrung ruhiger und realistischer Kontinuität. Immerhin – ohne alle Spuren des regulatorischen hysterischen Elements lebten wir in einer farbloseren und trägeren Welt.

9. Familientherapie und Familienberatung – Entwicklung, Aufgaben, Arrangement

Wie jede andere Heilkunde beschäftigte sich auch die Psychotherapie über lange Zeit nur mit dem einzelnen kranken Menschen. Wenn sich ergab, daß in ein psychisches Problem zugleich mehrere Angehörige einer Familie verstrickt waren, so bemühte sich die Familie entweder allein oder mit Hilfe des Arztes zunächst um eine Klärung der Frage, wer denn nun der *eigentliche Patient* sein und eine Behandlung bekommen solle. Ergab sich, daß zugleich mehrere an dem Konflikt beteiligte Familienmitglieder für sich eine Therapie wünschten, so achtete man in der Regel darauf, daß jeder für sich seinen eigenen Therapeuten erhielt. Denn alle Varianten unserer traditionellen Medizin halten sich streng an das Modell der exklusiven Zweierbeziehung Arzt – Patient. Ist erst einmal ein Mitglied der Familie als Patient organisiert worden, erhält die übrige Familiengruppe automatisch den Status von *«Angehörigen»*.

Angehörige haben – im herkömmlichen Modell der Medizin – ein ganz anderes Verhältnis zum Arzt als ein Patient. Sie sollen den Arzt dabei unterstützen, die Krankheit des Patienten richtig zu erkennen und erfolgreich zu behandeln. Sie werden gegebenenfalls über die Vorgeschichte der Krankheit befragt, und sie erhalten ferner Anweisungen vom Arzt für einen rücksichtsvollen pflegerischen Umgang mit dem Kranken. Die Rolle des Angehörigen gegenüber dem Arzt ist also weniger diejenige eines Hilfe-Empfängers, sondern vielmehr diejenige eines Co-Therapeuten. Es wird erwartet, daß er ohne eigene Ansprüche dem Wohle des Patienten dient und dabei planvoll und vernünftig die steuernden Hinweise des Arztes befolgt. Diese Hinweise sind in der Mehrzahl pragmatischer Art. Der Angehörige wird also zu einem mehr oder minder mangelhaft informierten Erfüllungsgehilfen degradiert. Denn unter Berufung auf seine Schweigepflicht pflegt der Arzt nur den geringsten Teil seiner Kenntnisse über den Patienten preiszugeben. Das Kooperationsverhältnis Arzt – Angehöriger ist demnach meist durchaus asymmetrisch konfiguriert.

Wenn man sich nun dieses Rollendreieck Patient – Arzt – Angehöriger anschaut, so wie es in unserer Kultur institutionalisiert worden ist, so erkennt man in diesem Modell eine Voraussetzung, die zwar regelmäßig bei organischen Krankheiten, aber sehr viel seltener bei psychischen Störungen erfüllt ist. Die Voraussetzung lautet: der Angehörige ist selbst gesund und hat mit der Krankheit des Patienten ursächlich nichts zu tun. Nur unter dieser Bedingung wird er sich auf Geheiß des Arztes ohne weiteres als dessen Gehilfe organisieren lassen und diese Funktion auch korrekt erfüllen können.

Aber die vorausgegangenen Kapitel haben bereits ausführlich dargelegt, daß diese Voraussetzung in der Psychologischen Medizin sehr oft nicht erfüllt ist. Die Angehörigen eines psychogen gestörten Individuums sind in sehr vielen Fällen selbst nicht psychisch gesund. Und ihre eigenen psychischen Schwierigkeiten sind oft in ursächlicher Weise mit dem Problem desjenigen verflochten, der sich als «Patient» darstellt.

Es bedarf in diesen Fällen eines ziemlich gewaltsamen Eingriffes, um das traditionelle Rollendreieck herzustellen. Denn wenn die «Angehörigen» selbst neurotisch sind und die Neurose des «Patienten» zumindest unbewußt mit unterhalten, dann werden sie sich auch selbst durch moralische Vorhaltungen nicht ohne weiteres in die Rolle eines willfährigen therapeutischen Erfüllungsgehilfen fügen. Vielmehr werden sie aus unbewußtem Zwang heraus dazu neigen, die Behandlung nur partiell zu unterstützen. Nämlich so weit, daß ihre eigenen neurotischen Bedürfnisse dabei nicht frustriert werden.

Das Dilemma der Psychotherapeuten, die allzu gewaltsam immer nur dualkonfigurierte Behandlungsarrangements durchsetzen wollen, ist so offenkundig, daß man sich fragt, wie denn überhaupt die Anpassung der Psychologischen Medizin an das therapeutische Rollenmodell der Organmedizin so lange unflexibel beibehalten werden konnte. Denn unübersehbar groß dürfte die Zahl von Psychotherapien sein, die daran gescheitert sind, daß Angehörige von Patienten sich insgeheim nicht mit dem Therapeuten gegen die Neurose, sondern erfolgreich mit der Neurose ihres Familienmitgliedes gegen den Therapeuten verbündet haben. Allein die Mütter, die ihre zu Erziehungsberatern und Kinderpsychotherapeuten geschickten Kinder entgegen den dort erhaltenen pädagogischen Ermahnungen weiterhin so erzieherisch geschädigt haben, daß keine Kindertherapie dagegen ankam, dürften kaum zu zählen sein.

Also warum wurde so lange mit prinzipienhafter Starre ausschließlich an dem Zwei-Personen-Arrangement festgehalten?

Als ein Grund wurde bereits im dritten Kapitel genannt, daß die Psychoanalyse trotz der Ödipuskomplex-Theorie ursprünglich ausschließlich eine Psychologie des Individuums war. Daher auch lange Zeit ihre exklusive Anwendung auf Binnenkonflikte von Individuen. Hinzu kommen verschiedene andere Erwägungen auf seiten der Patienten wie der Therapeuten. In sehr vielen Fällen ist es der primäre Wunsch von neurotischen Patienten, einen Therapeuten allein für sich zu haben. Sie wollen wenigstens in der Psychotherapie die Neid- und Eifersuchtskonflikte vermeiden, unter denen sie zu Hause oder im Beruf leiden. Sie denken, nur einen solchen Therapeuten ambivalenzfrei bejahen zu können, um dessen Gunst sie nicht zu rivalisieren brauchen. – Die Psychotherapeuten wiederum wissen, daß die Behandlung eines einzelnen Menschen im allgemeinen weniger mühsam ist als die Arbeit mit dem gebündelten Problem einer ganzen Familiengruppe. Über die Schwierigkeiten eines einzelnen Patienten gewinnt man leichter Übersicht als über das Knäuel von Interaktionskonflikten mehrerer Familienmitglieder. Und im übrigen ist es leichter, die Gefühlsübertragung eines Einzelpatienten auszuhalten und zu bearbeiten als das komplexe Gestrüpp der Emotionen einer ganzen Gruppe, die durch neurotische Spannungen beunruhigt ist. In der Einzeltherapie fällt die Gefahr weg, einem Tauziehen durch gegeneinander agierende Familienmitglieder oder auch einer konzentrisch solidarischen Abwehr einer ganzen Familiengruppe ausgesetzt zu werden. Man bekommt zwar auch bei der Individualtherapie zahlreiche Reaktionen der übrigen

Familie zu spüren*. Und infolge dieser Reaktionen mag die Therapie auch unter Umständen mit einem Mißerfolg enden. Aber wenigstens sind die oft als lästig empfundenen Angehörigen nicht im Sprechzimmer präsent. Und man kann sogar moralische Gründe, nämlich die Schweigepflicht, zu ihrer Fernhaltung einsetzen.

Jedenfalls fehlt es nicht an Gründen, mögen diese auch nur teilweise sachlich berechtigt sein, welche das lange exklusive Festhalten an dem Zwei-Personen-Behandlungsarrangement erklären können. Erst vor rund 35 bis 40 Jahren erwachte in der Psychologischen Medizin vorübergehend ein stärkeres Interesse an einer sozialpsychologischen Erweiterung des psychoanalytischen Behandlungsbereichs. Verschiedene Analytiker empfanden es damals als ungenügend, sich prinzipiell ausschließlich mit den inneren Problemen der einzelnen psychischen Kranken zu befassen.

Burlingham[13] und Bornstein[9] gehörten zu den ersten, die sich mit der Wirkung unbewußter Einflüsse von Müttern auf deren Kinder befaßten, und bereits 1932 empfahl Burlingham infolge ihrer Beobachtungen die Einbeziehung von Müttern in die Kinderanalyse. Sie beschrieb genau die Schwierigkeiten, andererseits aber auch die großen prinzipiellen Vorteile einer solchen kombinierten Behandlung. Oberndorf[65,66] und später Mittelmann[64] waren die Pioniere auf dem Gebiet der Erforschung und Behandlung von neurotischen Eheproblemen. Oberndorf scheint als erster planmäßig Ehepaare psychoanalytisch behandelt zu haben, worüber er 1933 und dann umfassender 1938 berichtet hat. Auf dem Psychoanalytischen Kongreß in Nyon 1936 lautete ein Hauptthema «Familienneurose und neurotische Familie». Laforgue, Leuba und Aichhorn diskutierten vor allem über pathogene Beziehungen zwischen Ehepartnern sowie zwischen Eltern und Kindern.

Es ist schwer zu sagen, warum es seit dieser Zeit ungefähr weitere zwanzig Jahre gedauert hat, ehe die Bemühungen um eine direkte Erforschung und Therapie von gestörten Gruppenprozessen in der Familie stärker forciert wurden. Heute sehen wir

* Freud hielt es für «naturgemäß» und «unvermeidlich», daß Angehörige irgendwann eine «Gegnerschaft» gegen die Psychoanalyse eines Angehörigen entwickeln[28].

jedenfalls, daß jene genannten Pioniere den Zugang zu einem der wichtigsten Erweiterungsgebiete für die Anwendung der Psychoanalyse eröffnet haben. Allein in den letzten Jahren ist die Literatur über Familiendynamik und Familientherapie so rasch angewachsen, daß es bereits immer schwerer wird, darüber noch die Übersicht zu behalten. Viele Indikationen im Bereich der Psychopathologie von Kindern und Jugendlichen machen die Familientherapie schon jetzt unersetzlich. Speziell die Behandlung der Familien junger Schizophrener hat dank den bahnbrechenden Bemühungen der Arbeitskreise um Lidz und Fleck[60,62,63], Boszormenyi-Nagy[10], Jackson[52,53,84], Wynne[86,95] und andere binnen Kürze einen höchst erstaunlichen Aufschwung genommen und eine weitreichende Bedeutung gewonnen. Neben der Therapie von Eltern-Kind-Problemen sind interessante moderne Verfahren zur Behandlung von Eheschwierigkeiten entwickelt worden. Hier haben nach Oberndorf und Mittelmann vor allem Dicks[19,20], Ackerman[1,2], Greene[43], Brody[12], Watson[92] und Rodgers[80] neue Wege beschritten. Allein auf diesem Spezialgebiet schwillt die Literatur in letzter Zeit enorm an. Eine Übersichtsarbeit von Sager[82] nennt bereits nicht weniger als sieben verschiedene Formen von analytisch orientierter Ehepaartherapie, die zur Zeit praktiziert werden. Freilich weiß man hier noch nicht, welche der neuen Wege ihren Wert behalten und welche sich vielleicht eines Tages nur als vorläufige Experimentierpfade herausstellen werden.

Die Nennung der Therapie von Eheschwierigkeiten in einem Atemzug mit der Familientherapie junger Schizophrener macht deutlich, wie heterogen der Bereich ist, den der Begriff Familientherapie deckt. Es gibt darunter sehr unterschiedliche Konstellationen, indem behandelt werden können: Eheleute, Eltern mit Kind, Eltern mit mehreren Kindern, Familie einschließlich Großeltern. Ehepaare werden einzeln und auch in Gruppen zu drei bis fünf Paaren behandelt[44,69,70]. Elterngruppentherapie – neben einer parallel laufenden Sonderbehandlung für die Kinder – dient zu einer gleichzeitigen Erfassung von Ehe- und Erziehungsschwierigkeiten. Es gibt Familienbehandlungen mit einem, zwei oder drei Therapeuten. Schließlich können die verschiedenen Familienmitglieder in gemeinsamen Sitzungen («conjoint therapy»), in getrennten Sitzungen, aber beim gleichen Therapeuten («concurrent therapy») oder bei verschiedenen, aber miteinander kollaborierenden Therapeuten («collaborative therapy») behandelt werden. Es wird auch damit experimentiert, getrennte Sitzungen bei verschiedenen Therapeuten und gemeinsame Sitzungen der beteiligten Familienmitglieder zusammen mit ihren Therapeuten miteinander abwechseln zu lassen. Mancherorts werden neuerdings sogar Familien gemeinschaftlich in psychiatrischen Kliniken aufgenommen und dort stationär behandelt[55]. Wegen dieser großen Mannigfaltigkeit in der Zusammensetzung der Behandlungsgruppe und in den technischen Arrangements sowie wegen des Experimentiercharakters, der manchen erst kürzlich entwickelten Methoden noch anhaftet, erscheint es nicht einfach, ergiebige Aussagen über Familientherapie allgemein zu machen*.

Immerhin sieht man bereits eines: Mit dem Ausdruck Familientherapie meint man nicht ein ganz bestimmtes therapeutisch-technisches Arrangement, sondern eine Mehrzahl relativ unterschiedlicher Methoden. Allen diesen Methoden sind lediglich *Gegenstand* und *Ziel* gemein. Ihr Gegenstand ist in jedem Fall ein *Familienkonflikt* zum Unterschied von einem rein individuellen Binnenkonflikt. Und Ziel ist eine möglichst vollständige, mindestens aber partielle Überwindung dieses Konfliktes. In diesem Sinne meinen Haley und Hoffmann[46]: «Wegen der verschiedenartigen Methoden der Familienbehandlung kann man Familientherapie nicht einfach als ein neues Heilverfahren bezeichnen. Sie stellt vielmehr einen neuen Weg dar, die Ursache und die Behandlung psychiatrischer Probleme zu konzeptualisieren.»

Hier geht es nicht um eine definitorische Trivialität, sondern um einen gravierenden Unterschied zur Einzeltherapie, der selbst für angehende Familientherapeuten und -berater oft schwer voll zu realisieren ist. Dieser Unterschied impliziert nämlich ein *radikales Umdenken des Therapeuten.* Dieses Umdenken ist wichtiger als der bloß formale Umstand, daß man an Stelle eines einzelnen Patienten auch sonstige Mitglieder dieser Familie gleichzeitig beziehungsweise gemeinsam mit diesem behandelt. Der ent-

* Gute Übersichten über eine Reihe von Konzepten und Behandlungsformen vermitteln I. Boszormenyi-Nagy u. I. Framo: ‹*Intensive Family Therapy*›[10] u. J. Haley u. L. Hoffmann: ‹*Techniques of Family Therapy*›[46].

scheidende Schritt der Umorientierung besteht darin, daß man eine Angst, eine depressive Verstimmung oder ein sonstiges Symptom nicht mehr nur als Eigenschaft eines individuellen Trägers, sondern als Eigentümlichkeit einer Familiengruppe versteht und bearbeitet. Wozu braucht diese Familie diese Störung? Was ist in der Gruppe ursächlich passiert, und wie geht sie jetzt mit dem Problem um? Will die Familie den Konflikt durch innere Spaltung loswerden? Will sie ihn durch solidarische Verleugnung unterdrücken und eventuell nach außen projizieren? Macht sie Anstalten zu einem Selbstheilungsversuch? Strukturiert sie sich in der Weise um, daß ein Symptomträger entlastet wird? Organisiert sich diese Familie spontan aus dem Gefühl der Hilflosigkeit einen äußeren Beistand? Erwartet die Familie von dem eventuell beigezogenen Therapeuten, daß dieser als Vater Ordnung schafft, als Mutter frustrierte passive Wünsche nacherfüllt oder daß er als Schiedsrichter versagt, damit man ihn schnell wieder als Prügelknaben ausstoßen kann? Oder was will die Familie sonst von dem Therapeuten?

All das muß der Familientherapeut zu klären versuchen, um herauszubekommen, wie er sich in das gestörte Gespräch innerhalb der Familiengruppe am besten einschalten und wie er vor allem seine Hilfe so steuern kann, daß sie nicht einseitig ausfällt, sondern der ganzen Familiengruppe zugute kommt. Ein derartiges sozialpsychologisches Nachdenken über die Diagnose, die Pathogenese, die Spontanprognose und über die eigene therapeutische Aufgabe ist das entscheidende Kriterium dafür, ob man von einem familientherapeutischen Vorgehen sprechen kann oder nicht. Aus diesen Erwägungen ergibt sich auch erst sekundär, welches technische Arrangement im einzelnen Falle zu wählen ist. Dasjenige Arrangement ist zu suchen, das für die Bearbeitung dieses einzigartigen Familienproblems gerade speziell geeignet erscheint. N. W. Ackerman, einer der bedeutenden amerikanischen Pioniere auf dem Gebiet der Familientherapie, fordert dementsprechend: «Die Behandlung muß sich nach dem Problem, nicht nach einer technischen Methode richten» *(Treatment must be problem oriented, not technique oriented)*.[2]

Das flexibel zu handhabende technische Arrangement dient also nur zur Ermöglichung der eigentlichen familientherapeutischen Arbeit. Es ist mit dieser noch nicht identisch. Deshalb kann niemand von sich sagen, er sei ein Familientherapeut, nur weil er zum Beispiel gemeinsam Ehepaare, Ehepaargruppen oder Eltern mit Kindern behandelt. Ob er fähig ist, das jeweilige Ehepaar-Problem oder Eltern-Kind-Problem als Ganzes zu sehen und zu behandeln, das muß er erst beweisen. Das ergibt sich noch nicht automatisch daraus, daß er mehrere Familienmitglieder vor sich auf Stühlen versammelt. Sehr leicht mißrät nämlich das sozialpsychologische Experiment. Und einem unerfahrenen oder ungeschickten Therapeuten kann es schnell passieren, daß die Familiengruppe sich vor ihm in eine Summe von konkurrierenden Einzelpatienten oder – entsprechend alter Tradition – doch wieder in einen «Patientenflügel» und einen «Angehörigenflügel» aufspaltet. Natürlich kommen im Ansatz stets solche Übertragungsprobleme vor. Aber sie müssen sogleich so bearbeitet werden, daß derartige Spaltungen nicht blind agiert werden und sich fixieren. Sonst bilden sich hinter der Fassade eines familientherapeutischen Arrangements doch wieder nur Einzelbehandlungen heraus. Entweder mehr der Widerstand der Familie oder mehr die Unfähigkeit des Therapeuten haben verhindert, daß das Problem der Familie in der Behandlung thematisch zusammengefaßt werden konnte.

In der rite durchgeführten Familientherapie ist jedenfalls *der Patient die Familie selbst*. Das Leiden des einzelnen kann so wenig unmittelbarer Therapiegegenstand sein wie in einer individuellen Psychoanalyse ein Lokalsymptom des jeweiligen Analysanden. Das Leiden der Familie hat gewissermaßen sein pathophysiologisches Substrat in der *gestörten Kommunikation*, im *gestörten Gespräch* der Gruppe. Das Gespräch ist entweder durch einen innerfamiliären Spaltungsprozeß (Symptomfamilie) unterbrochen oder gelockert, oder es ist bei ungetrübtem Einvernehmen thematisch eingeengt, wahnhaft «verrückt» oder hysterisch entleert (charakterneurotische Familie). Diesem Gesprächsdefekt allein hat sich die Familientherapie zu widmen.

Einschränkend sei lediglich noch erwähnt, daß sich bei einer psychoanalytischen Familien-Untersuchung natürlich der Fall ergeben kann, daß ein Mitglied einer Familie, psychologisch gesehen, eigentlich bereits außerhalb der Familie lebt. Dies wird sich z. B. in der Krankengeschichte des Kapitels 13 zeigen. Es ist dann ein Merkmal einer solchen Familienneurose, daß die Tatsache, daß ein Mitglied bereits seine persönlichen Bindungen ganz aus der Familie hinausverlagert hat, nicht realisiert wird. Hierbei kann sich nun leicht ergeben, daß diese «Randfigur» nicht für eine aktive Mitarbeit in der Familientherapie zu motivieren ist, so daß nur die «Restgruppe» behandelt werden kann. Auch andere objektive Gründe können dazu führen, daß sich nicht alle Mitglieder einer Familie, sondern nur zwei oder drei, die ein spezielles gemeinsames Problem haben, für eine Familientherapie anbieten. Oft ist es ein ziemlich abgegrenzter Ehekonflikt der Eltern, von dem die Kinder nur sekundär in Mitleidenschaft gezogen werden. Dann mag es genügen, wenn man das Ehepaar allein – das heißt ohne Kinder – behandelt. Die Umstände erlauben die Erwartung, daß die Kinder sich automatisch erholen werden, nachdem die Eltern ihren Ehekonflikt besser zu handhaben gelernt haben.

Vielfach sieht man auch ziemlich abgegrenzte Mutter-Kind-Konflikte, die ohne volle Einbeziehung des Vaters behandelt werden können. Dann nämlich, wenn der Vater die Mutter-Kind-Neurose nicht nennenswert durch eigene Aktivität beeinflußt. Freilich muß man die Kinder bei einer «Eltern-Neurose», die Väter bei einer «Mutter-Kind-Neurose» und die Mütter bei einer «Vater-Kind-Neurose» eingehend in seine diagnostischen Überlegungen und therapeutischen Planungen einbeziehen. In der Regel ist es auch nützlich, solche weniger involvierten Familienmitglieder zumindest auch einmal zu sprechen und eventuell zu beraten. Aber sie können oder müssen möglicherweise nicht intensiv mitbehandelt werden. Allerdings kann sich bei einer solchen Fühlungnahme auch herausstellen, daß die scheinbare Randständigkeit eines Familienmitglieds lediglich die Folge einer reversiblen aktuellen Ausstoßungstaktik der Familie ist. Das heißt also, es wäre vielleicht durchaus sinnvoll, den bereits halb abgespaltenen Familienteil doch noch in die unmittelbare Therapie hineinzubeziehen. Sonst würde man unter Umständen durch ein diese Person ausschließendes Arrangement blindlings die Ausstoßungstaktik der Familie mitagieren und damit Unheil anrichten.

Natürlich sind es auch oft äußere Gründe – berufliche Belastung, unaufschiebbare Hausarbeit und alle möglichen anderen Abhaltungen –, die mal dieses, mal jenes Familienmitglied an einer Mitwirkung in der Therapie hindern können. Es gibt immer wieder Fälle, in denen man mit dem therapeutischen Arrangement auf zwingende äußere Gründe Rücksicht nehmen und auf einen Teilnehmer verzichten muß. In jedem Falle bleibt aber genau zu prüfen, ob die äußeren Gründe der Verhinderung nicht doch in Wirklichkeit innere Motive sind. Es ist immer wieder erstaunlich, mit welchem Erfindungssinn und welcher Zielstrebigkeit manch einer die Teilnahme an einer Therapie ermöglicht, der entsprechend stark motiviert ist. Man sollte sich also als Therapeut nicht schnell äußeren Entschuldigungen beugen, wenn man ein bestimmtes Familienmitglied unbedingt in die gemeinsame Therapie einbeziehen zu müssen glaubt. Mitunter kommt nach mehreren Kontakten doch ein Arrangement zustande, wenn sich ein entsprechendes Vertrauensverhältnis angebahnt hat.

Noch sind sich die Spezialisten darüber uneinig, von welcher beteiligten *Personenzahl* ab man eine Behandlung als Familientherapie gelten lassen solle beziehungsweise dürfe. Es gibt die Meinung, daß bereits die Arbeit mit einem einzigen Familienmitglied dann eine «Familientherapie» geheißen werden könne, wenn in dieser Behandlung das Problem der ganzen Familiengruppe das Hauptthema sei. Demgegenüber spricht zum Beispiel Sager erst bei Beteiligung von drei Mitgliedern von Familientherapie im engeren Sinne. Unter den meisten Spezialisten besteht indessen Einigkeit darin, daß die Arbeit mit kinderlosen Paaren in den Begriff Familientherapie eingeschlossen sein sollte. Alle gruppenproblem-orientierten Behandlungen hängen doch eng miteinander zusammen, ob sie sich nun auf zwei, drei oder mehr Familienmitglieder beziehen. Ihre Unterschiede untereinander sind jedenfalls geringfügiger als ihre gemeinsame Differenz gegenüber der klassischen Einzeltherapie. Dies sollte man als den entscheidenden Maßstab ansehen.

Definitionsprobleme haben es an sich, daß man von ihnen schwer wieder loskommt. Es tauchen Unklarheiten auf, an die man als Psychoanalytiker zuallerletzt denkt. Da gibt es die Frage: Bezieht sich Familientherapie eigentlich nur strikt auf *Familien im juristischen Sinne*? Wie ist es denn zum Beispiel etwa, wenn ein Paar unverheiratet ist?

Als Therapeut findet man einerseits Menschen, die zwar juristisch miteinander eine Familie formieren, aber wie durch eine Welt getrennt kontaktlos nebeneinander herleben und niemals in einer Familientherapie gemeinsam mitarbeiten würden. Andererseits sieht man Individuen, die faktisch miteinander eine Familie bilden und im Falle eines Konfliktes auch wie eine Familie gemeinsam zu kurieren sind, ohne daß ihnen der juristische Status einer Familie zukommt. Für den Therapeuten ist also *das entscheidende Kriterium die diagnostische und therapeutische Einsatzfähigkeit des familientherapeutischen Modells.* Mit anderen Worten: Er richtet sich in erster Linie nach der psychosozialen Struktur der Gruppe, nicht nach ihrer Rechtsform. So formuliert etwa die New Yorker familientherapeutische Forschungsgruppe um Sager[83]: «Unsere Definition für Familie schließt ein Paar ein (verheiratet, getrennt, in eheähnlicher Gemeinschaft lebend oder ein Zusammenleben planend) mit oder ohne Kinder oder irgendeine Gruppe naher Verwandter, die aus mindestens drei Personen besteht, die in einer familientherapeutischen Sitzung zu verbaler Mitwirkung imstande sind ...» – «Diese Personen müssen nicht unter einem Dach leben. Die wechselseitige emotionelle Involvierung ist das Kriterium.» – Diese pragmatische Orientierung hat sich jedenfalls allgemein bewährt. Schließlich meint Familientherapie ja nicht die Behandlung der Familie als Institution, sondern die Behandlung einer privaten Gruppe von Menschen, die miteinander ein gemeinsames Problem haben.

Allerdings stößt Familientherapie natürlich oft auch auf relevante juristische Realitäten. Vielfach ergeben sich enge Interdependenzen zwischen familienrechtlichen Komplikationen und psychosozialen Konflikten. Das sieht man etwa bei un- oder außerehelichen Schwangerschaften, ehelicher Untreue, Scheidungsangelegenheiten, Sorgerechtsregelungen für Kinder nach Scheidungen usw. Auf der juristischen Ebene können als Ursache, Symptom oder Folge von psychischen Prozessen Entscheidungen fallen, die für den Verlauf familientherapeutischer Bemühungen so bedeutsam sind, daß der Therapeut diese Ebene stets sehr ernsthaft berücksichtigen muß. Berücksichtigen heißt aber noch nicht in ein Abhängigkeitsverhältnis eintreten. Ein analytischer Familientherapeut ist kein Hüter von Institutionen, kein Agent rechtlicher oder moralischer Normen. Deshalb operiert er eben auch verhältnismäßig frei mit dem zitierten weit gefaßten Begriff von Familie unter bewußter Überordnung der psychologischen über die juristische Kategorie.

Und noch eine letzte definitorische Frage: *Familienberatung* – wie unterscheidet sie sich von der eigentlichen *Familientherapie*?

Kürzlich war selbst eine Tagung von Fachleuten außerstande, diese Frage eindeutig zu beantworten. Der Begriff Therapie im Sinne von Heilbehandlung steht in Deutschland unter einem gewissen gesetzlichen Schutz. Therapie darf an sich nur von Ärzten, Heilpraktikern oder Heilhilfspersonen betrieben werden. Also steht zunächst schon einmal fest, daß Erziehungsberater, Eheberater, Sozialarbeiter, Psychagogen von Gesetzes wegen nur beraterisch, aber nicht therapeutisch mit Familien umgehen dürfen.

Aber der Sachverhalt ist komplizierter, als es die juristische Regelung vermuten läßt. Da die Medizin sich lange Zeit fast ausschließlich den Organkrankheiten zugewendet und die emotionellen Störungen vernachlässigt hat, sind andere Berufsgruppen – glücklicherweise – in diese Lücke hinein vorgedrungen. So mehrt sich die Zahl der Psychologen, die nach einer psychoanalytischen Ausbildung ausdrücklich als Psychotherapeuten tätig werden – und dabei viel Gutes leisten. Und speziell in der Familienarbeit sieht man zahlreiche Erziehungsberater, Sozialarbeiter und Psychagogen, die dank einer örtlich guten Ausbildung, sorgfältigen Literaturstudiums und besonderer Begabung eine Form von Familienbetreuung zustande bringen, die gemessen an ihrer Gründlichkeit und Effektivität durchaus den Namen «Therapie» verdienen würde. Und zwar eher als der rein pragmatische und konzeptuell unfundierte Umgang zahlreicher Ärzte mit Familien. Dennoch dürfte der Arzt ein dilettantisches «Gut-Zureden», das kein Kriterium einer wissenschaftlichen Heilbehandlung erfüllt, nach freiem Belieben als «Familientherapie» bezeichnen. Ein gründlich in «case work» trainierter Sozialarbeiter würde sich hingegen strafbar machen, wenn er eine monatelange, psychologisch sorgfältiger durchüberlegte Arbeit mit einer Problemfamilie als eine Therapie etikettieren würde.

Wieder einmal erweist sich also die juristische Ordnung als unzuverlässige Hilfe zur Orientierung über eine Realität. Und ebenso als ungeeigneter Wegweiser in die Zukunft. Denn eines kann man heute bereits eindeutig sehen: Das zweifellos vor einer bedeutenden Entwicklung stehende Gebiet der Familientherapie wird sich nur zum geringeren Teil seinen Nachwuchs aus der Berufsgruppe heranholen können, der man das Monopol für «Therapie» zugedacht hat, nämlich aus der Ärzteschaft. Um so mehr Beachtung, verbesserte Ausbildung und erweiterte juristische Legitimation verdienen die speziell für klinisch-sozialpsychologische Aufgaben engagierten und begabten Psychologen und Sozialpädagogen. Hier ist noch eine bedeutende Reformaufgabe zu erfüllen. Freilich unterschätzt gerade der Psychoanalytiker nicht die Schwierigkeit des Umdenkprozesses, ohne den eine entschlossene Bewältigung dieser Reformaufgabe mißlingen muß.

Die Gesellschaft wird sich immer nur jeweils in dem Grade entschließen, zur Bekämpfung seelischer Schäden qualitativ und quantitativ genügend effiziente Hilfsdienste zu organisieren, in dem sie gleichzeitig ihr Vorurteil reduziert, diese psychischen Schäden seien mehr Makel als Krankheit. Und von der zunehmenden Überwindung dieses Vorurteils wird es auch abhängen, daß man sich allgemein dafür entscheiden kann, qualifizierte psychologische beziehungsweise sozialpsychologische Heilmaßnahmen mit dem richtigen Namen zu benennen und auch entsprechend zu honorieren.

Im Sinne dieser erhofften Entwicklung wird hier der Name «Familientherapie» auch vorwegnehmend bereits als ein Oberbegriff für alle von einem systematischen familiendynamischen Konzept ausgehenden Aktivitäten benutzt, die auf eine heilende Beeinflussung familiärer Störungen zielen. Dabei wird unterstellt, daß viele von denen, die sich heute noch nur als «Berater» verstehen dürfen, von ihren Erfahrungen her mit diesem Buch über «Familientherapie» leichteren Umgang finden werden als die Mehrzahl der rein auf naturwissenschaftlicher Basis zur Therapie legitimierten Mediziner. –

Von der Technik her ist jedenfalls eine Unterscheidung zwischen Beratung und Therapie nicht sehr bedeutungsvoll, da eine gründliche psychologische Familienberatung nichts wesentlich anderes ist als eine «kleine Therapie». Besser als jeder Versuch einer formalen Definition dürfte der Fallbericht in Kapitel 15 zeigen, wie eng Therapie und Beratung miteinander dadurch verwandt sind, daß auch die lockerer, weniger systematisch und oft kürzer durchgeführte Beratungsarbeit das gleiche subtile und genaue Verständnis des Familienkonfliktes voraussetzt wie das Verfahren, das man als Therapie im engeren Sinne zu bezeichnen pflegt.

10. Welche Familie ist für Familienpsychotherapie geeignet?

Man wird Mittelmann[64] rechtgeben müssen, der 1941 formulierte: «Um jede voll entwickelte Neurose herum findet man ein kreisförmiges System von neurotischen Reaktionen.» Es ist faszinierend, diese psychosozialen Störungen unter Verwendung der neuen Erkenntnisse über Familiendynamik zu studieren. Und man kann von daher durchaus versucht sein, überall nur noch Familien-Diagnosen zu stellen und Familientherapie zu probieren. In der Tat haben die Pioniere auf dem Gebiet der Familientherapie gefunden, daß man mit einem familientherapeutischen Konzept einen überraschend effektiven Zugang zu vielen, sehr unterschiedlichen psychischen Störungen finden kann. «Prinzipiell», so resümiert N. W. Ackerman[2], einer der erfahrensten amerikanischen Familientherapeuten, «hat Familientherapie einen weiten Anwendungsbereich. Sie eignet sich für alle Arten von seelischen Störungen sämtlicher Schweregrade, sie muß allerdings flexibel den unterschiedlichen Bedingungen angepaßt werden.» Und weiter: «Sie kann sich hilfreich erweisen bei psychiatrischen Erkrankungen, bei denen die interpersonellen und sozialen Determinanten vorwiegen, bei ‹acting out› Reaktionsweisen, soziopathischen Verhaltensstörungen, Neurosen, psychosomatischen Krisen und psychotischen Reaktionen. Bei Eheschwierigkeiten und bei gestörten Eltern-Kind-Beziehungen ist sie besonders effektiv.»

Mit Ackerman heben auch die meisten anderen familientherapeutischen Autoren mehr die Vielfalt der Anwendungsgebiete als die Grenzen der neuen Methode hervor. Gewiß ist hier auch eine Portion Entdecker-Enthusiasmus mit im Spiel. Bei einem noch so jungen Verfahren ist es verständlich, daß es vorläufig noch an wissenschaftlichen Kriterien mangelt, seine Aussichten im Vergleich zu anderen Behandlungsformen in den verschiedenen klinischen Bereichen genau abzuschätzen. Immerhin ist es gerade aus wissenschaftlichen Gründen durchaus begrüßenswert, daß man zur Zeit in großer Breite mit Familientherapie experimentiert, um anschließend durch vergleichende Erfolgskontrollen herauszufinden, wo diese Behandlungsform mehr und wo sie weniger leistet. In diesem Sinne testen zur Zeit zum Beispiel verschiedene Studiengruppen die Effektivität von Familientherapie systematisch im Hinblick auf Unterschiede in Diagnosen, Alter, Geschlecht, Rasse, sozioökonomischem Status und Erwartungsvorstellungen der Kranken.

Immerhin haben sich in den letzten zehn bis fünfzehn Jahren doch bereits einige Erkenntnisse über die speziellen Möglichkeiten der Familientherapie im Vergleich zu anderen psychotherapeutischen Methoden herausgeschält.

1. Als ein allgemeines positives Indikationskriterium für Familientherapie kann man ansehen, daß die verschiedenen in die Therapie einzubeziehenden Familienmitglieder tatsächlich ein *gemeinsames Problem* haben, das ihnen eine Zusammenarbeit, wenn auch vielleicht erst nach einer gewissen Vorbereitungsphase, sinnvoll erscheinen lassen kann. Dabei kann das gemeinsame Problem allerdings auch darin bestehen, einem Familienmitglied zu helfen, sich allmählich aus der Familie herauszulösen und selbständig zu werden. Dementsprechend nennt Wynne[95] zum Beispiel als erstes Indikationsgebiet für eine gemeinsame Familientherapie, wie sie am National Institute of Mental Health in Bethesda praktiziert wird, Trennungsprobleme von Jugendlichen. Denn hierbei leiden die übrigen Familienmitglieder oft genauso oder noch mehr als der Jugendliche selbst unter den Schwierigkeiten der Ablösungskrise, und es kann nach Wynnes Erfahrungen sehr nützlich sein, diese Probleme mit der gesamten Familie therapeutisch zu bearbeiten, wiewohl man natürlich auch gerade mit Adoleszenten eine effektive Einzeltherapie betreiben kann.

Auch scheidungsreife Eheauseinandersetzungen können manchmal noch für eine Familientherapie zugänglich sein. Es kann immerhin ein gemeinsames Problem der beiden Partner darin bestehen, daß sie zwar die Sinnlosigkeit einer weiteren ehelichen Verbindung einsehen, aber mit ihren jeweiligen Neurosen so ineinander verzahnt sind, daß sie gewissermaßen aus Krankheitsgründen die Trennung nicht wagen. Die kranken Ich-Anteile eines jeden sind miteinander in einer Art von paradoxer Symbiose so verklammert, daß beide Partner sich ohne Hilfe eher wechselseitig vollständig zermürben als voneinander lassen würden. Eine Ehepaar-Therapie mag beiden Ehegatten dazu verhelfen, die längst fällige Trennung zu wagen und ohne panische Angstausbrüche durchzuhalten. Dieser Fall führt zur Formulierung eines weiteren positiven Indikationskriteriums für eine Familientherapie:

2. Ein Individuum steckt in einer so tiefen *spezifischen Abhängigkeit* von einem oder mehreren anderen Familienmitgliedern, daß er seine Schwierigkeiten in einer Behandlung nicht allein auf sich nehmen kann. Bei einer Einzeltherapie würde er die Spannung der therapeutischen Übertragungsbeziehung nicht aushalten, ohne sich in einer verstärkten Regression an den familiären Partner symbiotisch anzuklammern, mit dem er am stärksten verstrickt ist. Er hätte nicht die Kraft, sich mit seinen eigenen inneren Konflikten ohne eine derartige Zuflucht zu konfrontieren. *Das gilt für sehr viele Kinder, aber auch für nicht wenige Erwachsene mit spezifischen Abhängigkeitsproblemen.* Eine Familientherapie ist in solchen Fällen um so eher angebracht, je stärker auch der andere Familienteil, demgegenüber die Abhängigkeit besteht, seinerseits involviert ist.

Allerdings stellt sich hierbei natürlich zusätzlich *die Frage nach der Bereitschaft des jeweils stärkeren Familienteils zu einer Mitarbeit* in einer gemeinsamen Therapie. Und diese Bereitwilligkeit ist oft nicht spontan vorhanden. Gelingt es einem Individuum, den Druck eines inneren Konfliktes dadurch zu kompensieren, daß es eine bestimmte Form von Familienneurose inszeniert und aufrechterhält, dann wird es diese Möglichkeit gewiß nicht entschädigungslos preisgeben. Eine angstneurotische Mutter zum Beispiel, die ihre latenten Ängste durch überprotektive Anklammerung an ihr Kind zu lindern versteht, wird ihrem Kind so lange nicht mehr Spielraum lassen, als man ihr keinen besseren Weg zeigen kann, sich von ihren Ängsten zu befreien. Und ein soziopathischer Vater, der sich von seinem untergründigen Selbsthaß durch eine Sündenbock-Taktik zu schützen vermag, wird sich nicht leicht darauf einlassen, seine zu Sündenböcken präparierten familiären Partner von ihren künstlich einsuggerierten Schuldgefühlen zu befreien. Es sei denn, man setze ihn instand, auf andere Art sein ständig gefährdetes inneres Gleichgewicht zu stabilisieren.

Aber der Versuch ist oft nicht aussichtslos, dem die Familienneurose steuernden Individuum tatsächlich eine Möglichkeit anzubieten, sich zu entlasten, ohne dafür weiterhin abhängige Familienmitglieder zu mißbrauchen. Dazu ist es nötig, daß man dem Betreffenden zunächst das Mißtrauen nimmt, man werde ihn als Hauptschuldigen an der Familienneurose unsympathisch finden und anklagen. Sein Mißtrauen wäre allerdings nicht unbegründet. Denn er weiß natürlich insgeheim, daß er durch sein psychosoziales Agieren die neurotische Abhängigkeit eines oder mehrerer familiärer Partner auf dem Gewissen hat. Also könnte es ein Ziel für einen Psychotherapeuten sein, ihm seine Opfer zu entreißen, zumindest diese in ihrem Widerstand gegen ihn zu stärken und ihn damit zu isolieren. Vielleicht hat der Betreffende auch schon zuvor öfters erlebt, daß Ärzte ihn als einen *«unangenehmen Angehörigen»* eingestuft und zusammen mit einem abhängigen Familienangehörigen als Patienten gegen ihn Partei ergriffen hatten.

Ein ausbeuterisches Familienmitglied, das sich mit Hilfe seiner Partner von seinen inneren Spannungen zu entlasten pflegt, erfordert jedenfalls zunächst eine ganz andere therapeutische Ansprache als ein abhängiges Familienmitglied, das sich von vornherein in der Rolle eines schwachen, hilfsbedürftigen Patienten anbietet. Der Dominierende kommt, wenn er überhaupt zusammen mit dem «Patienten» spontan beim Therapeuten erscheint, in der Rolle einer «normalen Begleitperson». Ganz gleich, ob der abhängige Patient noch ein Kind, ein Jugendlicher oder ein Ehepartner ist, das dominierende Familienmitglied gibt sich zunächst meist als eine unbedingt überlegene Person zu erkennen. Er pflegt klarzustellen, daß er für sich selbst keine Hilfe brauche, daß er aber bereit sei, über seine kranke Bezugsperson mit dem Therapeuten zu sprechen. Im übrigen pflegt er dem Therapeuten mehr oder minder unverblümt vorzuzeichnen, welche Art und welchen Grad von Heilung er für den «Patienten» wünscht. Oft kommt dabei heraus, daß er seinen erkrankten häuslichen Partner vor allem noch folgsamer und anpassungsfreudiger haben will. Er möchte ihn in den Funktionen perfektioniert sehen, auf die er sich zur eigenen Entlastung bei dem Patienten noch mehr als bisher stützen will.

Das von ihm formulierte Therapieziel steht oft in groteskem Widerspruch zu der eigentlichen Krankheit und den dazu passenden Heilungserwartungen des Patienten selbst. Da kommt zum Beispiel ein Vater mit einem stark gehemmten, *stotternden* Sohn. Der Sohn will das Stottern loswerden. Vorgeblich wünscht auch der Vater eine Beseitigung des Stotterns, aber in einer langen Unterhaltung mit dem Arzt beklagt er sich am Ende viel mehr darüber, daß der Sohn *«häßliche Ausdrücke»* benutze, daß er sich dem Vater mit *«unverschämten Worten»* widersetze, daß er zu leicht aufbrause und dem Vater auch einmal völlig unbeherrscht *«über den Mund fahre»*. Es wird ganz deutlich: unbewußt will der Vater gar nicht, daß der Sohn sich *freier* ausdrücken kann, sondern, daß er sich noch *braver* ausdrückt. Anders formuliert: wenn die psychotherapeutische Heilung des Stotterns dazu führen sollte, daß der Sohn später noch «häßlicher» oder «unverschämter» reden sollte, dann wäre es schon besser, er würde weiter stottern. In der Tat erweist sich in diesem Fall, daß die neurotische Sprachstörung sehr eng mit einem unterdrückten Protest des Jungen gegen den ihn ständig bevormundenden Vater zusammenhängt. Wie soll der Junge also sein Stottern verlieren, wenn man ihm nicht zunächst hilft, seine aufgestauten verdrängten Aggressionen zu manifestieren? Also ist der vom Vater für die Therapie vorgeschriebene Weg ungangbar. Der Vater muß sich entscheiden, ob er einen noch gefügigeren oder einen vom Stottern befreiten Jungen haben will. Da der Psychotherapeut natürlich nur die zweite Lösung für vertretbar hält, muß er den Vater umzustellen versuchen, den die drohende Aufsässigkeit seines Sohnes offensichtlich viel mehr plagt als dessen bedauernswerte Sprachstörung.

Ein ähnliches Problem ergibt sich bei einer Mutter, die einen Sohn mit einem *neurotischen Mutismus (Stummheit)* in die Sprechstunde bringt. Der Sohn spricht in der Schule so gut wie überhaupt nicht mehr. Weil er den Lehrern nicht antwortet, ist er schon einmal sitzengeblieben. Dabei ist er recht intelligent.

Aber er sagt nicht auf Geheiß, was er weiß. Überhaupt redet er fast nie, wenn man es von ihm verlangt. Sondern er spricht nur spontan beim Spiel oder in irgendwelchen ganz unverfänglichen Situationen, in denen er eigentlich gar nicht unbedingt sprechen müßte. Hier zeigt sich übrigens, daß seine Sprechfunktion werkzeugmäßig voll intakt ist. Die weitere Ausbildung und damit die berufliche Zukunft des Jungen erscheinen in hohem Maße wegen seiner Stummheit gefährdet.

Aber auch in diesem Falle ergibt sich, daß die begleitende Mutter sich beim Psychotherapeuten viel weniger über den eigentlichen krankhaften Defekt des Jungen beklagt als über seine disziplinären Mängel. Schließlich rügt sie sogar ausführlich, daß er bei Tisch ungefragt losrede, auch wenn Gäste dabei seien. Und überhaupt sei er furchtbar egoistisch und trotzig. Für den Trotz führt sie eine endlose Kette von Belegen an. Am Ende sieht man: die angebliche Rücksichtslosigkeit und der Trotz des Jungen sind ihr eigentliches Problem. Darunter leidet sie viel mehr als unter seiner Stummheit. Die Stummheit indessen – das erweist eine ausführliche psychoanalytische Untersuchung – ist in der Tat verhüllter Trotz bei dem enorm sensiblen und verletzlichen Jungen. Es ist die letzte ihm verbliebene Ausdrucksform von Gegenwehr. Diese Defensivhaltung richtete sich ursprünglich fast ausschließlich gegen die Mutter – eine ungemein besitzergreifende, polypenartig umklammernde Frau. Inzwischen hat sich der Trotz generalisiert. Als Unrecht empfundene Vorhaltungen von Lehrern treffen ihn so tief, daß er auch gegenüber diesen Personen fortan verstummt. Seine Sprachverweigerung benutzt er wie einen Schutzpanzer: er schaltet einfach den Kontakt nach außen ab. Er kann dann zwar nichts mehr hinauslassen, aber er muß auch keine schmerzenden Reize mehr einstecken.

Ähnlich wie im vorigen Fall sieht man als Psychotherapeut sofort, daß der Junge so lange nicht freier sprechen wird, als man ihm nicht mehr Spielraum gibt und sich mit verletzender Kritik ihm gegenüber zurückhält. Auch hier kann man also nicht auf das Therapiekonzept der dominierenden Elternfigur eingehen, wenn man überhaupt eine sinnvolle therapeutische Arbeit beginnen will. Aber wie kann man dann überhaupt auf eine so uneinsichtige, herrische Elternfigur Einfluß nehmen, wenn man als Therapeut entgegengesetzte Absichten verfolgt?

Man muß eine Art *Test* anstellen, um die Chancen für eine Kooperationswilligkeit des in der dominierenden Rolle agierenden Familienmitgliedes zu prüfen. Es empfiehlt sich, dessen Version von der Störung des «Patienten» in Ruhe anzuhören und auch nicht gleich zu protestieren, wenn dieser «uneinsichtige Angehörige» noch so töricht erscheinende Aufträge für die Therapie des «Patienten» erteilt. Es ist gut, wenn man das Gespräch so steuern kann, daß der Betreffende sich ermutigt fühlt, hinreichend ausführlich seine Beschwerden über den «Patienten» anzubringen. Mögen diese Beschwerden auch höchst egozentrisch anmuten und der eigentlichen Neurose des «Patienten» ganz unangemessen sein, so verdienen sie es dennoch, ernst genommen zu werden. Der Vater des Stotterers und die Mutter des mutistischen Jungen leiden ja nicht nur zum Schein, sondern ganz echt unter den verkappten Widersetzlichkeiten ihrer Söhne. Sie haben wirklich Angst, die Söhne könnten über sie herfallen beziehungsweise sie in ohnmächtiger Isolation zurücklassen, wenn man ihnen eine Emanzipation gestatten würde.

Sobald solch ein ausbeuterisch agierender Angehöriger erst einmal sein eigenes Leid mit beziehungsweise unter dem von ihm abhängigen «Patienten» gründlich thematisiert, fängt er damit immerhin schon an, sich auch selbst als eine Art Patient anzubieten. Nämlich als ein Mensch, der leidet und vielleicht dem Therapeuten andeutet: «Schau her, ich bin selbst auch jemand, der sehr bedrückt ist. Bedenke doch einmal, was mir der Patient, mein Partner, alles antut!» Mitunter klingen solche Aufzählungen über die seitens des «Patienten» erfahrenen Enttäuschungen wie eine direkte Entschuldigung. So auch zum Beispiel bei dem Vater und der Mutter des Stotterers beziehungsweise des Stummen. Der betreffende Angehörige weiß untergründig natürlich, daß er selbst es ist, der den «Patienten» aus seiner überlegenen Position heraus eingeschüchtert und krank gemacht hat. Und er erwartet dementsprechend, daß der Psychotherapeut diesen Zusammenhang schnell durchschauen werde. Deshalb verfällt er unter Umständen auf die vorbeugende Taktik, daß er den «Patienten» recht schlecht macht und sich selbst als dessen armes Opfer herausstellt, weil er hofft, sich dadurch in den Augen des Therapeuten moralisch entlasten zu können. Das anklagende Plädoyer gegen den «Patienten» ist dann eigentlich mehr eine präventive Verteidigung gegen die vom Psychotherapeuten her befürchtete Zurechtweisung.

Jedenfalls sollte man dem sich über seinen abhängigen Partner beklagenden Angehörigen nicht ins Wort fallen und sich um keinen Preis dazu provozieren lassen, den Spieß herumzudrehen und den Patienten gegen seinen Ankläger energisch zu verteidigen. Wenn der dominierende Angehörige erst merkt, daß man auch seine Version ernst nimmt, daß man auch ihn als einen leidenden Menschen versteht, der mit seinen Ansprüchen nicht zurechtkommt, dann ist damit unter Umständen schon etwas gewonnen. Gar nicht so selten verfällt dieser Angehörige dann spontan darauf, seine Lebensgeschichte zu erzählen und von den vielen Belastungen zu reden, denen er seit seiner Kindheit ausgesetzt war. Eine solche Wendung, die mitunter schon beim ersten Gespräch, häufiger erst bei folgenden Zusammenkünften zustande kommt, zeigt an, daß der Angehörige ernsthaft probiert, sich faktisch als *«Mitpatient»* zu organisieren. Er steigt – wenn meist auch sehr vorsichtig und zögernd – von seinem Sockel als gebieterischer Auftraggeber beziehungsweise als drohender potentieller Kontrahent des Therapeuten herab und bietet sich mit seinen Blößen dar. Freilich kann hier auch noch hysterische Taktik mitspielen. Es kann sich um eine flüchtige exhibitionistische Gebärde handeln, auf die man sich noch nicht allzusehr verlassen darf. Immerhin sollte man auf ein solches Angebot positiv reagieren, ohne allerdings durch eine zu aktive Explorationstechnik die anamnestische Selbstentblößung des Angehörigen zu forcieren. Denn dessen Position in der Familie spricht dafür, daß es ihn vermutlich zu sehr ängstigen würde, sollte er auf den Gedanken kommen, daß man seine Rolle als «normaler Angehöriger» durch eine raffinierte Interview-Methode schnurstracks unterlaufen wollte. Man muß ihm vielmehr Zeit lassen, die ihm gewiß vorerst sehr unsicher scheinende Brücke voll zu betreten und zu überschreiten.

Es gibt Angehörige, die man in einer «konkurrierenden Familientherapie» neben ihrem abhängigen «Patienten» monatelang erfolgreich mitbehandelt, ohne daß sie je voll zugestehen, daß ihre Sitzungen in der Hauptsache dazu dienen, sie selbst therapeutisch zu entlasten. In jeder Stunde erstatten sie nebenbei kurz Bericht über den «Patienten», bevor sie jeweils irgendwelche persönlichen Schwierigkeiten zur Besprechung anbieten. In Wirklichkeit bearbeiten sie in den Stunden ganz überwiegend ihre eigenen neurotischen Probleme, aber aus Angst maskieren sie ihre Behandlung nach außen als «Angehörigenberatung» zur Unterstützung der simultanen «Patientenbehandlung». Andere dominante Angehörige vermögen nach einigen präparierenden Gesprächen voll die Rolle von Mitpatienten in einer offiziell als solcher deklarierten Familientherapie zu übernehmen.

Entscheidend für das Gelingen einer «Umfunktionierung» eines ausbeuterisch agierenden Angehörigen in einen implizit oder explizit kooperierenden Mitpatienten ist in jedem Falle, daß der Betreffende merkt, er werde es leichter haben, wenn er mit seinen Problemen selbst zurechtkommen kann, ohne stets auf einen hörigen familiären Partner als Prügelknaben, als Sündenbock, als paranoiden Kampfgenossen, als stärkendes Hilfs-Ich oder als manipulierbares Ersatz-Liebesobjekt angewiesen zu sein. Denn schließlich kostet es ihn ja auch erhebliche Mühe, den oder die abhängigen familiären Partner unter Druck in den jeweiligen Rollen festzuhalten, die er ihnen zur eigenen Spannungsentlastung übergestülpt hat. Die Partner zeigen oft eine wachsende Gegenwehr, und der Weg zum Arzt ist vielfach ein gravierendes Indiz für das Ansteigen einer solchen Gegenwehr. Wenn der junge Stotterer und der Schüler mit der neurotischen Stummheit es schließlich zuwege bringen, daß man sie einem psychotherapeutischen Arzt präsentiert, dann ist dies – wenn man es genau nimmt – ein erster, wenn auch noch sehr bescheidener Erfolg ihres untergründigen Kampfes gegen die elterliche Unterdrückung. Und die Verantwortlichen, der Vater beziehungsweise die Mutter, verraten mit ihrer Beunruhigung auch, daß sie ihr Regime über die neurotisierten Kinder als gefährdet ansehen. – Ohne daß man diese weitgehend unbewußt verlaufenden Prozesse entsprechend offen benennen muß, vermag man als Therapeut dem ausbeuterischen Familienmitglied etwa folgendes Geschäft anzubieten:

«Du erklärst dich bereit, deinen (oder deine) abhängigen Partner aus dem Gefängnis seiner (ihrer) allein zu deiner Entlastung geschaffenen Rolle zu entlassen. Ich biete dir dafür an, dich psychotherapeutisch so zu ermutigen und zu stärken, daß du auch ohne diese unwillig geleisteten Gehilfendienste aus eigener Kraft dein Problem wirst tragen können.»

Wenn man es ernsthaft versucht und geschickt vorgeht, wird man – mitunter zur eigenen Überraschung – selbst sehr schwierige Angehörige zu einer fairen Mitarbeit in einer Familientherapie gewinnen können. – Man muß es indessen auch ertragen lernen, daß in anderen Fällen alle noch so angestrengten und gut überlegten Versuche scheitern, einen innerfamiliären «Störenfried» in einen kooperativen Partner zu verwandeln.

Es wurde hier als ein Kriterium für eine positive Indikation zur Familientherapie genannt, daß ein Individuum mit einem oder mehreren Partnern durch ein derart enges spezifisches Abhängigkeitsverhältnis verbunden sei, daß es seine Probleme nicht in einer Einzelbehandlung auf sich nehmen und für sich allein bearbeiten könne. Mit dem Begriff *«spezifisches Abhängigkeitsverhältnis»* ist gemeint, daß eine Art von *neurotischer Prägung* stattgefunden habe. Das heißt, das betreffende Individuum ist nicht nur schlechthin unselbständig und anlehnungsbedürftig, sondern es hat sich auf Grund einer solchen Disposition *mit einem ganz bestimmten Familienteil* fest verklammert. Der Partner ist also nicht einfach auswechselbar. Und das hat eben in der Regel zur Voraussetzung, daß der zur Anklammerung spezifisch ausgewählte Partner auch *seinerseits* viel dazu beiträgt, an dieser Zweierbindung festzuhalten. Vielleicht war er es sogar, der das Anklammerungsbegehren des anderen Familienteils auf sich gelenkt hat und dieses Bedürfnis nun für sich ausnützt. Dies wäre dann das Modell des eben näher geschilderten Falls, wobei das neurotische Anlehnungsbedürfnis eines Familienteils sich mit der neurotischen aktiven Umklammerungstendenz eines anderen Familienteils trifft. Und an einer solchen symbiotischen – oder parasitären – Gemeinschaft von «Opfer» und «Ausbeuter» kann eben der Versuch einer isolierten Einzeltherapie des «Opfers» gegen seinen «Ausbeuter» leicht scheitern, während Familientherapie, wenn sie zustande kommt, zu erfreulichen Resultaten führen kann (siehe Krankengeschichte Kapitel 13).

Mitunter besteht eine solche Familienkonstellation jedoch nur dem äußeren Anschein nach. Man findet in der Familie ein besonders unselbständiges, abhängiges Mitglied. Aber es hat sich kein *spezifisches* und auch kein wechselseitiges Abhängigkeitsverhältnis konstelliert. Der Betreffende hängt an einem oder mehreren Partnern. Niemand ist jedoch auf dieses Angebot in neurotischer Weise eingestiegen. Das Abhängigkeitsverhältnis ist also nur einseitig konfiguriert. Es erscheint einfacher, das Gemeinte gleich an einem konkreten Fall darzustellen:

Eine junge Frau hat eine Herzneurose mit Angstanfällen und zahlreichen besonderen neurotischen Befürchtungen. Sie hält es nicht gut aus, allein zu Hause zu sein oder allein einkaufen zu gehen. Auf Grund ihrer Ängstlichkeit steckt sie mit ihren Ansprüchen sehr zurück, bloß um den Ehemann stets bei Laune zu halten und sich seines kontinuierlichen fürsorgerischen Schutzes zu versichern. Aber der Ehemann ist recht ausgeglichen und hat keine «Ausbeuterstruktur». Er hat keine Neigung, seine Frau mit ihrer Schwäche zu erpressen. Sie könnte seiner sicher sein, ohne ihm besondere masochistische Opfer bringen zu müssen. Das einseitige, unspezifische Abhängigkeitsverhältnis wird also nur von ihrer individuellen Krankheit gesteuert. Es liegt nur dem Anschein nach eine gemeinsame Ehepaarneurose vor. In Wirklichkeit ist nicht die Krankheit der Frau von einem Gruppenkonflikt abhängig, sondern diesmal ergibt sich das Gruppenproblem, nämlich die Anklammerung der Frau an ihren Mann, erst sekundär aus ihrer ganz persönlichen Erkrankung. Es hat sich in dieser Ehe auch noch nicht im mindesten eine angstneurotische Charakterveränderung, wie sie im vorigen geschildert wurde, abgespielt.

Hier wäre eine Familientherapie im engeren Sinne *nicht indiziert.* Die Unspezifität und die Einseitigkeit der Abhängigkeitsbindung der zitierten Frau machen es wahrscheinlich, daß ihr in einer Einzelbehandlung viel besser geholfen werden könnte. Sie wird in ihrer Ängstlichkeit sicher einen erheblichen Teil ihrer Anklammerungsbedürfnisse auf das Verhältnis zum Arzt verschieben, ohne dadurch selbst in einen besonderen Zwiespalt zu geraten oder den Ehemann in eine eifersüchtige Opposition zu treiben und damit ein Tauziehen um ihre Person zu entfesseln. Und der Arzt wird es mit einer geeigneten Einzeltherapie erreichen können, sie allmählich wieder selbstsicherer und mutiger zu machen. Er wird die Übertragung so steuern, daß die Patientin an dem Modellfall des Behandlungsverhältnisses lernt, wenigstens ein Stück weit ihren inneren Zwang zur passiven Auslieferung zu überwinden.

In solchen Fällen kann also gerade das Arrangement der

Trennung eines Patienten von seinem engsten Partner durch Wahl einer Einzeltherapie für die Heilung sehr förderlich sein. Eine gemeinsame Ehepaartherapie würde in dem geschilderten Beispiel den Nachteil haben, daß man ja das phobisch anklammernde Verhalten der Frau durch die Behandlungsform selbst unnötig unterstützen würde. Im übrigen sieht man bei solchen rein einseitig konfigurierten Abhängigkeitsverhältnissen in Familientherapien, daß nach der ersten Symptombesserung des eigentlichen Patienten kaum mehr Stoff für gemeinsame Arbeit übrigbleibt. Der jeweilige gesunde Partner fühlt sich mit Recht nur als ein randständiger «Angehöriger», und seine periphere Teilnahme an der Behandlung würde ihn teils langweilen, teils nur peinlich berühren. Das familientherapeutische Behandlungsarrangement erwiese sich hier also als sinnlos.

Nichtsdestoweniger ist es natürlich oft nützlich, auch gesunde, stabile Angehörige von Kranken mit neurotischen Ängsten bei Einwilligung der Patienten – zu Beginn und auch eventuell einmal während der Einzeltherapie zu orientieren. Die Patienten mit derartigen Störungen müssen lernen, sich während der Therapie allmählich und dosiert immer größeren Mutproben auszusetzen, und da ist es oft wichtig, daß man sich über die Richtung des Vorgehens gelegentlich gemeinsam verständigt – Patient, Arzt und Familie.

Es ist sehr schwer und obendrein nicht sehr ergiebig, ausführlich auf engere Kriterien für die *objektive Indikation* zur Familientherapie einzugehen. Denn es handelt sich ja, wie erwähnt, um eine Vielzahl sehr unterschiedlicher Arrangements. An die Teilnehmer an einer psychoanalytisch orientierten Ehepaartherapie stellt man ganz andere Ansprüche als etwa an die Angehörigen eines schizophrenen Jugendlichen, die man mit dem Patienten zusammen mit einer spezifischen Technik zu einer Verbesserung ihres blockierten innerfamiliären Kommunikationssystems bringen will. Wieder andere Indikationsmaßstäbe überlegt man sich, wenn man eine eher beraterische Betreuung bei einer verwahrlosten Familie beginnen will, die ein streng reglementiertes Arrangement nicht durchhalten kann, usw.

Es erhebt sich die Frage, ob vielleicht die *Zugehörigkeit zu einer besonderen Sozialschicht* zu den generellen positiven beziehungsweise negativen Auslesekriterien für Psychotherapie und speziell auch für Familientherapie zählt. In der Tat wird immer wieder festgestellt, daß Unterschichtpatienten allgemein seltener für Psychotherapie[51,11] und auch im besondren für Familientherapie[83] ausgewählt werden. Sager und seine New Yorker familientherapeutische Arbeitsgruppe haben 157 untersuchte Patienten in fünf Klassen nach Bildung, Beruf und Einkommen eingeteilt[83]. Sie stellten fest, daß sie Angehörige der oberen Schichten leichter für Familientherapie gewinnen konnten. Von den jeweils für eine Familientherapie ausgewählten Patienten stiegen schließlich von Schicht I 89 Prozent, von Schicht IV 75 Prozent und von Schicht V nur noch 60 Prozent tatsächlich mit ihren Familien in die angebotene Behandlung ein. Aber bereits bei dem voraufgegangenen Auswahlverfahren seitens der Ärzte waren die Unterklasse-Patienten schlechter weggekommen. Sie waren seltener für Familientherapie als geeignet befunden worden. Obwohl diese Arbeitsgruppe meint, daß sie sich bei dem Selektionsprozeß nicht von sozialen Vorurteilen leiten lasse, vermag sie also augenscheinlich mit den Angehörigen der oberen und mittleren Schichten leichter zusammenzuarbeiten als mit den Vertretern der Unterschicht.

Immerhin gibt es aber auch anderslautende Erfahrungen. Der Verfasser selbst hat fast zehn Jahre eine familientherapeutisch und -beraterisch organisierte Poliklinik in einer großstädtischen Arbeitergegend geführt und dort zu seiner eigenen Überraschung besonders günstige Voraussetzungen für eine familientherapeutische Zusammenarbeit vorgefunden. Der Anteil der Familien, die bereit waren, ihre gemeinsamen Probleme offen darzustellen und sich ernsthaft und einsichtig mit deren Hintergründen auseinanderzusetzen, war bemerkenswert hoch. Es ergab sich sogar der Eindruck, daß die Arbeit mit vielen Arbeiterfamilien günstiger verlief als mit manchen Familien aus sehr viel besseren sozioökonomischen Verhältnissen. Die Beobachtungen des Verfassers und seiner Mitarbeiter, oft in Konferenzen diskutiert, lassen sich etwa so formulieren:

1. Im Vergleich zu zahlreichen untersuchten Familien der höheren Sozialschichten erschienen uns die Konflikte der Arbeiterfamilien, die zum Arztkontakt führten, im Durchschnitt eher besonders echt und vital. Das ergab sich unserer Meinung nach daraus, daß die zwischenmenschlichen Beziehungen in diesen Fa-

milien dichter und unmittelbarer wirkten, jedenfalls im Mittel nicht so intensiv durch komplizierte narzißtische Abwehrsysteme blockiert und verformt wie bei vielen Patientenfamilien aus den privilegierten Schichten.

2. Eben wegen der größeren Offenheit und der geringeren narzißtischen Verkrustungen in den Partnerbeziehungen hatte man es auch als Therapeut oft verhältnismäßig leicht, die Patient-Arzt-Beziehung schnell klar zu strukturieren. Wurde seitens der beteiligten Familienmitglieder wirklich Hilfe gewünscht, mußte man nur leidlich den richtigen Ton finden, um bald als vertrauenswürdig akzeptiert zu werden. Und dann bekam man die Kommunikationsschwierigkeiten, die Triebprobleme, Ängste, Schuldgefühle im Hintergrund des Konfliktes vielfach alsbald in einer Tiefe offenbart, die sonst häufig erst nach langen Vorbehalten und defensiven Manövern sichtbar gemacht werden kann. Diese Aufgeschlossenheit nach innen und außen zum Therapeuten hin verband sich erfreulich oft mit einer zuverlässigen Durchhaltefähigkeit in einer Kooperation selbst über mehrere Jahre.

3. Durch dieses positive Therapieverhalten übten die in dieser Poliklinik vorzugsweise behandelten Arbeiterfamilien auch eine positive Rückwirkung auf die Motivation der Therapeuten («Gegenübertragung») aus. Der Eindruck der Ergiebigkeit der familientherapeutischen Tätigkeit bewog seinerzeit eine Reihe von Mitarbeitern, sich trotz fehlender Bezahlungsmöglichkeiten (der Etat wies nur eine bezahlte Stelle aus) mehrjährig an dem Arbeitsprogramm dieser Poliklinik zu beteiligen.

Freilich mögen diese besonders günstigen Erfahrungen in Berlin-Wedding auch mit landsmannschaftlichen Eigentümlichkeiten zusammenhängen. Spezielle lokaltypische Wesenszüge der Berliner Arbeiterbevölkerung mögen sich in der besonderen Kooperationswilligkeit und -fähigkeit dieser Klientel niederschlagen, so daß die hier gewonnenen Beobachtungen nicht ohne weiteres soziologisch verallgemeinert werden können (vergleiche auch Kapitel 15).

Immerhin erscheint die verbreitete Vermutung keineswegs sicher gestützt, daß man innerhalb der unteren Schichten objektiv weniger qualifizierte Anwärter für Familientherapie beziehungsweise für analytische Psychotherapieformen überhaupt finden könne. Die Tatsache, daß Unterschicht-Patienten mancherorts seltener für derartige Therapieformen ausgewählt werden beziehungsweise seltener derartige Verfahren akzeptieren oder durchhalten, ist immer noch doppeldeutig. Es ist damit noch nicht geklärt, ob es sich um eine objektive oder um eine subjektive Indikation handelt, ob der Unterschied von dem Patienten oder vom Arzt her kommt. Vielleicht haben wir Psychotherapeuten in der Mehrzahl nur zuwenig gelernt, Patienten der unteren Schichten in geeigneter Weise anzusprechen? Wer in der eigenen Kindheit und Jugend mit diesen sozialen Gruppen wenig Kontakt hatte, wird es als Therapeut immer sehr schwer haben, entsprechenden Patienten im Erstinterview eine enge Vertrautheit mit ihrem Denk- und Ausdrucksstil glaubhaft zu machen.

Niemand weiß, in wie vielen Fällen dieser Mangel auf seiten des Therapeuten dazu führt, daß Patienten ihn mit ihren Problemen nicht erreichen zu können glauben. Die Sprache der psychoanalytischen Technik, von Freud in der Behandlung seiner oberen Mittel- und Oberschicht-Patienten erprobt und in seinen Falldarstellungen beschrieben, hat zur Prägung eines stereotypen analytischen Formulierungsstils bei erwachsenen Patienten beigetragen, der sicherlich enger, als gemeinhin angenommen wird, auf einen Patientenkreis von höherem Bildungsniveau zugeschnitten ist. Gewiß ist man sich allerseits in den psychoanalytischen Gruppen theoretisch darüber klar, daß man optimalerweise jeden Patienten individuell gerade so ansprechen sollte, wie er es am besten versteht. Dennoch sieht man, daß gerade junge Analytiker leicht dem Mißverständnis anheimfallen, als seien besonders kunstvolle und hochdifferenzierte Deutungen, die sie gelegentlich von ihren Lehrern hören, so etwas wie Psychoanalyse in der reinsten und höchsten Form, die unbedingt anzustreben sei. Aus diesem Mißverständnis ergibt sich zugleich die Scheu, sich verbal wenig gewandten und in der Beschreibung innerer Vorgänge ungeübten Patienten in einer scheinbar zu direkten und groben Ausdrucksweise zu nähern, die fälschlich als «nicht genügend analytisch» entwertet wird. Diese Tendenz widerspricht allerdings den Vorstellungen von Freud selbst, der bereits vor 50 Jahren eine Simplifizierung der Behandlungstechnik für den Fall vorsah, daß Psychoanalytiker in öffentlichen Institutionen Patienten der unteren Sozialschichten behandeln würden. «Wir werden», so riet er «den einfachsten und greifbarsten Ausdruck unserer theoretischen Lehren suchen müssen.»[32]

Wenn es in ärztlichen Berichten mitunter heißt, ein Patient beziehungsweise eine Familie seien für eine analytische Therapie nicht einsichtig, differenziert, kooperationswillig usw. genug, so ist jedenfalls die Möglichkeit nicht ausgeschlossen, daß der betreffende Arzt damit nur seine eigene Unfähigkeit bescheinigt, sich flexibel auf die Kommunikationsebene einzustellen, die den ratsuchenden Menschen für eine Kooperation in einer Psychotherapie allein zur Verfügung stände. Im Zusammenhang mit diesem Problem stellt sich die allgemeinere Frage nach den Bedingungen in der Person eines Therapeuten, die dieser erfüllen sollte, um speziell in der Familientherapie erfolgreich wirken zu können (siehe Kapitel 11).

Noch ein abschließendes Wort indessen zu den Beziehungen zwischen sozioökonomischen Bedingungen und der Indikation für Familientherapie. Ob eine neurotisch gestörte Familie eine Familientherapie finden kann, hängt praktisch natürlich keineswegs nur davon ab, ob sie für eine solche Behandlung geeignet und auch bereit ist und ob sie als Partner einen ebenso geeigneten und auch prinzipiell bereitwilligen Therapeuten auftreiben kann. Länder, die wie Deutschland die Krankenbehandlung weitgehend durch ein *Krankenversicherungssystem* steuern, engen die Familientherapie bisher stark ein. Auch die relativ modernen kassenärztlichen Regelungen in unserem Lande sehen immer nur die Behandlung von *Einzelpatienten* vor. Selbst dann, wenn zur Heilung eines seelisch gestörten Individuums, zum Beispiel eines Kindes, die Mitbehandlung eines Angehörigen dringend notwendig wäre, zahlt die Kasse für eine solche familientherapeutische Mitbehandlung absurderweise kein Geld. Der Angehörige könnte nur parallel eine individuelle Behandlung bekommen, sofern er seinerseits als krank im Sinne der maßgeblichen Rechtsverordnungen gelten würde. Daß indessen viele psychische Erkrankungen in Familien – die später folgenden Krankengeschichten werden es belegen – nur unter Mitbehandlung scheinbar gesunder Angehöriger kuriert werden können, wird von den Krankenversicherungen beziehungsweise von der übergreifenden sozialpolitischen Gesetzgebung bis jetzt nicht berücksichtigt. Dadurch blockieren die Krankenversicherungsanstalten systematisch die Möglichkeit, die fruchtbaren Chancen der Familientherapie für alle Bevölkerungsgruppen voll auszunutzen. Nur wohlhabende Familien können sich zur Zeit bei einem niedergelassenen Therapeuten den Luxus einer Familientherapie auf privater Basis leisten. Sonst sind bisher lediglich Erziehungsberatungsstellen (die wegen Überlastung aber oft nur Beratungen durchführen können) und ein paar Universitätskliniken in der Lage, diese moderne und aussichtsreiche Behandlungsform auch für weniger bemittelte Familien anzubieten. Es wird eine der Aufgaben im Rahmen der dringend nötigen Reformierung des Krankenversicherungssystems sein müssen, diesem Mißstand bald abzuhelfen. Jedenfalls ist auch heute noch nicht abzusehen, wann die von Freud[32] vor einem halben Jahrhundert ausgesprochene Prophezeiung hinlänglich erfüllt sein wird: Das erwachte Gewissen der Gesellschaft werde auch den Ärmeren und Armen den uneingeschränkten Zugang zu geeigneten Anwendungsformen der Psychoanalyse öffnen.

11. Welcher Therapeut ist für Familientherapie geeignet?

Zwei Eheleute wissen miteinander nicht mehr weiter. Sie suchen einen Therapeuten auf. Der eine Ehegatte trägt das Problem lebhaft und zu gewandt vor. Er macht den Eindruck, als sei er sehr offen für die Hilfe des Therapeuten. Er spricht von seinem Vertrauen und äußert sich bereits dankbar über die Gelegenheit zur Aussprache, bevor er noch irgendeine Hilfe bekommen hat. Sein Partner verhält sich umgekehrt so zugeknöpft, als wolle er nicht nur für die eigene Person, sondern auch für den Gatten den therapeutischen Kontakt am liebsten schnell wieder beendet sehen. Er scheint in dem Therapeuten eher einen potentiellen Gegner zu wittern, gegen dessen erwartete Kritik er sich abzuschirmen versucht. Was kann aus dem Fall werden? Nach alter Tradition müßte man jetzt nur weiter fragen: Sind diese beiden Menschen objektiv für eine Behandlung oder Beratung geeignet? Man könnte sie noch durch einen Psychologen testen lassen, der die Ansprechbarkeit der beiden Ehegatten für die eine oder andere Methode genauer gutachtlich klären könnte. Die Frage nach der Behandlungsfähigkeit würde dabei unabhängig von der Person des Therapeuten lediglich als ein Problem objektiver psychologischer Diagnostik behandelt werden. Unter anderem wäre zu prüfen, ob die ratsuchenden Eheleute jeder für sich hinreichend differenziert, intelligent, einsichtig, altruistisch und kooperativ wären und ob sie das in Frage stehende Eheproblem auch tatsächlich als eine gemeinsame Aufgabe ansähen und lösen wollten.

Alle diese Überlegungen zielen auf die sogenannte *«objektive Indikation»* ab. Sind die ratsuchenden Eheleute für den Therapeuten geeignet? Sind sie hinreichend qualifiziert, sein therapeutisches Angebot fruchtbar auszunutzen? Wie selbstverständlich übersieht man dabei allzuleicht die umgekehrte Frage:

Wie ist es denn mit der *Eignung des Therapeuten* für diese Menschen bestellt? Reichen denn seine Voraussetzungen aus, das aufgegebene Problem erfolgreich zu handhaben? Wie steht es also mit der sogenannten *«subjektiven Indikation»*?

Daß diese Frage beim ersten Hinschauen überraschend erscheint, hängt mit dem traditionell autoritär gefärbten Selbstverständnis von Ärzten, Psychotherapeuten und auch Eheberatern zusammen. Repräsentanten dieser Berufe glauben oft, als anständige, examinierte und eventuell sogar lehranalysierte Menschen seien sie automatisch imstande und überdies sogar verpflichtet, bei ihrer Arbeit nur auf objektive Indikationskriterien zu achten. Wenn man sich aber einmal als Therapeut von dieser berufstypischen tradierten Selbstüberschätzung freizumachen versucht, so kann es sehr nützlich sein zu fragen: *Bin ich denn als Therapeut für diese hilfesuchenden Menschen geeignet?* Fühle ich mich im konkreten Fall diesen Klienten gewachsen? Was bewirken zum Beispiel diese geschilderten beiden Eheleute in mir? Kann ich mit dem Teil, der mit offenen Armen hilfesuchend auf mich zukommt, ohne zu enge Fraternisierung oder ängstliche Defensive umgehen? Kann ich mich andererseits dem verstockten, widerspenstigen Partner ohne Enttäuschung mit Freundlichkeit und Optimismus zuwenden? Habe ich bei mir ein gewisses Zutrauen, daß ich mich in das gestörte Gespräch dieser beiden Menschen werde hilfreich einschalten können? Solche Gefühle, die man in sich selbst registriert, sind ein mindestens so beachtliches Indikationskriterium wie noch so differenzierte Persönlichkeitstests bei den Klienten. Denn mögen diese Tests auch sehr subtile Informationen über die Ratsuchenden erbringen, sie können nichts darüber sagen, ob ich als Therapeut mich mit diesen Menschen werde so in Verbindung setzen können, daß eine sinnvolle Hilfe daraus wird. Wenn man sich als Therapeut darin übt, die in den ersten Interviews in einem selbst erweckten Gefühle zu prüfen und für die Indikation in Rechnung zu stellen, dann wird man daraus erheblichen Gewinn ziehen können.

Es ist im übrigen nicht zu bestreiten, daß derartige Gefühle in uneingestandener Weise ohnehin bei Indikationsentscheidungen oft eine Rolle spielen. Wie häufig kommt es doch vor, daß jemand eine objektiv eher zu schwierige Behandlung übernimmt, nur weil er sich von dem Einfluß undurchschauter Sympathieregungen hat hinreißen lassen. Oder daß ein anderer eine objektiv durchaus erfolgversprechende Therapie schnell wieder beendet, nur weil die betreffenden Menschen ihm angst machen oder ihn in seinem Narzißmus gekränkt haben. Wenn man sich also bewußt mit seinen Gefühlen bei der Abwägung der Indikationsentscheidung auseinandersetzt, so macht man nur insofern etwas Neues, als man auf eine seit je in dieser Situation mitspielende Determinante hinschaut, anstatt sie zu verleugnen.

Daß man als Familientherapeut seine eigene seelische Situation in die Kontrolle der Indikationsentscheidung und auch des Beratungs- und Behandlungsprozesses selbst einbezieht, erscheint eigentlich nur für den befremdlich und ängstigend, der daran noch nicht gewöhnt ist. In Wirklichkeit kann man gerade auf diese Weise eigene Ängste wirksam abbauen. Man kann sich nämlich auf diese Art einer Illusion entledigen, die unnötigerweise sehr belasten kann. Viele selbst voll analytisch ausgebildete Therapeuten versuchen in unheilvollem Perfektionismus, sich als Subjekte in ihrer Therapie- oder Beratungsarbeit soweit als möglich zu bloßen Agenten oder Vollziehern einer allgemein verbindlichen Methode zu reduzieren. Das höchste Ziel wäre für sie, als austauschbare Applikanten eines objektiv festgelegten, absolut eindeutigen Verfahrens zu funktionieren, so als wäre jede individuelle Variante nur eine möglichst zu eliminierende Störungsquelle. Dieser verbreitete Perfektionismus läßt sich psychoanalytisch leicht verstehen und verzeihen. Es ist für jeden Therapeuten sehr schwer zu ertragen, daß er lange nicht in dem gewünschten Maße das ihm anvertraute seelische Elend anderer Menschen lindern kann. Und erfahrungsgemäß verstärkt die Angst vor eigenem Ungenügen leicht die Sehnsucht, sich an eine schützende und ganz sichere Methode anzuklammern. Je imperfekter man sich fühlt, um so perfekter glaubt man sein zu müssen, um sich noch ertragen zu können. Und deshalb beobachtet man eben auch in Falldiskussionen um so rigidere und strengere Kritik, je weniger die jeweilige Gruppe daran glaubt, daß sie überhaupt etwas Gutes macht.

An den nachfolgend zu berichtenden Fallbeispielen wird sich erweisen, daß Familientherapie besonders hohe Belastungen für die Person des Therapeuten mit sich bringt. Und zwar liegt die Hauptbeanspruchung auf dem Gebiet der *emotionellen Tragfähigkeit des Therapeuten*. Wenn dieser sich in psychoanalytischer Weise offen allen Wünschen, Ängsten und Aggressionen der verschiedenen Familienmitglieder zuwenden will, dann kann er das nur aushalten, wenn er selbst recht gut ausbalanciert und obendrein speziell für diese sehr strapaziöse Aufgabe positiv motiviert ist. Manche ältere Psychoanalytiker halten es überhaupt für wenig wahrscheinlich, daß ein Therapeut so beschaffen sein könnte, daß er das Geflecht der emotionellen Erwartungen einer neurotischen Familie ohne chaotische Verwirrung oder einseitige Parteinahme zu analysieren vermöchte[41]. Sie meinen, eine Familientherapie müßte aus diesem Grund zwangsläufig entweder im Groben und Allgemeinen steckenbleiben oder auf eine verschleierte Einzeltherapie hinauslaufen. Das heißt: der Familientherapeut werde aus seinen eigenen Bedürfnissen heraus doch immer wieder einen Familienteil insgeheim bevorzugen und einen anderen vernachlässigen. Eine absolut souveräne, unparteiische analytische Familienarbeit überschreite die normale emotionelle Kapazität eines Therapeuten und sei nichts als eine freundliche Utopie.

Daß eine Familientherapie in psychoanalytischem Sinne dennoch praktikabel ist, haben manche familientherapeutische Arbeitsgruppen in verschiedenen Teilen der Welt inzwischen bewiesen. Der generalisierende Einwand beruht also auf einem Vorurteil, das letztlich auf eine Ideologisierung des Ödipus-Komplexes hinausläuft, obwohl Freud gerade dessen Bearbeitung durch nahezu ein halbes Jahrhundert als Hauptziel der Psychoanalyse deklariert hatte. – In der Tat ist es in einer so weitgehend vom Rivalitätsprinzip beherrschten Kultur wie der unseren sehr schwierig, in der Therapie natürlicher Gruppen der Gefahr zu entgehen, Rivalitätskonflikte auszuagieren. Die Neigung zur Abschirmung intimer Zweier-Bündnisse gegen störende Dritte muß in jeder Familientherapie durch einen jeweils neuen Lernprozeß auf seiten der Familienmitglieder wie auf seiten des Therapeuten unter Kontrolle gebracht werden[78]. Aber diese Aufgabe ist, wie zahlreiche geglückte Behandlungsverläufe zeigen, prinzipiell lösbar.

Das defensive Postulat, daß eine psychoanalytische Familientherapie nicht an obligater Unvollkommenheit (das heißt an ödipalen Fixierungen) der Therapeuten scheitern müsse, erscheint allerdings für sich allein nicht hinreichend. Der Hinweis auf die enorme Gegenübertragungs-Belastung für die Familientherapeuten bleibt insofern wichtig, als er jeden angehenden Familientherapeuten veranlassen sollte, sich über die Frage seiner persönlichen Eignung für dieses besonders schwierige Anwendungsgebiet der Psychoanalyse Gedanken zu machen. Er sollte zu klären versuchen, ob er selbst in seinen emotionellen Voraussetzungen eher den Erwartungen der pessimistischen oder denjenigen der optimistischen Beurteiler der Chancen für eine psychoanalytische Familientherapie entspricht.

Freilich läßt sich ein solcher Klärungsprozeß nicht so sehr durch eine einfache introspektive Überlegung als durch die Eigenerfahrung in einer Lehranalyse und möglichst obendrein in einer sogenannten «Selbsterfahrungsgruppe» im Rahmen einer psychotherapeutischen Ausbildung bewerkstelligen. Dabei werden sich im allgemeinen auch die Motive präziser herausschälen, die in dem Betreffenden vorwiegend die Neigung für das ebenso vielversprechende wie heikle Gebiet der Familientherapie begründen.

Einige solcher Motive – förderliche und bedenkliche – seien hier immerhin einer kurzen Betrachtung unterzogen:

Das besondere Interesse für Familientherapie kann damit zusammenhängen, daß Psychotherapeuten aus ihrer eigenen familiären Rolle heraus besonders von der Schwierigkeit fasziniert sind: Wie können in einer Familie alle Mitglieder möglichst weitgehend ihre narzißtischen Bedürfnisse entfalten und zugleich miteinander so umgehen, daß sie sich wechselseitig fördern und stützen? Vielleicht war es für den betreffenden Therapeuten ein besonderes privates Problem, seine mit den Interessen der eigenen Familienangehörigen rivalisierenden kindlichen Wünsche allmählich einzuschränken und zu lernen, «Elternbedürfnisse» mit altruistischen Zielen zu entwickeln und sich durch deren Befriedigung einen Ausgleich zu verschaffen. Etwa zu lernen, daß man von dem Glück des Gefüttert- und Anerkanntwerdens Stück um Stück preisgeben kann, wenn man dafür als Elternfigur die Gratifikation einzutauschen vermag, selbst zu füttern und anzuerkennen? Das Problem der intraindividuellen und der innerfamiliären Ausbalancierung des Verhältnisses von kindlich passiven und elterlich aktiven Bedürfnissen des Nehmens beziehungsweise Gebens mag einen Psychotherapeuten in seiner eigenen Entwicklung besonders belastet haben, ehe er aus seinen Erfahrungen hilfreiche Einsichten zu gewinnen vermochte, die jetzt in seiner Motivation für das Spezialgebiet der Familientherapie mitschwingen. Es schwebt ihm vor, seinen eigenen schmerzlichen, aber letztlich erfolgreichen Lernprozeß für andere in familientherapeutischer Arbeit fruchtbar zu machen.

Eine solche Motivation kann einem Familientherapeuten für seine Arbeit zweifellos mehr dienlich sein als der Wunsch mancher anderer, ungelöste Konflikte in der Entwicklung der eigenen Familie stellvertretend durch Reparatur fremder Familien zu kompensieren. Manch einer möchte zum Beispiel unbedingt fremde Ehepaare beziehungsweise Eltern zu einem Verhalten erziehen, das er sich vergeblich früher von seinen eigenen Eltern gewünscht hatte. Das kann so weit gehen, daß er immer wieder auf fremde Familien sein eigenes Problem projizieren und dort Lösungen anstreben muß, die viel besser für seine eigene Neurose als für die Konflikte der jeweiligen anderen Familien passen. Besonders unheilvoll kann sich das Motiv auswirken, andere Eltern stellvertretend für die eigenen dafür bestrafen zu wollen, daß man wehrlos unter diesen leiden mußte. Derartige Wünsche führen zwangsläufig dazu, daß der Betreffende bei familientherapeutischen Arrangements zu einer mißtrauisch vorurteilshaften Gegenübertragung gegen die Eltern von Kindern neigen wird.

Ein sehr problematisches Motiv besteht darin, daß ein Therapeut sich zu Familientherapie eventuell deshalb hingezogen fühlt, weil er insgeheim hofft, hierbei vergleichsweise mehr *an der Oberfläche* arbeiten zu können. Er fürchtet sich vor dem Umgang mit den tieferen Regressionen, denen man in der individuellen Psychoanalyse unweigerlich ausgesetzt wird. Das ist auch ein Motiv, dem man bei manchen jungen enthusiastischen Gruppentherapie-Interessenten begegnet. Gerade dieser Hang zu einer Art von Oberflächen-Therapie ist indessen mit einer effektiven psychoanalytischen Familientherapie kaum vereinbar. Ein so strukturierter Familientherapeut wird immer in Gefahr kommen, die tieferen Anteile von Familienkonflikten zugunsten oberflächlicher Kompromißlösungen und zudeckender Anpassungsratschläge zu vernachlässigen. Es gibt freilich Fälle, bei denen auch eine einfache pragmatisch orientierte Beratungstechnik etwas bewirken kann. Aber da, wo eine gründliche psychoanalytisch fundierte Arbeit nötig ist, wird ein solcher Therapeut in der Regel scheitern müssen.

Nicht leicht zu trennen von dem eben genannten Motiv ist die Hoffnung, Familientherapie werde mehr *Reize*, mehr *Dynamik*, mehr *Farbigkeit* bieten als die üblichen Langzeit-Einzeltherapien. Man werde sich also bei Familientherapie weniger leicht langweilen als etwa bei der klassischen Psychoanalyse. In manchen Fällen ist es die gleiche, eben bereits geschilderte Angst vor den tieferen unbewußten Prozessen, gegen die sich ein zu labiler Therapeut mit dem Gefühl «Langeweile» abschirmt. Er verleugnet die unerhört dynamischen und damit allerdings auch oft beunruhigenden Momente einer Psychoanalyse. Diese Beunruhigung reduziert er, indem er sich innerlich von dem Patienten zurückzieht, und erreicht damit, daß sich seine Angst in ein Gefühl der Monotonie verwandelt. – Zur «farbigen» Familientherapie zieht es ihn im Grunde deshalb mehr hin, weil er sich hier größere Entlastungsmöglichkeiten durch Agieren erhofft. Er meint, daß er hier nicht so große Spannungen durch langsames Anwachsenlassen regressiver Konstellationen wie in der Einzelanalyse aushalten muß. – Auch in diesem Falle erscheint die Eignung des Betreffenden für Familientherapie sehr zweifelhaft. Wer die Spannungen einer Einzelanalyse nicht ohne starke innere Abwehr aushalten kann, der wird die komplexen Übertragungs- und Gegenübertragungs-Schwierigkeiten in einer psychoanalytischen Familientherapie eher noch schlechter ertragen.

Aber die Hoffnung auf die besondere «Farbigkeit» der Familientherapie findet man auch bei Therapeuten mit gewissen *depressiven* Zügen, die sich von der bewegteren Szenerie einer Familientherapie eine aktivierende Stimulation versprechen. Umgekehrt scheuen sie in manchen Fällen analytische Einzeltherapien, bei denen speziell depressiv getönte Episoden im Behandlungsverlauf zu erwarten sind. Sie fürchten, ihre eigene depressive Komponente könnte dadurch in unangenehmer Weise aktualisiert werden. In der Tat kommt in Familientherapien bereits vom Arrangement her leichter eine «hysterische» Note hinein. Das bewegte Hin und Her in der affektiven Interaktion, in das sich der Therapeut einzuschalten hat, mag auf diesen einen erwünschten mobilisierenden Effekt ausüben.

Insofern muß es nicht unbedingt von Schaden sein, wenn ein Familientherapeut die besondere Dynamik der Familienarbeit für seine Struktur gut gebrauchen kann. Dabei versteht es sich von selbst, daß ein Familientherapeut nicht im klinischen Sinne depressive Symptome haben dürfte, denn sonst könnte er die Problemvielfalt einer komplexen Familienneurose sicherlich nicht innerlich auffangen.

Verkappte *Größenideen* der verschiedensten Art spielen nicht selten als motivierende Momente hinein. Jemand möchte sich gern als mächtiger Richter in familiären Streitfällen darstellen. Ein anderer erstrebt für sich die Rolle eines wunderbaren Samariters für Gruppen von Gescheiterten und Verzweifelten. Wieder ein anderer mag daran denken, daß er als Familientherapeut seine psychotherapeutischen Kollegen an Kühnheit übertreffen könne. Immerhin ist der Mut nicht zu verkennen, den es erfordert, sich die komplexe Problematik systematisierter Familienneurosen aufzubürden. Aber warum sollte einer auf den Mut nicht stolz sein, wenn er ihn für eine sinnvolle und gut durchdachte schwere Aufgabe aufzubringen vermag? Verhängnisvoll werden solche Omnipotenzwünsche doch erst dann, wenn sie blind und ohne vernünftige Risikokontrolle agiert werden. Also wenn zum Beispiel aussichtslose Familienanalysen aus bloßer Tollkühnheit ohne hinreichende Abwägung der Bedingungen probiert werden. Man darf sich natürlich nicht darüber hinwegtäuschen, daß eine geduldige und gründliche analytische Bearbeitung eines sehr begrenzten Problems bei einem einzelnen Patienten immer noch viel mehr wert ist als eine noch so mutig arrangierte, aber in einem Chaos endende Familientherapie.

Größenvorstellungen können auch durch den Gedanken befriedigt werden, daß man gern zu den Pionieren gehören möchte, die für die Psychoanalyse – und für die Gesellschaft – ein neues fruchtbares therapeutisches Terrain erschließen. Auch hier fragt sich, inwieweit Ehrgeiz, Konkurrenzeifer, Neid auf Freud usw. den Blick für die Realitäten trüben oder umgekehrt sogar für gewisse Gegebenheiten in nützlicher Weise schärfen. Allgemein läßt sich wohl sagen, daß diejenigen, die auf einem relativ neuen Felde experimentieren, eine Spur von Pionier-Größenwahn gut gebrauchen können, um die allfälligen Mißfallensäußerungen und Vorurteile aus dem Lager der Traditionalisten zu ertragen, ohne gleich aus Angst die Flinte ins Korn zu werfen.

Immerhin erscheinen manche der soeben aufgereihten mehr oder minder unbewußten Motive, die eine Vorliebe für Familientherapie begründen können, tatsächlich eher bedenklich. Immer unter der Voraussetzung, daß diese Motive keiner zureichenden Selbstkontrolle unterliegen. Unheilvoll erscheinen – um es noch einmal zusammenzufassen – zum Beispiel der unbewußte Zwang, andere Familien immer nur nach dem Schema der eigenen Familienneurose diagnostizieren beziehungsweise reparieren zu wollen oder sich an anderen Eltern stellvertretend für das von den eigenen Eltern zugefügte Unrecht rächen zu wollen. Besonders gefährlich ist der Wunsch einiger instabiler Psychotherapeuten, auf das Feld der Familientherapie auszuweichen, weil sie in ihrer Angst vor dem Unbewußten in der Familienarbeit noch am ehesten Gelegenheit für eine agierende Oberflächentherapie zu finden hoffen. Als Attraktion für Aspiranten dieses Typs würde die Familientherapie sehr schnell aus der lebenswichtigen Verbindung mit der Psychoanalyse ausbrechen und sich auf einen wilden dilettantischen Pragmatismus hin entwickeln.

Es ist allerdings eher zu erwarten, daß die großen objektiven Schwierigkeiten in der Familientherapie demjenigen selbst zum Verhängnis werden, dessen Motivation als Therapeut seiner Aufgabe allzu unangemessen ist. Der verwickelte Aufbau von Familienneurosen mit den verschiedenen einander ergänzenden und überformenden Konfliktmomenten erzwingt eine überaus behutsame und genau durchdachte Arbeit mit den verschiedenen Teilnehmern. Sobald eine Familie spürt, daß der Therapeut mit ihr beziehungsweise mit einem Teil von ihr mit besonderem Ehrgeiz, Rivalität, Angst, Racheimpulsen, Verführungswünschen usw. agiert, muß der Therapeut dafür büßen. Man spielt mit ihm, man veranstaltet mit ihm Tauziehen oder entledigt sich seiner einfach. Bei familiären Symptomneurosen wird er dann leicht in innerfamiliäre Spaltungsprozesse hineingezogen. Neurotisch charaktergestörte Familien werden ihn eher solidarisch entwaffnen, zum Beispiel verführen und damit paralysieren, oder auch gleich ausstoßen.

Beispiele für Familientherapie

12. Kampf uud Aussöhnung einer Arbeiterfamilie

Da kommt eine junge Frau, blaß und verhärmt, und klagt mit matter Stimme ihr Leid über ihren Mann, über ihren Schwiegervater und dessen Mutter. Im gleichen Atemzug erwähnt sie ihre Kopfschmerzen und Magenbeschwerden. Daß diese körperlichen Beschwerden mit den Familienproblemen zusammenhängen, das liefert sie als spontane Überzeugung.

Früher war sie Stationshilfe in einem Krankenhaus. Jetzt versorgt sie als Mutter von zwei Kindern, Sohn und Tochter, nur noch ihren Haushalt. Sie ist Ostflüchtling. Alle Angehörigen und früheren Freundinnen sind weit weg.

Um sie herum ist lediglich der Kreis ihres Mannes und dessen Familie, und die sind alle miteinander verzankt, erläutert sie. Sie lebt mit Mann und Kindern im Hause des Schwiegervaters, in dem auch noch die Großmutter des Mannes offensichtlich eine ziemlich intrigante Rolle spielt. Bei der Hochzeit hatte die junge Frau noch geglaubt, einen besonders liebebedürftigen und anhänglichen Ehemann gefunden zu haben. Er hatte seine Mutter früh verloren, und es schien ihr, da auch sie sich vereinsamt fühlte, sie würden einander sehr nötig und deshalb eine sehr enge Gefühlsbindung haben. Aber: «Schon seit langer Zeit spricht er kaum mehr mit mir. Kein einziges liebes Wort. Keine Zärtlichkeit. Mit dem Sohn schimpft er nur. Ich kann das nicht mehr ertragen!» Weil er so hart und streng sei, habe sie inzwischen körperlich keine Empfindungen mehr für ihn, sondern nur noch gegen ihn.

Die junge Frau ist sichtlich zermürbt und ratlos. Sie weint bei ihrer Geschichte. Aber sie ist zugleich ein besonnener Mensch mit sehr vernünftigen Gedanken. Sie versucht zu verstehen, warum ihr Mann sie durch seine Art so sehr quält: Er kenne, so berichtet sie, von Kindheit auf nur Haß und Zwietracht. Seine Eltern hätten sich nicht gut verstanden. Jetzt hasse seine Großmutter seinen Vater, sein Vater die Großmutter, aber beide seien wieder darin einig, ihren Ehemann und sie selbst zu quälen. Und die Großmutter beginne jetzt schon, die Kinder der Patientin gegeneinander auszuspielen. Wörtlich: «Ich glaube, in dieser Familie werden die Strenge und der Haß immer von einer Generation an die nächste weitergegeben!» Sie sehe das alles genau. Sie verstehe auch, daß ihr Mann zu ihr vielleicht anders sein könnte, wenn er von Vater und Großmutter nicht so viele Kränkungen einstecken müßte. Aber sie könne es eben trotzdem nicht aushalten.

Der Arzt schlägt ihr vor, zum nächsten Gespräch den Ehemann mitzubringen. «Aber der wird sicher keinen Ton sagen!» gibt sie zu bedenken. Sie will es immerhin versuchen, das gemeinsame Treffen zustande zu bringen.

Tatsächlich kommt der Ehemann zum nächsten Termin. Der Therapeut spricht zuerst allein mit dem mürrisch dreinblickenden wortkargen Monteur, einem bärenhaft athletischen Mann. Er redet recht ungewandt, aber man merkt, er mag sich eigentlich auch nicht äußern. Alles klingt bei ihm wie ein unwilliges Brummen. Offenbar erwartet er, daß man ihm Vorhaltungen machen und von ihm verlangen würde, zu seiner Frau freundlicher zu sein. Er ist jedenfalls erst auf Verteidigung eingestellt. Aber allmählich läßt das mißtrauische Belauern nach, und stockend gibt er einiges von sich preis. «Meine Frau will immer, daß Wahrheit herrscht. Aber ich sage oft was anderes, denn sonst kriege ich von der Oma und meinem Vater gar nichts.» Und dann rückt er allmählich damit heraus, daß man ihm zu Hause noch nie etwas Anerkennendes gesagt habe. Und er müsse alles von Vater und Oma einstecken, weil die Familie ja in dem Haus des Vaters ohne Miete lebe. Er habe auch schon so viel Reparaturarbeit in das Haus hineingesteckt, daß er es nicht fertigbringe, hinauszugehen.

Und dann nimmt er ein Stück Papier, das beim Arzt auf dem Tisch liegt, und zeichnet auf, was er alles schon an dem Bauernhof geändert und renoviert habe. Er zeichnet und zeichnet ganz genau und will immer wieder vom Arzt wissen, ob dieser es auch verstehe. Da geht dem Therapeuten auf: ‹jetzt faßt dieser Mann Zutrauen. Das Sprechen ist nicht so sehr seine Sache. Aber das Arbeiten mit der Hand. Und jetzt testet er mich, ob ich ihn wohl dadurch anerkennen würde, daß ich etwas Gutes zu seinen Arbeiten sagen würde.› Der Arzt bestätigt ihn in dieser Erwartung. «Sehen Sie», sagt der Mann, «und da hat mein Vater gesagt, das ist alles gar nichts. Und ein Handwerker hätte das besser gemacht. Und für die Scheunentür, da hat er dann Handwerker geholt. Ich sollte das nicht machen. Dabei hätte ich das wahrscheinlich besser geschafft, usw. usw.» So geht das eine halbe Stunde, und beim nächsten Besuch ist es ähnlich. Da erzählt er dem Arzt von einer Arbeit bei seiner Firma, mit der man unberechtigterweise unzufrieden gewesen sei. Und wieder zeichnet er auf Papier. Es geht um eine knifflige Verlegung von Leitungen. «Es gibt Leute, denen kann man nichts recht machen. Immer wird man mit Worten bombardiert. Ich schlucke das alles, ich kann nie abschalten. Da ärgert einen am Ende die Fliege an der Wand. Man ist gereizt bis dort hinaus.»

So geht das fort und fort. So ungeheuer drückt ihn der Zweifel, ob er überhaupt zu etwas tauge, daß er die Gelegenheit des Kontaktes mit dem Therapeuten fast ausschließlich dazu nützt, sich zu rechtfertigen und sich gutheißen zu lassen. Wie ein kleiner, immer kritisierter Junge, der zum erstenmal jemand gefunden hat, der das alles schön findet, was er malt oder mit dem Baukasten baut. Es ist eine Entlastung und Bestätigung für ihn durch einen Kontakt fast ohne Worte. Aber wie kann dieser Mann denn lernen, zu seiner Frau und zu seinen Kindern gut zu sein, solange er sich selbst nicht gut fühlt und sich immer nur wie ein Angeklagter vorkommt? Offenbar verstehen es Großmutter und Vater allzugut, ihm immerfort Schuldgefühle zu machen. In seiner unbeholfenen Wortkargheit ist er immer nur verzweifelt und wütend. Und eine einzige Methode kennt er, um ein wenig Selbstachtung zu retten und um Gunst zu werben: das Arbeiten mit der Hand. Aber auch damit kommt er nicht recht an. Immerhin ist er in dieser Hinsicht wie besessen. Er ist fleißig, ja mehr als das. «Ich kann überhaupt nicht feiern!» Und er meint: Er bringe es nicht über sich, so wie die anderen Arbeitskollegen einmal wegen einer Erkältung ein paar Tage blauzumachen. «Es gibt für mich nichts Schlimmeres als Sonntage und Feiertage!» Er mag auch nicht mit der Frau am Tisch sitzen und etwas erzählen. «Aber das würde sie wohl brauchen, das ist sie von ihrer Familie her so gewöhnt», sagt er.

Damit hat er ganz recht. Die Ehefrau sucht freundliche Gespräche, liebevollen Kontakt. Sie macht sich viele Gedanken und braucht so etwas, was man geistigen Austausch nennen könnte. Statt dessen ist sie isoliert in einer fremden Familie, in der man sich nur wechselseitig angreift und verteidigt. Und sie hat einen Ehemann, der an sie und die Kinder vieles von dem Druck weitergibt, den Großmutter und Vater mit ihren ständigen Tadeln und Schikanen ihm aufbürden. Und wenn er gut sein und etwas von Liebe zeigen will, dann bastelt er sonntags Möbel oder sonstige Gegenstände und wundert sich, daß seine Frau etwas anderes erwartet und enttäuscht bleibt. Dabei besteht das tragische Mißverständnis darin, daß er glaubt, er müsse nur noch mehr und noch Besseres *schaffen*, damit man mit ihm zufrieden werde. Statt dessen will die Frau nicht, daß er mehr arbeitet, sondern daß er mehr mit ihr *spricht*. Je mehr sie indessen resigniert und ihre Enttäuschung kundgibt, um so weniger spricht er. Oder wenn, dann nur etwas Unfreundliches, Brummiges. Denn das ist ja eben der Stil seiner Familie, den er als einzigen gelernt hat: Schläge einstecken und austeilen. Erntest du von jemand Mißbilligung, dann mußt du ihn noch mehr quälen!

Als vorläufige diagnostische Bilanz ergibt sich, daß die Frau offensichtlich weniger gestört ist als der Mann, obwohl sie unter dem Druck der häuslichen Spannung echte medizinische Krankheitssymptome entwickelt hat, während er nie darauf gekommen wäre, von sich aus fremde Hilfe zu suchen. Er reagiert seine Schuldgefühle und Wut durch trotziges Schweigen und Schimpfen ab. Seine psychosozialen Abwehrmechanismen, seine verbale Undifferenziertheit und Plumpheit könnten einen leicht veranlassen, mit ihm eine intensivere therapeutische Arbeit für sinnlos zu halten und die weitere Betreuung auf die sehr viel zugänglichere und an Aussprachen interessierte Ehefrau zu beschränken. Tatsächlich hat der Arzt bei dem Mann etwas Angst, ob er imstande sein werde, ihn in der Formulierung seiner Probleme mit Hilfe seiner technischen Zeichnungen und seiner Arbeitsschilderungen gut genug zu verstehen. Schließlich muß der Mann das Gefühl gewinnen, daß der Therapeut sich in seiner Welt zurechtfinden kann. Daß der Arzt, wenn er sich anerkennend äußert, auch wirklich die Aufgabe, zum Beispiel der Leitungsverlegungen, aus seinen Zeichnungen beurteilen kann. Denn der Therapeut spürt, daß der Mann nicht etwa unverbindliche Bestätigungen wie Almosen sucht, sondern eine echte sachverständige Würdigung seiner Leistungen, mit deren Hilfe er um seine Selbstachtung ringt. Der Arzt sieht, daß er sich viel Mühe wird geben müssen, um von dem Monteur als adäquater Partner akzeptiert zu werden. Aber er entschließt sich zu dem Wagnis, weil der Ehemann eine Schlüsselfigur für das Schicksal des Ehe- und Erziehungsproblems darstellt. Der Therapeut läßt sich auch von der Empfindung leiten, daß er interessiert ist, diesen verstockten mürrischen Mann aus seiner tiefen narzißtischen Gekränktheit ein Stück weit herauszuholen. Er hofft, daß dieser dann mehr von seiner jetzt bereits durchspürbaren positiven Einstellung zu Frau und Kind wird zeigen können. Um die Chancen der Zusammenarbeit mit der Frau macht der Therapeut sich weniger Sorgen. Denn er fühlt, daß sie deutlich motiviert ist, mit seiner Hilfe ihre resignative Defensivhaltung gegen den Mann zu mildern, wenn dieser nur etwas aufgeschlossener werden würde.

Der Arzt hat einige Gespräche mit Mann und Frau getrennt, aber zwischendurch redet man auch zu dritt miteinander. Es wird ziemlich klar, daß Großmutter und Vater so verhärtet in ihrer Haltung sind, daß es nicht aussichtsreich erscheint, sie auch noch in die Arbeit einzubeziehen. Diese beiden, also Vater und Großmutter, haben sich ganz darauf eingespielt, ihre starke gegenseitige Spannung periodisch dadurch zu entladen, daß sie den jungen Ehemann zum Prügelknaben machen. Die Beratung kann offensichtlich nur darauf abzielen, das junge Ehepaar gegen den Druck der Alten besser abzuschirmen und genau das zu unterbrechen, was die junge Frau treffend als Familientradition gekennzeichnet hatte, nämlich das Weitergeben von Haß und Schuldgefühlen immer wieder von einem zum anderen und von einer Generation zur nächsten.

Der Therapeut wird wohl deshalb von beiden Ehepartnern akzeptiert, weil er zunächst jedem von den beiden etwas geben kann, was dieser vorher sehr vermißt hat. Die in der Familie isolierte junge Frau kann endlich einmal ihre Probleme aussprechen und sich verstanden fühlen. Und der unbeholfene Mann, der zunächst nichts anderes als eine leidliche Wiederherstellung seiner Selbstachtung dadurch sucht, daß einer das lobt, was er mit seinen Händen macht, der kommt beim Arzt auch zum Ziel. Dieser gestattet ihm gern, daß er ihm stundenlang seine Arbeiten aufzeichnet, seine Pläne künftiger Umbauarbeiten und Basteleien entwirft. Denn der Therapeut versteht genau: Der Mann kann sich so lange noch nicht als verantwortlicher Ehemann und Vater fühlen, als er sich immer noch wie ein Junge empfindet, der es keinem recht macht. Der immer wieder seine Arbeiten zu Prüfungen vorlegt und damit durchfällt, indem niemand sich dafür interessiert beziehungsweise es anerkennt. Mag damit die Betreuung bei ihm auch eher dem Stil der Behandlung von Jugendlichen folgen – denn da verläuft psychotherapeutische Arbeit ja häufig in dieser Weise –, der Mann findet so zunächst die beste Hilfe. Wenn man will, könnte man sagen, der Mann spiele mit dem Arzt einen vorher nicht bestandenen Initiationsritus durch. Der Arzt soll ein Vater sein, der ihn streng examiniert, ihn aber dann akzeptiert: «Du hast deine Sache so gut gemacht, daß du jetzt ein Recht hast, ein erwachsener Mann zu sein!» – Denn dieses Recht will der Mann in seinen vielen Skrupeln und Selbstvorwürfen nachweisen. Erst dann getraut er sich, Vater und Großmutter standzuhalten und sich gegen ihre fortgesetzten Demütigungen zu wehren. Durch die Unduldsamkeit der genossenen Erziehung steckt er tief in moralischen Selbstzweifeln. Man muß auf diese Zweifel eingehen und seine wochenlang andauernde Bemühung zur Selbstrechtfertigung zu einem Erfolg bringen. Sonst würde er in der Betreuung nicht gut mitwirken.

Schon nach kurzer Zeit zeigt sich ein Effekt, den man in einer Familienbetreuung stets als Fortschritt werten kann: Die junge Frau wie ihr Mann reden weniger davon, was ihnen die anderen antun und was speziell jeweils der Partner mit ihnen nicht richtig mache. Sondern sie sprechen eigentlich fast nur noch über ihre eigenen Fehler. Ursprünglich hatte die Frau im Interview gesagt: «Weil mein Mann so lieblos zu mir ist, habe ich auch keine körperlichen Empfindungen für ihn.» Das heißt: er habe an ihrer Frigidität schuld. Diese Frigidität sei nichts als eine unvermeidliche Reaktion auf seine rücksichtslose Art. Nach wenigen Stunden sagt sie: «Es tut mir leid, daß ich in sexueller Hinsicht meinem Mann das nicht geben kann, was er braucht. Er leidet bestimmt darunter.» Das heißt: ihre rein defensive Haltung gegenüber dem Partner weicht einer liebevolleren Einstellung. Sie will ihm mehr als vorher geben, weil sie dankbar dafür ist, wie er sich verändert hat.

Sie kann es kaum begreifen: Es sei so gut, daß ihr Mann jetzt auch hierher zur Sprechstunde komme. So viel wie in den letzten Wochen habe er im ganzen vergangenen Jahr nicht mit ihr geredet. Er sei auch mit den Kindern schon duldsamer. Sie entschuldigt sich, daß sie ihren Mann hier erst so schlecht gemacht habe: «Ich schäme mich richtig deswegen!»

Der Ehemann wird nicht nur ihr gegenüber freier. Er wehrt sich viel mutiger in seinem Betrieb, wo man ja bisher gewöhnt war, daß er alle Zurechtweisungen wortlos einsteckte. Stolz erzählt er: Sein Chef, ein mit ihm gleichaltriger Mann, habe ihm vorgeworfen, daß er mit der Verlegung von Leitungen noch nicht fertig geworden sei. «Den habe ich ganz schön abfahren lassen!» Er habe den Chef darüber belehren können, daß die ihm übergebenen Zeichnungen falsch gewesen seien und daß er deshalb bestimmte Arbeiten noch nicht habe machen können. Der junge Chef habe die Belehrung schlucken müssen und nichts dagegen vorbringen können.

Auch mit der Großmutter hat er endlich einmal in einem Streit bestanden. Wie schon oft hat die alte Frau zu ihm gesagt: «Wenn ich bald sterbe, wirst du schuld daran sein!» Er habe geantwortet: «Wenn ich schon schuld sein soll, dann kannst du ja auch gleich sterben. Du redest ja ohnehin dauernd davon!» Seitdem lasse ihn die Großmutter in Ruhe, sie mache sogar einen Bogen um ihn, wenn sie ihn sehe.

Der Therapeut spricht auch mit beiden Ehepartnern über ihre sexuellen Schwierigkeiten. Die Frau ist sehr durch das Zugeständnis ihres Mannes entlastet, daß er sich nicht beeinträchtigt fühle und nicht unter ihren Schwierigkeiten leide. Da der Mann auch schon bemerkt hat, daß ihre sexuelle Reaktion stark von dem Auf und Ab der innerfamiliären Spannungen abhängt, sieht er eine Möglichkeit, zu der Überwindung dieser Schwierigkeiten künftig mehr beizutragen.

Sie ist dankbar für sein Verständnis. Und eine ihrer Antworten ist eine erstaunliche Veränderung in ihrer äußeren Aufmachung. Nach einigen Wochen ist die verhärmte, unscheinbar gekleidete Frau kaum wiederzuerkennen. Sie hat sich eine jugendliche moderne Frisur anfertigen lassen und zeigt sich modisch attraktiv gekleidet. Aus der vorgealtert wirkenden, unattraktiven Person ist eine sehr hübsche junge Frau geworden, die um ihren Mann werben und ihn nicht länger enttäuscht zurückweisen will. Sie hat im übrigen einzusehen gelernt, daß sie ihn überfordern würde, wenn sie von ihm weiterhin eine volle Erfüllung ihrer Bedürfnisse nach Gedankenaustausch, nach anregenden Gesprächen erwarten würde. Dazu muß sie sich andere Kontakte schaffen, vor deren Aufnahme sie sich bisher gefürchtet hatte.

Am Ende sieht es auch so aus, als werde sich das Problem der abhängigen Gastrolle der Eheleute in dem väterlichen Haus bald lösen lassen. Der Ehemann ist an den Vater herangetreten. Der scheint bereit, auf dem Wege einer fälligen Vermögensteilung das Haus auf den Sohn umschreiben zu lassen. Dieser fühlt sich außerordentlich ermutigt durch diese Aussicht, zumal er dann auch eine stärkere Position gegenüber der im gleichen Hause wohnenden Großmutter haben würde.

So geschieht es immer wieder in einer solchen Behandlung. Wenn einer lernt, sich mehr als vorher erwachsen zu fühlen, dann schafft er es meist auch bald, seine äußeren Verhältnisse in dieser Richtung zu ändern. Man sieht dann: Jemand wurde vorher nur deshalb von der Umgebung immer so klein gehalten, weil man ihm angemerkt hatte, daß er es gar nicht wagen würde, sich wie ein Erwachsener durchzusetzen. – Jetzt fühlt der junge Mann sich stärker, und schon kann er die bevormundenden Autoritäten Großmutter, Vater, Chef veranlassen, ihn mehr zu respektieren. Und sofort hat er auch mehr Kraft, seiner Frau und seinen Kindern etwas zu geben, was er vorher – als gequälter, unbefriedigter Junge – noch nicht zur Verfügung hatte.

Wie nebenbei sind die Schmerzen der jungen Frau bald völlig verschwunden. Sie haben ihre Aufgabe erfüllt, Hilfe zu mobilisieren für ein Problem, dessen Spur von diesen körperlichen Symptomen aus allerdings erst noch ziemlich weit zu verfolgen war, ehe es an seiner richtigen Stelle bearbeitet werden konnte. Nach einem Vierteljahr haben beide Eheleute das Gefühl, sie kämen jetzt gut zurecht und könnten es künftig allein ohne fremde Hilfe schaffen.

Die günstige Entwicklung in diesem wie in ähnlichen Fällen hat zur Voraussetzung, daß untergründig eine positive Bindung der Partner aneinander besteht. Beide meinen es gut miteinander. Aber sie geben einander etwas, was jeweils der andere nicht haben will. Und sie suchen jeder beim anderen etwas, was dieser gerade nicht gibt. Dieses wechselseitige Verfehlen oder Mißverstehen ist hier kein Vorwand für einen narzißtischen Rückzug der Partner voneinander wie in sehr viel weniger aussichtsreichen Fällen. Sondern beide wollen miteinander kommunizieren. Aber sie vermissen beim Partner jeweils die passende Antwort für ihre Wünsche. Und so probiert nun jeder fatalerweise, durch trotziges Beharren auf seinen speziellen Wünschen den anderen zum Einlenken zu zwingen. Der Mann möchte wie ein kleiner Junge für seine manuellen Werke bestätigt werden, die zugleich fast die einzige Ausdrucksform seiner Liebesmöglichkeiten darstellen. Aber die Frau fühlt sich eher frustriert als verwöhnt, wenn er ihr sonntags einen Stuhl oder ein Kästchen baut. Denn sie sucht Gespräch und Zärtlichkeit. So verweigert sie ihm die Anerkennung für den Stuhl, er wiederum schweigt beziehungsweise brummt noch verstockter als vorher. Sie als die Zartere bricht am Ende zusammen und arrangiert nun eine Situation, in der ein Therapeut ihnen helfen kann, den sinnlosen Kampf zu beenden und wieder zu lernen, die Sprache des Partners zu verstehen. Es ist auch sehr vernünftig, daß sich beide in dem Augenblick von dem Arzt zurückziehen, als sie wieder miteinander kommunizieren können. Denn nachdem sie an der Probefigur des Therapeuten gelernt haben, ihre vorher unduldsam hartnäckigen Wünsche aufzulockern und zum Teil auch zu revidieren, sollen sie diese nun wieder ganz in das Gespräch mit dem Ehepartner einbauen.

Dieser Fall zeigt auch besonders instruktiv die Bedeutung und die Probleme der Gegenübertragung des Therapeuten bei einer derartigen Ehepaarbehandlung. Man könnte als Therapeut in Versuchung geraten, die kluge junge Frau dafür zu bedauern, daß sie an einen derart unbeholfenen und geistig so wenig regsamen Mann geraten ist. Man könnte phantasieren, daß man ihr als Therapeut erhebliche Befriedigung in der Rolle eines Ersatzpartners verschaffen könnte, der sehr viel intensiver und differenzierter an ihren Problemen Anteil zu nehmen verstände als ihr Mann. Und von da aus wäre es nur noch ein kleiner Schritt, ihr in der Therapie ein wenig mehr Beachtung und Freundlichkeit zu widmen als ihrem Ehegatten. Damit würde man also trotz Aufrechterhaltung eines familientherapeutischen Arrangements uneingestanden mit der Frau gegen ihren Mann paktieren. Dies würde sofort die Atmosphäre der Behandlung stören, ohne daß man als Therapeut direkte Unkorrektheiten in seinen verbalen Interventionen begehen müßte. Der Mann würde sicher den unterdrückten Anflug von Rivalitätsgefühlen beim Therapeuten spüren und sich von vornherein resignativ zurückziehen. Die Frau wiederum würde sich dem Therapeuten mit zu starken Erwartungen zuwenden. Sie würde zwar durch eine intensive Übertragungsbefriedigung vielleicht auch vorübergehend genügend entlastet werden, um ihre Symptome für eine Weile zu verlieren. Aber dies geschähe dann auf Kosten einer Entfremdung von ihrem Mann. Dieser würde die Distanzierung seiner Frau kaum mit liebevollen Gesten an ihre und der Kinder Adresse honorieren. Bei der verhältnismäßigen Grobheit seiner Struktur würde er die Familie im Gegenteil vermutlich bald wieder terrorisieren, in Verfolgung seiner gewohnten Prügelknaben-Abwehrtaktik. Und spätestens nach Auflösung des stützenden Kontaktes mit dem Therapeuten wäre eine erneute Dekompensation der Frau fällig.

Gerade in solchen Fällen, in denen ein Familienteil massiv agiert und einen oder mehrere Partner überfordert und zum Zusammenbruch treibt, ist es erfahrungsgemäß besonders schwierig für den Arzt, sein therapeutisches Wohlwollen nach beiden Seiten hin gleichmäßig zu verteilen. Aber ohne diese Voraussetzung ist eine aussichtsreiche Familientherapie schlechterdings nicht möglich. Infolgedessen muß man sich als Therapeut planmäßig darum bemühen, dem agierenden Familienteil näherzukommen und durch Verständnis für seine Schwierigkeiten Gefühle von Antipathie oder gar moralische Vorbehalte ihm gegenüber zu überwinden. Im Falle des anfänglich so unfreundlich erscheinenden Monteurs stellte sich ja zum Beispiel bei näherem Kontakt auch heraus, daß sich hinter der Fassade von Schroffheit, Verbitterung und Unfreundlichkeit ein armer, Anerkennung heischender Mensch verbarg, dem man sich ohne Selbstüberwindung gern therapeutisch zuwenden mochte.

Neben der Bedeutung der Gegenübertragung des Therapeuten veranschaulicht der Fall indessen noch einen besonderen Umstand, auf den bereits in Kapitel 10 ausführlicher eingegangen wurde. Man sieht: Durch den familientherapeutischen Ansatz kann man ein Familienmitglied erfassen, das zwar innerhalb der Familienneurose eine enorme Rolle spielt, das aber nie spontan zum Arzt gegangen wäre. Der Ehemann hat ja auch kein Symptom im engeren medizinischen Sinne. Seine grimmige Verstocktheit ist schließlich kein Defekt, für den sich normalerweise die Medizin für zuständig erklären würde. Der Mann leitet seine Spannungen, provoziert durch den Druck von Vater und Großmutter, auf Frau und Sohn ab. Erst bei Umstellung auf eine sozialpsychologische Betrachtungsweise kann man sich klarmachen, daß die Frau in ihrer Symptomatik eigentlich eine Krankheit ausdrückt, an der ihr Mann eher noch einen größeren ursächlichen Anteil hat als sie selbst. Sie ist das Hauptsymptom der Symptomfamilie. Und daher ist es vollauf legitim, den Ehemann trotz seiner «Gesundheit» zum Mitpatienten zu organisieren. Er gehört in die Kategorie der vielen latent kranken Individuen, die üblicherweise ärztlicher Behandlung entgehen, obwohl auf sie ein hoher Verantwortungsanteil an den Neurosen ihrer Familien entfällt. Der zu erhoffende weitere Ausbau der Familientherapie böte erstmalig die Chance, dieses unter sozialmedizinischem Aspekt außerordentlich bedeutungsvolle Kollektiv von «verhinderten Patienten» im Sinne einer kausalen Therapie mit zu erfassen.

13. *Eine dreißigjährige Tochter wird erwachsen*

In der Sprechstunde erscheinen aus einer benachbarten Großstadt Mutter und Tochter. Von der äußeren Erscheinung her würde man ihnen ihr Verwandtschaftsverhältnis kaum anmerken. Die Mutter, Postbeamtenwitwe, ist eine resolut auftretende, stämmig rundliche Frau. Obwohl durch ein Beinleiden behindert – sie geht am Stock und hinkt –, wirkt sie ausgesprochen energievoll und resolut. Die Tochter, als Medizinalassistentin schon seit mehreren Jahren arbeitsunfähig, erscheint neben ihr wie hilflos, verloren: eine zierliche, schwarzhaarige Person mit puppenhaft wirkenden Gesichtszügen, der man ihr Alter von dreißig Jahren ebensowenig wie ihre siebenjährige Ehe glauben möchte.

Es stellt sich heraus, daß die Schwester der Mutter die Vorstellung beim Therapeuten empfohlen hat. Grund ist eine langjährige rätselvolle Krankheit der Tochter. Es ist der Mutter ersichtlich unbehaglich, als der Arzt darum bittet, sich erst einmal mit der Tochter allein zu unterhalten. Sie meldet sogleich ihren nachdrücklichen Wunsch an, daß der Therapeut auch sie anschließend unbedingt anhören möge. Es kostet sie einige Selbstüberwindung, das Sprechzimmer für eine Weile zu verlassen.

Im Interview mit der Tochter fällt auf, daß diese immer wieder äußert: «Meine Mutter sagt, ich sei ...», «ich solle nicht ...», «ich müsse ...» Sie stellt sich so dar, als ob ihre Symptome, ihre Gefühle und ihre Meinungen nur zum Teil ihr gehörten und als wäre ihre Mutter für alles mitverantwortlich, was mit ihr und in ihr vor sich gehe. An manchen Punkten befindet sie sich zwar offensichtlich in einem gewissen Widerspruch zur Mutter. So kommt heraus, daß sie sich für kränker halte, als die Mutter glaube. Sie fühle sich auch von ihr zu sehr bevormundet. Die Mutter gebe ihr zuwenig Spielraum. Aber gleich darauf bittet sie den Therapeuten, er möge der Mutter um Himmels willen nichts von diesen Vorwürfen sagen. Diese würde das nicht vertragen und mit ihr nachträglich sehr schimpfen. Im übrigen meine ihre Mutter es ja auch sehr gut mit ihr. «Ich kann alles von ihr haben!» – Man erkennt also, die Tochter fühlt sich trotz gewisser oppositioneller Gefühle von der Mutter absolut abhängig. Sie wünscht sich zwar, daß der Therapeut ihr helfen möge, manche ihrer bisher frustrierten Ansprüche bei der Mutter durchzusetzen. Aber sie will dabei selbst aus dem Spiel bleiben. Denn einer offenen Auseinandersetzung mit der Mutter fühlt sie sich nicht gewachsen. Ihre ängstliche, aber auch ein wenig kokette Art, dem Arzt ein heimliches Bündnis anzubieten, erinnert frappant an die List kleiner Mädchen, die ihre Mütter mit Hilfe der heimlich verführten Väter in Schach zu halten versuchen, ohne die Mütter eine direkte Herausforderung spüren zu lassen.

Schon nach der ersten Viertelstunde der Unterhaltung kann

man auf Grund psychoanalytischer Erfahrungen vermuten: Diese junge Frau dürfte einen eher verwöhnenden und leicht verführbaren Vater gehabt haben. Bei ihm dürfte sie die Taktik erlernt haben, die sie jetzt auf den Therapeuten anwendet. Aber man bekommt zugleich Zweifel, ob der Vater stark genug war, ihr viel mehr als ein heimliches zärtliches Einvernehmen zu bieten. Denn die Herrschaft der Mutter scheint ganz und gar ungebrochen.

Die anschließend interviewte Mutter spricht über die Tochter in der Tat wie über ein ihr unumschränkt gehörendes Kind. In bemerkenswert naiver Selbstsicherheit lobt sie die Dreißigjährige: «Sie ließ sich immer gut führen, auch heute noch läßt sie sich leicht lenken!» – Sie habe der Tochter versprochen, dem Arzt die Krankengeschichte zu erzählen, weil die Tochter Angst gehabt habe, alles richtig herauszubringen.

Die Mutter fühlt sich also noch als ein unentbehrliches Hilfs-Ich der Tochter. Offensichtlich signalisiert sie auf diese Weise dem Therapeuten, daß dieser die Tochter nicht ohne sie oder gar gegen sie behandeln dürfe. Sie selbst müsse als Dolmetscherin eingeschaltet bleiben, sonst werde keine gedeihliche Kommunikation mit dem Arzt zustande kommen. Zweifellos fürchtet sie, Tochter und Arzt könnten sich hinter ihrem Rücken auf ihre Kosten verständigen. Auf der gleichen Linie liegt die abschließende Warnung an den Arzt, sich ja nicht der Tochter in einer exklusiven eingreifenden Behandlung bemächtigen zu wollen: «Als der Zahnarzt bei ihr mal bohrte, ist sie nicht mehr zum Zahnarzt gegangen. Sie erträgt überhaupt keinen Zwang, man darf ihr nichts zumuten!» – Das heißt also etwa: Versuche du als Psychotherapeut ja nicht zu tief bei ihr zu bohren, sonst wird die Behandlung gleich wieder abgebrochen werden!

Zur Krankheit selbst ergibt sich, daß die Patientin fast sieben Jahre hindurch eine lange Reihe von ambulanten und stationären Behandlungen durchlaufen hat. Es begann mit Kopfschmerzen, Schweregefühl im Kopf, Atemnot, Erstickungsangst, Herzsensationen. Die körperlichen Symptome fixierten sich und wurden zunehmend hypochondrisch verarbeitet. Die Kranke gab ihre Arbeit als Medizinalassistentin auf, fühlt sich seit Jahren auch zur Hausarbeit außerstande und liegt die Hälfte des Tages im Bett. Sie rafft sich nicht einmal auf, der Mutter ein wenig im Haushalt zu helfen. Sie hat hinter sich: vier zum Teil längere stationäre Behandlungen in verschiedenen Nervenkliniken, darunter eine Elektrokrampf-Therapie, ein Jahr analytische Psychotherapie, Hypnoseversuche, diverse ambulante psychiatrische Behandlungen mit einer Batterie von Psychopharmaka, internistische Bemühungen mit Schilddrüsenmitteln, Diät usw.

Ähnlich bunt wie der Katalog der erfolglosen Therapien ist die Reihe der bisher gestellten Diagnosen: Schilddrüsenüberfunktion, hysterische Neurose, psychopathische Persönlichkeit mit infantil hysterischen Zügen, atypische Depression. Mehrfach wurde sogar von Psychiatern der Verdacht auf eine schleichend verlaufende Hebephrenie (Schizophrenie) geäußert.

Aus den eingeholten Unterlagen wird ersichtlich, daß die Mutter immer wieder die ärztlichen Behandlungsversuche grob störte. Als Beispiel seien die ärztlichen Notizen aus einer stationären Behandlung zitiert: «Die Referentin (gemeint ist die Mutter, der Verf.) ist eine sehr penetrante Frau» ... «Sie sitzt den ganzen Tag bei der Tochter und umhätschelt sie wie ein kleines Kind» ... «betont immer wieder, man müsse gut mit der Tochter sein und dürfe sie nicht hart anfassen» ... «Die Mutter ist nicht dazu zu bewegen, von der Station wegzugehen» ... «Diese Dame ist völlig uneinsichtig, obwohl sie angeblich für alles Verständnis hat» ... «Sie muß gebeten werden, ihre Besuche etwas einzuschränken» ... «hält jedoch ihre ständige Gegenwart für unerläßlich zur Gesundung der Tochter». Tatsächlich wurde diese Behandlung dann von Patientin und Mutter abgebrochen. In der Beurteilung einer weiteren vergeblichen stationären Behandlung heißt es abschließend: «Wenn überhaupt, so ist eine psychotherapeutische Behandlung nur stationär ... unter Verhütung des laufenden Kontaktes mit den Angehörigen erfolgversprechend.»

Letztlich sind, so scheint es, sämtliche Behandlungen an dem Widerstand der Mutter gescheitert, deren Einfluß gegenüber allen ärztlichen Anstrengungen die Oberhand behielt. Man hatte vergeblich versucht, die Tochter gegen die Mutter abzuschirmen, von der zweifellos zu Recht angenommen wurde, daß sie aus irgendwelchen unbewußten Gründen ihre Tochter krank behalten wollte. Aber es fällt in den Berichten auf, daß man die Mutter meist nur als lästigen Störenfried gesehen hat, als einen Menschen, den man aus der Behandlung heraushalten müsse.

Typisch für die herkömmliche ärztliche Verfahrensweise ist,

daß man offenbar immer wieder unreflektiert das alte aus der Organmedizin herrührende Prinzip angewandt hat: Wenn ein Individuum krank sei, dann müsse man es gegen schädliche Außenreize abschirmen. Sicherlich ließe sich diese Mutter, wie sich im folgenden noch deutlich erweisen wird, in die Kategorie der «schädlichen Außenreize» einordnen. Dennoch erscheint der Versuch der gewaltsamen Trennung von Mutter und Tochter nicht weise. Denn augenscheinlich ist der organmedizinische Grundsatz der Heilungsförderung durch schonende Isolierung auf einen derartigen Fall nicht schematisch übertragbar.

Die Tochter steckt, obzwar dreißig Jahre alt, im psychischen Bereich noch in einer symbiotischen Abhängigkeit von ihrer Mutter. Vergleichsweise könnte man das Bild gebrauchen, daß sie – in seelischer Hinsicht – noch in dem Stadium eines Embryos lebt, dessen eigenes Atemzentrum noch nicht funktioniert und der deshalb des zugeführten Blutes aus der Nabelschnur von der Mutter her bedarf, um nicht zu ersticken. Man müßte also erst das Atemzentrum dieses Embryos zur Ingangsetzung der selbsttätigen Atmung anregen, bevor man die Nabelschnur durchschnitte, und nicht etwa in umgekehrter Reihenfolge verfahren. – Aber eben in der umgekehrten Reihenfolge hat man immer wieder die junge Frau ärztlich zu behandeln versucht: Man hat sie immer wieder nötigen wollen, den Kontakt mit der Mutter zu reduzieren oder zeitweilig sogar völlig aufzugeben. Man hat ihr offen gesagt: «Wir können Sie nur gesund machen, wenn Sie nicht weiter auf die Mutter hören, sondern sich endlich auf die eigenen Füße stellen! Sie müssen sich von der Mutter mehr freimachen!» Und dabei hat man immer wieder übersehen, daß man die Patientin überforderte. Je rigoroser man auf ihre Trennung von der Mutter hinarbeitete, um so höher stieg ihre Angst, in einen ohnmächtigen, komplett lebensunfähigen Zustand versetzt zu werden. Und aus dieser panischen Angst heraus geriet sie jedesmal erneut unter den inneren Zwang, sich wieder zur Mutter zu flüchten und damit die ärztliche Taktik zu durchkreuzen. Dabei fand sie die Unterstützung der Mutter, deren eigenes Motiv zur Aufrechterhaltung der Symbiose mit der Tochter freilich noch der Aufklärung bedarf.

Aber die zitierten gereizten Reaktionen der Ärzte zeigen, daß man sich bisher weniger bemüht hat, die zweifellos abnorm enge

Symbiose zwischen der Mutter und einer Tochter dieses Alters in ihren Hintergründen psychologisch zu *verstehen*, als vielmehr darum, diese Symbiose kurzerhand zu *zerreißen*. Und dieses Vorgehen läßt eher darauf schließen, daß man sich auf ärztlicher Seite einfach geärgert hat über die Macht des Mutter-Kind-Bündnisses, gegen das man nicht ankam.

Als Alternative bietet sich nun an, die Tochter nicht länger *gegen* die Mutter, sondern *zusammen mit ihr* zu behandeln. Diese Möglichkeit setzt natürlich voraus, daß man sich der Mutter mit freundlicher Verständnisbereitschaft zuwenden kann. Solange man sie insgeheim als rücksichtslose Unterdrückerin verurteilt, wird man mit ihr gar keinen positiven therapeutischen Kontakt herstellen können.

Immerhin erweckt die Mutter den Anschein, daß sie im Grunde genausoviel *Angst* hat, ihre Tochter freizugeben, wie diese sich davor fürchtet, sich diese Freiheit zu nehmen. Noch ist nicht klar, was die Angst der sonst so dominierend scheinenden Mutter bewirkt. Jedenfalls muß man dieses Gefühl bei ihr unterstellen, und dann erscheint es doch sofort zweifelhaft, ob die klägliche Abhängigkeits-Attitüde der Tochter automatisch eine größere positive Zuwendung beanspruchen kann als das Overprotection-Benehmen der Mutter. Muß man nicht die beiden Frauen überhaupt eher als eine Gruppe ansehen, in der die wechselseitige Verstrickung so groß ist, daß man von vornherein gar nicht weiß, wie tief jeder den anderen mitmotiviert? Es ist für den Therapeuten jedenfalls hilfreich, wenn er die Krankengeschichte der vergangenen sieben Jahre als eine Kette von Hinweisen dafür verwendet, daß die körperlichen Symptome der Tochter offensichtlich nicht allein ihre persönliche Angelegenheit sind, sondern mit der Gruppenneurose im ganzen zusammenhängen. Dabei taucht automatisch natürlich auch die Frage nach dem Ehemann auf. Wie kommt es, daß Mutter und Tochter spontan kaum von dem Gatten der jungen Frau sprechen und daß dieser auch in den vielen Krankenberichten der letzten Jahre fast nicht erwähnt wird? Dies ist fraglos ein weiteres Indiz für die exklusive Verklammerung von Mutter und Tochter, aber die Frage bleibt, was ist mit diesem Mann, dessen Rolle die beiden Frauen offensichtlich zu entwerten verstanden haben? Ist er in der Familie in der Tat nur fünftes Rad am Wagen, so fragt man sich dann, wie hält er das aus? Oder ist seine Position im Hintergrund etwa gar nicht so unwichtig für den Verlauf der Familienneurose, wie es zunächst scheint?

Der Therapeut sieht es indessen als seine vordringliche Aufgabe an, in mehreren Gesprächen mit der Mutter herauszubringen, warum diese äußerlich so energisch wirkende Frau sich derart eng an ihre Tochter klammern muß. Der Sachverhalt läßt sich bald klären.

Die einfache, eher grobschlächtig anmutende Frau hat seit ihrer Kindheit ein tief verwurzeltes Problem mit ihrer Schwester. Über diese erfährt der Arzt, daß sie bereits als Kind besonders niedlich und immer sehr zart gewesen sei. «Sie war mir allezeit geistig überlegen.» – «Sie hat leicht die Mathematik in den Kopf gekriegt. Sie ist auch sehr stolz, ich bin mehr ein einfacher Mensch.» – «Sie hat mehrere Instrumente gespielt, ich war immer nur für den Haushalt.» – «Sie wurde sehr verwöhnt, besonders vom Vater.» Die Schwester hat auch, so stellt sich heraus, eine viel freiere Lebenseinstellung. Sie schminkt sich, kleidet sich nach der letzten Mode, ist unternehmungslustig und gesellig und hat durch ihre Ehe mit einem Großkaufmann eine höhere soziale Schicht erklommen, während die Mutter der kranken Tochter im alten Milieu verblieben ist.

Aber einen Punkt gibt es, da hatte die Mutter anscheinend stets die Oberhand über die Schwester. So berichtet sie darüber: «Meine Schwester war immer schwächlich und kränklich. Sie konnte nichts aushalten. Sie bekam oft Extra-Essen, ich aß meine Erbssuppe.» – «Sie weinte gleich immer. Sie hat mir oft leid getan. Auch wenn *sie* was ausgefressen hatte, habe *ich* für sie die Schläge eingesteckt.» – «Ich habe immer versucht, sie zu schützen. Schon im Kindergarten habe ich sie immer an der Hand gehabt und ihr gesagt: ‹Komm schön hinten nach und fall nicht!›»

Ohne es zu merken, benutzt die Mutter für die Schilderung der Entwicklung ihrer kranken Tochter öfters die gleichen Attribute wie bei der Beschreibung ihrer Schwester. Auch die Tochter sei immer niedlich, sehr begabt und vor allem großartig in Mathematik gewesen. Auch sie habe mit dem Essen oft Schwierigkeiten bereitet und zeitweilig Extra-Essen gebraucht. Anfällig und kränklich sei sie ebenfalls zeitlebens gewesen. Und auch die väterliche Verwöhnung fehlt nicht als Parallele: Der Vater, in der Pubertät der Tochter verstorben, habe diese längere Zeit hindurch jeden Abend ins Bett getragen. Er sei «zu vernarrt» in sie gewesen. Er habe ihr keinen Wunsch abschlagen können. «Bei mir gab es so etwas nicht!» fügt sie hinzu. Sie hebt hervor, was für ein «guter Mann» der verschiedene Gatte gewesen sei. Aber sie läßt einfließen, daß er «etwas weich» gewesen sei und daß sie viele Dinge habe erledigen müssen, die ihm unangenehm gewesen seien.

Sehr deutlich geht aus diesem ersten Bericht, dem weitere bestätigende Bekundungen folgen, das Problem hervor, das diese Frau mit ihrer Tochter verbindet. Sie erlebt mit ihr *eine Neuauflage ihrer jahrzehntelangen Geschwisterrivalität.* Nicht genug damit, daß sie ihre gesamte Kindheit hindurch neben einer hübscheren, differenzierteren, vom Vater bevorzugten und nahezu in jeder Hinsicht erfolgreicheren Schwester leben mußte – sie muß all das noch einmal von vorn durchmachen mit einer Tochter, die äußerlich und innerlich der Schwester viel mehr gleicht als ihr selbst. Dementsprechend hatte auch die Schwester mehrfach der Patientin erklärt: «Du hättest besser zu mir gepaßt als zu deiner Mutter!» Aber wie bei der Schwester bietet sich der Mutter auch bei der Tochter *eine* Chance, ihre Neid- und Eifersuchtsgefühle durch eine bestimmte Genugtuung wettzumachen: Auch ihre Tochter ist schwächlich und kränklich. Somit findet die Mutter ähnlich wie früher bei der zarten Schwester einen Vorwand, ihre größere Vitalität und Robustheit für eine *bevormundende Überprotektion* (dominating overprotection, Levy) auszunutzen. Steckt hier vielleicht bereits der Schlüssel zum Verständnis der symbiotischen Mutter-Tochter-Neurose? Braucht die Mutter vielleicht unbedingt eine dauernd kränkliche, abhängige Tochter, um diese nicht als gefährliche Rivalin hassen zu müssen? Und um sich nicht selbst wegen der eigenen Minderwertigkeit hassen zu müssen, was ihr nach einer Isolierung von der vom Schicksal bevorzugten Tochter drohen könnte?

Es erscheint sehr plausibel, daß die Tochter für die Mutter eine schwache Kleine bleiben muß, die man an der Hand halten und überprotektiv beherrschen kann. Man erinnert sich des Wortes: «Komm schön hinten nach und fall nicht!» Das heißt aber auch wohl: ‹Ich schütze dich, solange du schön ‚hinten nach' gehst, aber ich werde dich fallenlassen, wenn du meine führende Hand etwa losläßt und dich von mir befreien willst. Denn ich könnte es nicht mit ansehen, daß du mich ebenso triumphierend überflügelst, wie es schließlich meine Schwester mit mir getan hat.

Man versteht es nun auch sehr gut, wenn die Mutter ausführlich und geradezu stolz davon berichtet, wie sie in der Erziehung der Tochter deren *Sexualität* erfolgreich unterdrückt hat. Offensichtlich hat sie jede Möglichkeit genutzt, in dem Kinde Ängste und Reaktionsbildungen gegen sexuelle Wünsche zu schüren. Sie lobt, daß die Tochter bereits als kleines Kind nicht gern an den Badestrand gegangen sei, weil ihr der Anblick der «nackenden Menschen» widerwärtig gewesen sei. Sie habe sich über die vielen Frauen in knappen Badeanzügen geärgert. Eifrig versichert die Mutter, daß sie das Kind immer und immer wieder vor «schlechten Männern» gewarnt habe. Sie ließ das Mädchen am liebsten nicht allein auf die Straße und warnte: «Laß dich nicht locken mit Schokolade, die nehmen dich mit!»

Spontan berichtet die Mutter auch, daß die Tochter die erfolglose einjährige Psychotherapie vor allem deshalb abgebrochen habe, weil der damalige Psychotherapeut am Ende soviel mit ihr über die Sexualität geredet habe.

Leicht zu durchschauen ist, daß die Mutter hiermit den neuen Therapeuten zum zweitenmal warnt. In ihren scheinbar rein sachlichen Mitteilungen steckt unverkennbar zugleich ein Appell: Nun siehst du, daß weder ich noch meine Tochter wünschen, daß du ihre mit soviel Mühe unterdrückte Sexualität etwa zum Behandlungsthema machst. Wenn du das versuchst, werden wir die Therapie bei dir genauso abbrechen wie bei dem früheren Therapeuten!

Man spürt den tiefen Sexualhaß der Mutter hindurch. Aber eines muß man sich natürlich fragen: Wie kann sich diese Frau derart als Wächterin über die Sexualität einer Tochter aufspielen, die als Dreißigjährige schließlich bereits seit sieben Jahren verheiratet ist? Verleugnet sie vor sich nur das Sexualleben der Tochter, oder ist dieses wirklich noch so sehr verkümmert?

Allmählich entsteht aus den Erzählungen der Tochter und denen der Mutter ein deutliches Bild von der merkwürdigen Entstehungsgeschichte der Krankheit vor sieben Jahren. Damals hatte die Tochter ihren heutigen Mann kennengelernt, einen schmalen, hochaufgeschossenen Ingenieur. Der Mann, einziger verwöhnter Sohn eines Busfahrers, hatte gerade seine erste, recht mäßig bezahlte Stelle angetreten. Genauso kontaktunsicher wie die Patientin, hatte er ebensowenig wie diese zuvor bereits irgendeine nähere Freundschaft gehabt. Die beiden jungen Leute verbrachten bald die ganze Freizeit beieinander. Sie wuchsen miteinander zusammen, wobei jeder anscheinend besonders besorgt war, vom anderen wieder verlassen zu werden. Es tauchten dann Heiratspläne auf. Heute versichert die Mutter, sie sei stets gegen diese Ehe gewesen. Sie habe ihrer Tochter oft genug vorgehalten, sie sei noch zum Heiraten zu jung, der Mann stelle zuwenig dar und verdiene auch noch zuwenig. Aber die Tochter habe auf diese Bedenken nicht gehört und ihren Willen durchgesetzt.

Manche Anhaltspunkte sprechen indessen gegen die historische Echtheit dieser Version. Man kann kaum glauben, daß diese Tochter je hätte imstande sein können, sich gegen einen entschiedenen Protest der Mutter durchzusetzen. Eher dürfte es so gewesen sein, daß die Mutter – die sich zwar durch die Heirat in ihrer Herrschaft über die Tochter bedroht fühlen mußte – über die Wahl dieses schüchternen Ingenieurs doch nicht nur unzufrieden war. Immerhin arrangierte sie es, daß das jungverheiratete Paar in ihrem Häuschen Wohnung nahm und dort die bisherigen sieben Ehejahre verblieb. Der junge Mann unterwarf sich vorläufig völlig dem Kommando der Schwiegermutter, zumal diese ihn allem Anschein nach weitgehend in ihre überprotektive Fürsorge einbezog. Sie bemühte sich nach Kräften, die verschiedenen Bedürfnisse des jungen Paares zu befriedigen – nur eines nicht: Sie sparte nicht mit gezielten Bemerkungen, in denen sie ihre Verabscheuung der «schmutzigen Sexualität» kundtat. Und sie arrangierte es, daß sich die jungen Leute im Hause stets unter ihrer Kontrolle fühlten. Man schlief in benachbarten Schlafzimmern. Die Tochter wurde den Gedanken nie los, die Mutter könnte nebenan alles mitanhören. Und an manchen Morgen erging sich die Mutter tatsächlich in merkwürdigen Anspielungen: Die Tochter sehe so schlecht aus. Sie schlafe wohl zuwenig. Sie sollte aufpassen, sich nicht zuviel zuzumuten. Jedesmal meinte die Tochter, die Mutter beziehe sich mit diesen Andeutungen auf einen erlauschten sexuellen Kontakt vom Vorabend.

Tatsächlich herrschte indessen in der jungen Ehe alles andere als ein intensives Sexualleben. Der unerfahrene Ehemann benahm sich ungeschickt. Seinerseits anscheinend sehr potenzunsicher, vermochte er die eingefahrenen neurotischen Sexualängste seiner

Frau nicht zu überwinden. Und die vermutete Überwachung durch die Mutter beziehungsweise Schwiegermutter im Nebenzimmer tat ein übriges, um die anfänglichen krampfhaften, aber unbefriedigenden sexuellen Aktivitäten des jungen Paares bald wieder einzudämmen. Schließlich wehrte die Frau weitere sexuelle Annäherungen ihres Gatten rundweg ab. Dieser, ohnehin durch wiederholtes Versagen seiner Potenz irritiert, zog sich gehorsam zurück. Und so lebten beide Ehegatten fortan wie ein braves, kindliches Geschwisterpaar im Hause der Mutter, die über den asexuellen Verlauf der Ehe ihrer Tochter keineswegs unglücklich scheint, soviel sie auch sonst an den jungen Leuten zu beanstanden hat. Denn die gelegentliche Mitteilung der Tochter, daß zwischen ihr und dem Mann nichts Intimes mehr passiere, hatte die Mutter – so die Tochter – kommentarlos und eher befriedigt hingenommen.

In dieser Situation ist die junge Frau also krank geworden. Wie sich in den psychoanalytischen Gesprächen erweist, sind einige der geklagten Körperbeschwerden zweifellos als hysterische Konversionssymptome in direktem Zusammenhang mit der ungelösten Sexualproblematik zu verstehen. Die chronische Versuchungssituation durch die Schlafzimmer-Gemeinschaft bei fortwährender Verdrängung der stimulierten Sexualerregung führte zu Spannungen, die sich unter anderem in den Kopfschmerzen, in dem Schweregefühl und in den Erstickungsängsten einen Ausdruck verschafften. Aber zweifellos hat man die Erkrankung der jungen Frau erst zur Hälfte verstanden, wenn man sie nur nach dem Modell einer Konversionshysterie von dem internen Sexualkonflikt her erklärt. Es bleibt die andere Frage: Was bedeutet die Krankheit innerhalb des Dialoges mit der Mutter? Was will die Tochter mit ihrem Leiden der Mutter sagen, und inwieweit läßt sich die Mutter auf dieses Argument ein? Und was bedeutet die Krankheit schließlich innerhalb des Rollendreiecks Patientin, Mutter, Ehemann?

In der sich anschließenden *Familientherapie* (vom Typ der concurrent therapy) ergibt sich folgende Lösung: Mutter und Tochter haben in der Krankheit einen zwar labilen und nicht ungefährdeten, aber immerhin bereits jahrelang wirksamen Kompromiß gefunden. Jede von beiden findet in dieser Situation einige Befriedigung und muß gleichzeitig einen gewissen Verzicht leisten. Die Tochter erfüllt einen unbewußten Wunsch der Mutter, wenn sie als krankes, schwaches Wesen die Hand der führenden Mutter nicht losläßt und «hinten nach» kommt. Gleichzeitig beschwichtigt sie die mütterliche Rivalitätsangst, indem sie ihre Sexualität verleugnet und sich mit einer Art von Scheinehe begnügt. Aber dafür plagt sie die Mutter und verschafft sich selbst eine regressive Ersatzbefriedigung, indem sie sich von der Mutter von morgens bis abends bedienen läßt und dieser alle Aktivität und Verantwortung für die Führung des Haushalts überläßt. Sie liegt ja, wie gesagt, tagsüber stundenlang im Bett, jammert über ihre Symptome, liest Illustrierte und blickt auf den Fernsehschirm. Einkaufen, kochen, abwaschen, Wohnungspflege obliegen allein der Mutter. Wenn die Tochter gelegentlich doch Anstalten macht, der Mutter zu helfen, berichtet sie sogleich über Verschlimmerung ihrer Kopfschmerzen oder anderer Symptome und landet prompt schnell wieder als arme Patientin auf dem Sofa.

Wenn man das geheime Arrangement zwischen Tochter und Mutter auf eine kurze Formel bringen will, so könnte der Vertragstext etwa – aus der Sicht der Tochter – folgendermaßen lauten:

«Ich opfere dir meine Sexualität, damit du nicht an deinem Neid- und Eifersuchtskonflikt kaputtgehst. Aber dafür bleibe ich ein kleines passives Kind, das du pflegen und verwöhnen mußt und das dir alle Arbeit überläßt.»

Beide haben sich an diesen unbewußt abgeschlossenen Kontrakt bis heute gehalten. Die Tochter verzichtet bis zur Stunde auf die sexuelle Realisierung ihrer Ehe, und die Mutter schuftet und pflegt ihr erpresserisches Kind geduldig. Ihren enormen Einsatz kann man nur begreifen, wenn man in Rechnung stellt, daß ihr die Arbeit allerdings nicht nur eine Plage bedeutet, sondern sie auch mit Stolz erfüllt. Denn es war ja immer das schmale Feld, auf dem sie triumphieren konnte: Mehr aushalten als die Schwester (und die Tochter), mehr Verantwortung im äußeren Daseinskampf übernehmen, die Hiebe seitens der Umwelt abfangen, einfacher essen usw. Darin war und ist sie geübt und weiß daraus ein Gefühl von Überlegenheit abzuleiten, das sie gegen Eifersucht und Minderwertigkeitsgefühle schützt. In dem Bewußtsein ungefährdeter Macht über die Tochter kann sie sogar deren Vorzüge ambivalenzfrei genießen und die Tochter in der Rolle des «Substituts des idealen Selbst» (siehe Seite 52) ausbeuten. Was sie selbst nicht ist: attraktiv, zart, klug – das bekommt sie von der Tochter dadurch, daß sie diese insgeheim als eine Ergänzung, als ein Stück ihrer selbst phantasiert. Und sie kann sogar auch durch die Tochter an deren Beziehung zu dem Mann partizipieren, wobei sie diese Beziehung allerdings kontrollieren und desexualisieren muß, um nicht doch noch das Opfer der mit soviel Aufwand unterdrückten Eifersuchtsgefahr zu werden.

Der Therapeut begreift daher ohne weiteres, warum die Mutter so große Angst davor hat, daß er zu tief bohren könnte, daß er eventuell sogar die verdrängte Sexualität der Tochter aufwecken und damit einen Therapieerfolg auf Kosten der Mutter anstreben könnte. Wenn aber der neurotische Kompromiß zwischen den beiden bisher so gut funktioniert, *was führt sie dann überhaupt zum Arzt?* Schließlich wissen doch Mutter und Tochter aus den zahlreichen abgelaufenen Behandlungsversuchen in der Vergangenheit, daß jeder Therapeut das krankhafte Arrangement in dieser Familie zu attackieren versuchte. Welches Motiv ist also jetzt am Werke, wenn die Familie freiwillig erneut das Risiko einer Gefährdung des geschilderten Geheimvertrages auf sich nimmt? Man muß annehmen, daß der neurotische Kompromiß gegenwärtig doch nicht mehr seinen Zweck so gut erfüllt wie früher. Es wird sich im Behandlungsverlauf herausstellen, daß zwei Umstände eingetreten sind, die Mutter und Tochter veranlassen, eine bessere Lösung ihres Konfliktes als die bisherige anzustreben.

Die alternde, gehbehinderte Mutter fühlt sich nach der siebenjährigen Schwerarbeit für den Haushalt und die verwöhnende Pflege der jungen Eheleute und nicht zuletzt auf Grund des enormen Aufwandes für die Aufrechterhaltung ihres einschüchternden Regiments doch allmählich überlastet. Sie merkt an ihrer Erschöpfung, daß sie mit der Zeit bei dem Geschäft mehr bezahlt als gewinnt. Es schwebt ihr – irrationalerweise – vor, der Therapeut solle die Tochter gesünder und aktiver machen, ohne ihre innere Abhängigkeit von der Mutter und ohne ihre Sexualstörung anzutasten. Immerhin fühlt die Mutter sich so überfordert, daß sie eine Veränderung des seitherigen Zustandes wünscht.

In der Sicht der Tochter stellt sich der gleiche Sachverhalt so dar: Sie spürt, daß sie von der allmählich zermürbten Mutter nicht mehr lange die Entschädigung einer uneingeschränkten Verwöhnung erwarten kann. Es macht ihr angst, daß sie eines

Tages als komplett abhängiges, hilfloses Kind dastehen könnte, ohne dann noch eine schützende, pflegende Mutter zur Verfügung zu haben.

Es ergibt sich aber noch ein weiterer Umstand, der den bisherigen neurotischen Kompromißfrieden der Familie bedroht. Darüber geben erst ein paar Gespräche mit dem Ehemann der jungen Frau Aufschluß:

Der seine zierliche Frau um mehr als Hauptеslänge überragende Mann wirkt noch recht knabenhaft und verlegen, dabei nicht leicht durchschaubar. Man merkt ihm immerhin an, daß er sich des Bedauerns seiner Umgebung darüber sicher weiß, wie sehr er mit einer chronisch kranken Frau geplagt ist. Ausführlich schildert er, was mit seiner Frau schon alles unternommen worden sei und welche Verzichte er leisten müsse. Er könne mit ihr nicht sexuell verkehren, weil sie davor Angst habe und er sie schonen müsse. Er könne mit ihr nicht ausgehen, nicht verreisen. Und dann hänge sie noch mehr an ihrer Mutter als an ihm: «Mutter und Tochter, das ist ein Komplex, wie zusammengeschmiedet!» Dagegen könne er gar nichts machen. Er komme praktisch nur noch zum Fernsehen und zum Essen nach Hause. Es falle ihm immer schwerer, die fortwährenden Klagen seiner Frau über ihre Beschwerden zu ertragen.

Und hier ergibt sich nun ein Punkt, wo der Therapeut aufmerksam wird. Es fällt ihm auf, daß der Ehemann sehr nachdrücklich betont, wie unhaltbar der Zustand für ihn selbst geworden sei. Aber er fragt eigentlich gar nicht, ob der Therapeut eine Chance sähe, die Dinge zu bessern. Im Gegenteil, als der Arzt darauf hinweist, daß die beginnende Behandlung doch vielleicht etwas in Bewegung bringen könnte, steigert der Ehemann eher noch seinen Eifer, die absolute Hoffnungslosigkeit der häuslichen Verhältnisse zu unterstreichen. So als wolle er die Möglichkeit eines Therapieerfolges gar nicht erst ins Auge fassen. Er macht den Eindruck, als komme es ihm lediglich auf einen Consensus darüber an, daß er als ein unschuldig Gerechter ein unabwendbares Martyrium zu ertragen habe, für das allein seine Frau und deren Mutter verantwortlich seien.

Es stellt sich ferner aus den Berichten der beiden Frauen heraus, daß der Mann in letzter Zeit immer weniger Zeit zu Hause verbringt und sich im Gegensatz zu früher kaum noch für das

Auf und Ab der Krankheit seiner Frau und ihrer Auseinandersetzungen mit ihrer Mutter interessiert. Die beiden Frauen haben bereits Verdacht geschöpft: Hat der Mann etwa außerhalb des Hauses eine Stelle, wo er neuerdings eine Kompensation für die häuslichen Enttäuschungen findet? Seine Eltern? Eine andere Frau?

Dies ist also der zweite neue Umstand in der Familiensituation. Zum ersten fürchten Mutter und Tochter, daß sie ihr beiderseitiges strapazierendes Rollenverhältnis wegen Überlastung der Mutter nicht mehr durchhalten können. Zum zweiten scheint der Ehemann (Schwiegersohn) nicht länger brav angepaßt mitzuspielen. Das heißt: eine Änderung der neurotischen Familienkonstellation erscheint ohnehin unabwendbar. Und deshalb braucht man jetzt einen Therapeuten, weil man besorgt ist, die Änderung könnte in einen katastrophalen Zusammenbruch münden. Allerdings ist einzuschränken: Nur Mutter und Tochter suchen Hilfe. Der Ehemann scheint eher Angst davor zu haben, daß seine Frau gesund werden könnte. Also haben die beiden hellhörigen Frauen vermutlich recht, wenn sie ihm eine heimliche Zuflucht außerhalb des Hauses zutrauen und seinen baldigen vollständigen Ausbruch für möglich halten. Unter diesen Umständen hätte die Mutter zwar ihre Tochter bald wieder ganz für sich und könnte sich ihre Eifersuchtsangst ersparen. Aber auf der anderen Seite steht die Furcht, daß sie dann wieder ganz allein den Berg von vermehrten Entschädigungsansprüchen abtragen müßte, den die um ihr selbständiges Leben betrogene Tochter ihr aufhalsen würde. Die gewisse Entlastung fiele fort, die der Ehemann dadurch gebracht hatte, daß er wenigstens einen Teil der passiven Wünsche der jungen Frau auf sich genommen hatte.

So ergibt sich im ganzen doch ein Leidensdruck in der Familie, der zumindest von Mutter und Tochter aus eine aktive Kooperation in einer Familientherapie erhoffen läßt.

Mutter und Tochter werden in getrennten Sitzungen behandelt. Der Ehemann, der sich zuerst eher desinteressiert zeigt, wird später einbezogen. – In den Behandlungsstunden der jungen Frau steckt die Mutter auch immer mit darin. Denn die Tochter berichtet zu Hause alles aus der Therapie, und dann kommen die mütterlichen Stellungnahmen prompt wieder durch die junge Patientin in deren Stunden hinein.

Wäre dies übrigens eine Einzeltherapie, würde sich der Therapeut über die häuslichen Indiskretionen seiner Patientin möglicherweise sehr ärgern. Es wäre einer jener Fälle, in denen es auch gar nichts nützen würde, jemandem zu verbieten, andere in die Behandlungsgespräche einzuweihen. Diese junge Frau wäre vorläufig überhaupt nicht in der Lage, irgend etwas vor ihrer Mutter zu verbergen. Ein therapeutisches Verbot jeglicher Indiskretionen würde höchstens umgekehrt dazu führen, daß die Tochter ihre unausbleiblichen häuslichen Indiskretionen nicht mehr dem Therapeuten zu gestehen wagen würde. Das heißt, dieser würde in dem rivalisierenden Machtkampf mit der Mutter vorläufig unterliegen und selber zu demjenigen werden, den man nur noch mangelhaft informieren würde. Und daran würde die Behandlung scheitern – so wie ja auch alle Einzeltherapieversuche bei dieser jungen Frau bisher an dem übermächtigen Mutter-Tochter-Bündnis zerschellt sind.

Die Mutter fürchtet zunächst in der Behandlung deutlich den Arzt in seiner Rivalenrolle bei der Tochter. Aber sie lockert sich doch bald auf, als es ihr zu zeigen gelingt, daß das Problem der Tochter keineswegs einseitig auf ihre, der Mutter, Kosten gelöst werden soll. Sie merkt vielmehr, daß ihr eigenes, zugleich in der Tochter darinsteckendes Problem genauso ernst genommen wird. So wird es ihr leichter, über sich selbst zu sprechen. Sie wird überhaupt sehr mitteilsam. Aus der mißtrauisch rivalisierenden *«Angehörigen»* wird eine vertrauensvolle *«Mitpatientin»*, die sich sehr bemüht, angenommen zu werden und Verständnis zu finden.

Aus dieser positiven Beziehung heraus schließt sie sich für den Gedanken auf, daß die Tochter das Problem geerbt habe, das sie, die Mutter, früher mit der Schwester gehabt habe. Es wird mit ihr offen besprochen, daß sie die Tochter um ihrer besonderen intellektuellen und körperlichen Vorzüge wegen bewundern und stolz auf sie sein möchte. In dieser Hinsicht substituiert sie ja tatsächlich mit Hilfe der Tochter einen wesentlichen Anteil ihrer eigenen positiven Identität, ohne den sie sich nicht ertragen zu können fürchtet.

Als sie sich mit dem Arzt sicherer fühlt, kann sie aber auch ihre Wut auf die Tochter verraten. Denn so sehr sie diese auch als Substitut zur Erfüllung eigener Ideale gebrauchen kann, so sehr haßt sie die Tochter als potentielle Rivalin und vor allem als kleine Erpresserin. Sie spürt natürlich, daß die Tochter für die Anerkennung der mütterlichen Herrschaft und für den Verzicht auf Realisierung ihrer Sexualität einen wucherischen Preis fordert. Und es vergehen Stunden mit der Mutter, in denen diese fast nichts anderes herausläßt als eine Flut von Klagen über das Nichtstun der Tochter, über deren ständige Sonderwünsche, ihre Ungefälligkeit und ihr unablässiges Jammern über ihren Kopf, ihren Hals, ihr Herz usw. Die Mutter fühlt sich also bis an den Rand der Ermattung von der Tochter ausgebeutet. Und so spürt der Therapeut, daß sich auf seiten der Mutter im Laufe der Wochen etwa die folgende Fragestellung an ihn entwickelt:

«Hilf du mir, daß ich die Tochter nicht ganz *verliere. Dann will ich ihr mehr Freiheit lassen, weil ich jetzt einsehe, daß ich mit der Zeit kaputtgehen würde, wenn ich ihr den bisherigen Preis für ihren Rivalitätsverzicht und ihren kindlichen Gehorsam weiter zahlen soll.»*

Durch vorsichtige Interpretationen kommt die Mutter in der Tat dazu, sich eine neue und bessere Lösung für ihren viele Jahre festgefahrenen Konflikt mit der Tochter zu überlegen. Sie probiert nun während der Therapie, die Tochter innerlich mehr freizugeben. Das schafft sie, nachdem sie ihren alten Geschwisterkonflikt in mehreren Stunden mit dem Arzt ein Stück weit bearbeitet hat. Diese Bearbeitung ist ihr deshalb gelungen, weil der Arzt mit ihr gerade nicht das wiederholt hat, was der Vater und der Ehemann ihr zugemutet hatten und was die meisten bisherigen Ärzte unabsichtlich fortgesetzt hatten: nämlich eine einseitige liebevolle Zuwendung zu der Rivalin (Schwester, Tochter) und eine Vernachlässigung oder sogar Bekämpfung ihrer eigenen Person. Sie darf sogar ihre Wut über die Tochter eingestehen, ohne fürchten zu müssen, vom Arzt dafür gerügt oder sogar deswegen fallengelassen zu werden.

Es ist ihr ja insgeheim klar, daß sie die Tochter bisher nicht gesund werden ließ. Sie merkt auch, daß der Arzt ihren Anteil an der Krankheit der Tochter durchschaut. Aber es hilft ihr eben, daß der Therapeut sie deshalb nicht beiseite schaffen will, sondern ihr im Gegenteil zugesteht, daß sie mit der Tochter so lange nicht «vernünftig» umgehen kann, als sie sich noch nicht zutraut, ihr Problem ohne das Mitspielen der Tochter ertragen zu können. Gestützt auf eine gute Übertragung und gestärkt durch eine gewisse befreiende Einsicht in den Hintergrund ihrer Ängste, läßt sie für die Behandlung der Tochter schließlich freiwillig mehr Spielraum.

Die Tochter füllt die ersten Stunden mit endlosen Wiederholungen ihrer Beschwerden, die sie in kindlichem Jammerton hervorbringt. Parallel mit der wachsenden Aufgeschlossenheit der Mutter erzählt sie dann mehr von häuslichen Vorgängen. Endlich berichtet sie einige massive Sexualträume: Ein Herr, der ihr gefällt, nimmt sie auf sein Zimmer. Eine Hochzeit, man fordert sie zum Tanzen auf. Ein Mann stellt ihr nach und bedroht sie mit Messer und Gewehr. Sie fühlt, die Waffen sind gar nicht so hart, sondern aus Plastik. – Obwohl sie sich dabei sehr aufregt, konfrontiert sie der Therapeut mit ihren unterdrückten sexuellen Bedürfnissen. Denn die Selbstbeschwichtigung in dem zuletzt genannten Traum, das männliche Glied sei vielleicht gar nicht so mörderisch gefährlich, sondern aus Plastik, signalisiert ihre Fähigkeit, sich mit diesem Thema auseinanderzusetzen. – Gleich aber tritt die Mutter auf den Plan und bearbeitet die Tochter zu Hause: Träume seien Schäume. Es bedeute nichts Gutes, wenn die Tochter eine Braut im Traum sehe usw. Man sieht: Hier fühlt sich die Mutter doch noch zu sehr bedroht und muß bis in die Traumdeutung hinein einen Fortschritt an diesem Punkt zu verhindern suchen. Nichtsdestoweniger ist die Beziehung zu Mutter und Tochter inzwischen tragfähig genug, um das heikle Thema lebendig halten zu können.

Die Tochter kann ausführlich über ihr Eheleben sprechen. Und es kommt klar heraus, daß sie jetzt die Bereitschaft entwickelt, sich an eine sexuelle Beziehung zu wagen. Sie sagt ausdrücklich, daß sie sich freuen würde, wenn der Ehemann entsprechende Anstalten machen würde. Sie berichtet von eigenen fehlgeschlagenen Versuchen, den Mann sexuell zu stimulieren.

Dieser reagiert auf den Fortschritt seiner Frau eher defensiv. Im Gespräch mit dem Arzt versucht er deutlich, die Stabilisierungsanzeichen bei seiner Frau zu bagatellisieren und im Gegenteil alle Indizien dafür zusammenzustellen, daß seine Frau nach wie vor außerordentlich krank sei. Nur widerwillig folgt er einer Einladung des Therapeuten, sich zu einer gemeinsamen Sitzung zu dritt, also unter Einschluß seiner Frau, zusammenzufinden.

Hierbei kommt es zu einer sehr aufschlußreichen Auseinandersetzung zwischen den Eheleuten. Die junge Frau beschwert sich, daß ihr Gatte sie immer noch wie eine Schwerkranke behandle, die zu Hause ihre Ruhe haben müsse. In Wirklichkeit fühle sie sich jetzt schon gesund genug, um mit ihm einiges zu unternehmen. Er möge sie doch nicht immer nur abweisen. Auch leide sie darunter, daß er ihr keine Zärtlichkeit erweise. Dem Mann fällt daraufhin nichts weiter ein als eine Aufzählung seiner vielfältigen Rücksichtnahmen in den letzten Jahren. Schließlich sei sie es doch gewesen, die keinen Sexualkontakt mehr gewünscht habe. Und am Ende besteht er darauf: Solange sie nicht ganz gesund sei, könne sie auch nicht verlangen, daß er mit ihr wie früher umgehe. Schließlich habe er soviel gelitten und entbehrt, und sie sei nach kurzer Besserung doch immer wieder zusammengeklappt. Sie überschätze jetzt sicher ihren Zustand, und selbst der Therapeut neige vielleicht dazu, die Dinge zu rosig zu sehen.

Der Arzt erkennt, daß der Ehemann weder die Besserung im Zustand seiner Frau anerkennen noch diesen Fortschritt durch Ermutigung unterstützen will. Bemerkenswert ist auch, daß das wiedererwachte sexuelle Angebot seiner Frau offensichtlich keineswegs seinen eigenen Bedürfnissen entgegenkommt, sondern diesen eher zuwiderläuft. Der Therapeut stellt seinerseits heraus, daß beide Eheleute tatsächlich miteinander zu klären hätten, ob sie wirklich eine Ehe im vollen Sinne eingehen oder ihr kindliches Nebeneinanderleben fortsetzen wollten. Der Gesundheitszustand der jungen Frau mache diese Klärung nicht entbehrlich, sondern im Gegenteil erforderlich.

Nach dem gemeinsamen Gespräch fühlt sich die junge Patientin weiter gestärkt. Ihre körperlichen Konversionssymptome gehen zurück. Sie klagt nur noch wenig in den Behandlungsstunden. Dafür faßt sie den Entschluß, eine Halbtagsstelle als medizinisch-technische Assistentin bei einem niedergelassenen Arzt zu suchen. Die Mutter heißt diesen Plan gut. Und in der Tat erhält die Tochter auf ein Inserat ein gutes Angebot. Nach sieben Jahren Untätigkeit lernt sie eifrig in Büchern, um sich auf ihre bevorstehende Beschäftigung vorzubereiten.

Es nimmt nun schon nicht mehr wunder, daß der Ehemann seine Frau um so mehr zurückweist und einzuschüchtern versucht, je stärker diese wird. Er kann sich nicht länger damit begnügen, die Frau als unbeachtetes Objekt in der häuslichen Obhut seiner

Schwiegermutter liegenzulassen, sondern müßte sie als Partnerin akzeptieren. Diese Herausforderung zwingt ihn zur Offenbarung eines Geheimnisses, das sein scheinbar paradoxes Verhalten erklärt:

Er hat bereits seit zwei Jahren ein Verhältnis mit einer verwitweten, wohlhabenden Geschäftsfrau unterhalten. Zu dieser zieht er kurz entschlossen um und betreibt die Scheidung. Vorher gibt es noch ein paar unausbleibliche heftige Auseinandersetzungen zwischen Mutter und Tochter einerseits und dem Mann andererseits. Nichtsdestoweniger wirken sich die Aufdeckung der lange schon vermuteten Untreue des Mannes und sein Auszug weniger als Katastrophe, vielmehr eher reinigend auf die Atmosphäre aus.

Es wird offenbar, daß die unter Mithilfe der Mutter therapeutisch in Gang gebrachte Aktivierung der jungen Frau den Mann gezwungen hat, über seine im geheimen längst vollzogene Entscheidung Farbe zu bekennen und voll dafür einzustehen. Man muß aber auch die andere Voraussetzung sehen: Auch die junge Patientin und ihre Mutter haben nunmehr endlich Mut gefaßt, sich das Pseudologische dieser Schein-Ehe einzugestehen und den Mann zu seinem Bekenntnis zu provozieren. Die Therapie hat also bewirkt, daß jeder in der Familie zu der Einsicht gelangt ist, daß er sich mit seinen eigenen Problemen konfrontieren und einen neuen Ausweg suchen muß, nachdem die sich auflösende Krankheit der jungen Frau weder dieser selbst noch der Mutter, noch dem Ehegatten länger dazu dienen kann, die jeweiligen eigenen Konflikte damit zuzudecken und Entscheidungen zu vermeiden.

Die junge Frau tritt ihre Halbtagsstelle an. Sie hat anfänglich einige Schwierigkeiten, nachdem sie ja jahrelang kein medizinisch-technisches Labor mehr betreten hat. Bei der Arbeit mit der Pipette, dem Färben der Blutausstriche und dem Zählen der Blutkörperchen gibt es einige Pannen. Auch läßt ihr Arbeitstempo zunächst zu wünschen übrig. Aber sie ist ehrgeizig genug, diese Schwierigkeiten zu überwinden. Und ihr Chef bietet in der ersten Zeit viel Nachsicht auf, ehe die verbesserten Leistungen ihm schließlich keinen Anlaß mehr zu Beanstandungen geben. Nach einem halben Jahr bekommt die Patientin bei ihm eine volle Anstellung.

Drei Jahre später – die Scheidung ist längst perfekt – geht sie ein Freundschaftsverhältnis mit einem Beamten ein. Es kommt bald zu einem Verlöbnis. Zu ihrer Verwunderung und Genugtuung bemerkt sie, daß sie in der sich allmählich entwickelnden sexuellen Verbindung eine volle Erfüllung zu finden vermag. Die Mutter betrachtet diese neue Beziehung ihrer Tochter zwar nicht ohne Skepsis. Aber sie behindert diese nicht. Dazu trägt allerdings auch bei, daß der aktuelle Partner der Tochter den verflossenen Schwiegersohn wesentlich an Selbstsicherheit und Entschlossenheit übertrifft. Die Mutter erkennt sehr wohl, daß sie unter Umständen den ohnehin bereits verdünnten Kontakt mit der Tochter vollends aufs Spiel setzen würde, wenn sie sich auf ein Tauziehen mit deren neuem Partner einlassen würde. Lieber versucht sie, sich an diese Verbindung als hilfreiche Gönnerin anzuhängen, um wenigstens im Spiel zu bleiben.

Durch dieses Verhalten widerlegt die Mutter selbst einen Einwand, der sich gegen eine positive Beurteilung dieses Behandlungsausganges wenden könnte. Vielleicht, so hätte man vermuten können, habe die Mutter nur deshalb so positiv bei der Behandlung mitgeholfen, weil die sich anbahnende Ausbootung des ehemaligen Ehemannes ihr die Aussicht eröffnet habe, ihr Regime über die Tochter wieder zu festigen und den männlichen Rivalen zu eliminieren. In dieser Sicht hätte sie also nur eine Scheinheilung der Tochter zugelassen, die ihre Symptombeseitigung mit einer erneuten ungeteilten Unterwerfung unter die Mutter hätte erkaufen müssen. Diese Interpretation ist eben deshalb nicht stichhaltig, weil der weitere Verlauf beweist, daß die Mutter die Tochter tatsächlich weit mehr als je zuvor freigeben und ihr sogar eine sexuelle Beziehung gestatten kann, ohne in den alten Eifersuchtshaß zurückzufallen.*

Ein anderer denkbarer Einwand verdient eine ernsthaftere Beachtung: Ist der therapeutische Erfolg bei der jungen Frau nicht um den Preis einer Zerstörung des familiären Zusammenhalts erfolgt? Hat nicht der Arzt die Ausstoßung eines Familienteils durch seine Intervention begünstigt oder zumindest beschleunigt? Und hat nicht etwa zu diesem Effekt beigetragen, daß der Therapeut – entgegen den in den vorigen Kapiteln genannten

* Inzwischen hat die Tochter den neuen Partner geheiratet und ist mit ihm in ein außereuropäisches Land verzogen. Auch der geschiedene Ehemann ist wieder verheiratet.

Prinzipien – mit einem Familienteil stärker als mit einem anderen Teil beziehungsweise sogar auf dessen Kosten kooperiert hat? Mag er auch Mutter und Tochter in ihrem gemeinsamen Problem gefördert haben – ist nicht am Ende nur die Rolle des «störenden Angehörigen» von der Mutter auf den Ehemann übergegangen?

Es ist unumwunden zuzugeben, daß die Familientherapie aller Wahrscheinlichkeit nach die äußere Auflösung der Ehe beschleunigt hat. Dieser Effekt ist darauf zurückzuführen, daß die Behandlung einen vorher verhüllten Tatbestand aufdeckte, nämlich die bereits vollzogene irreversible Isolierung des Ehemannes in der Familie. Dieser hatte sich ja eben bereits lange vor Behandlungsbeginn heimliche Zuflucht bei seiner neuen Freundin verschafft und mit dieser ein festes Verhältnis begründet. Deshalb war er nicht mehr dazu zu motivieren, eine Bewältigung seiner Schwierigkeiten *innerhalb* der bestehenden Ehe ins Auge zu fassen, nachdem alle früheren Versuche gescheitert waren. Nichtsdestoweniger wäre es ihm augenscheinlich recht gewesen, das bisherige «Doppelleben» noch ein Weile fortzuführen. Denn immerhin hätte er die formale Weiterexistenz der alten Ehe vorläufig noch als Alibi verwenden können, um nicht in die volle Verantwortung für die neue Partnerschaft eintreten zu müssen. Diese Entscheidung bereitete ihm noch zuviel Angst. Immerhin konnte er bisher noch ungefährdet die Rolle eines armen großen Jungen spielen, der sich von seiner neuen Freundin, von seinen Eltern, aber auch im Hause seiner Schwiegermutter verwöhnen zu lassen vermochte. Nirgendwo mußte er dafür alle Verpflichtungen eines erwachsenen Mannes übernehmen. In seinem ehelichen Haushalt genügte es für ihn, sich an den gedeckten Tisch der Schwiegermutter zu setzen und seine kranke kindliche Frau unverbindlich zu bedauern. Die Freundlichkeiten der neuen Partnerin konnte er ohne besondere Gegenleistungen hinnehmen, solange ihm seine pflegerischen Ehemannspflichten als Entschuldigung zur Verfügung standen. Daß er in Wirklichkeit die Rolle eines voll beanspruchten erwachsenen Lebensgefährten noch nie übernommen hatte und sich auch im Augenblick noch nicht recht zutraute, konnte eben sein Geheimnis bleiben, solange die Krankheit seiner Frau fortbestand und die pseudologischen Verhältnisse zugedeckt blieben. Er konnte daher nicht umhin, sich gegen die Therapie zunächst defensiv einzustellen. Für den Therapeuten bestand keine Möglichkeit mehr, die zwischen der jungen Frau und ihrem Mann längst bestehende Kluft überwinden zu helfen.

Somit zeigt sich übrigens nachträglich, daß die Rolle des Ehemannes in der häuslichen Familienneurose doch nicht so unbedeutend war, wie man zunächst auf Grund seines eher passiven Verhaltens hätte annehmen können. Er war nicht nur ein leidtragendes fünftes Rad am Wagen, sondern insgeheim eine Figur, welche – zumindest in letzter Zeit – die chronische Krankheit der jungen Frau aktiv mit förderte. Nur solange die Frau krank war, konnte er die seinen passiven Wünschen angemessene Doppelexistenz aufrechterhalten. Konsequenterweise mußte er in dem Augenblick ausbrechen, als er nicht mehr umhinkonnte, die Patientin als eine genesene, erwachsene Frau mit sexuellen Ansprüchen anzuerkennen.

Unter diesem Aspekt hat die Therapie dem Mann also keinen Schaden, sondern sogar einen wichtigen Vorteil gebracht: Sie hat ihn dazu genötigt, sein lavierendes Spiel mit all den belastenden Selbsttäuschungen und den pseudologischen Betrügereien aufzugeben und eine erwachsene Entscheidung zu fällen. Und im weiteren Sinne ist eine solche Veränderung auch mit der Familie im ganzen vor sich gegangen. Alles, was an neurotischen Verleugnungen, Ängsten und Rachewünschen in der Krankheit der jungen Frau absorbiert worden war, ist jetzt in den jeweiligen Verantwortungsbereich dessen zurückgekehrt, der sein ungelöstes Problem bisher auf diesen klinischen Fall verschoben hatte. Insofern ist es auch als ein Fortschritt zu werten, wenn eine pseudologische Schein-Ehe, die eher die Bedeutung eines Symptoms in einer Familienneurose hatte, demaskiert wird und sich auflöst.

Dem könnte man natürlich widersprechen, wenn man von Familientherapie fordern würde, sie sollte notwendigerweise eine Integrationstherapie, eine *Erziehungshilfe zur Einigung um jeden Preis* sein. Das wäre ein autoritär-ideologisches Konzept von Familientherapie, das sich freilich nicht mehr mit den Prinzipien einer psychoanalytischen Arbeit vertragen würde. Ein psychoanalytischer Familientherapeut vermag sich nicht als ein ideologisch verpflichteter Familienschützer zu verstehen. Natürlich verkennt er nicht die moralische Verantwortung für solche Patienten, die den Verfall ihres Familienverbandes anstreben. Und er wird dieses Problem, wenn es in einer Therapie auftaucht, auch nicht artifiziell ausklammern. Im vorliegenden Fall freilich war die Ehe indessen ohnehin bereits lange vor Therapiebeginn kaputt. Es bestand formal eine Ehe, die real längst keine mehr war. So stellte sich nur mehr die Frage, ob die Beteiligten den Mut finden würden, die von ihnen bereits geschaffenen Tatsachen vor sich selbst und voreinander ehrlich einzugestehen oder weiter zu vertuschen.

Soweit der Bericht über diese Familientherapie. Hinter der Darstellung der Dynamik der neurotischen Partnerbeziehungen und ihrer Veränderung in der Behandlung ist allerdings ein Gesichtspunkt nur ganz randständig zur Geltung gekommen, der in dem dicken Bündel von Krankenakten über die junge Frau indessen eine führende Rolle gespielt hatte:

Was hatte sie nun eigentlich für eine *Krankheit* gehabt? Welche der vielen aktenkundigen *Diagnosen* war die definitiv richtige? Hysterie? Psychopathie? Depression? Hebephrene Schizophrenie?

Zweifellos waren ihre körperlichen Lokalsymptome konversionshysterischer Natur. Auch in ihrer Persönlichkeitsstruktur finden sich vor allem hysterische Merkmale. Aber was ist mit ihrer siebenjährigen schweren Antriebsstörung? Mit ihrem Rückzug aus Beruf und nahezu allen außerfamiliären sozialen Kontakten? Warum lag sie jahrelang wie eine Schwerkranke nur vor sich hinbrütend auf dem Sofa? Man konnte hierbei in der Tat an eine depressive Antriebsstörung denken. Und die schleichende Schrumpfung ihrer sozialen Kontakte machte es plausibel, einen schizophrenen Autismus in Erwägung zu ziehen, obwohl sicherlich weder eine echte Depression noch eine Psychose vom schizophrenen Formenkreis je vorlag. Es ist bemerkenswert, wie hier der Familienkonflikt eine hysterische Neurose so überformt und damit verfremdet, daß man mit der klassischen psychiatrischen Diagnosentabelle in Schwierigkeiten kommt. So ist die Verwirrung verständlich, in der sich die verschiedenen Nervenkliniken befanden, als sie die herkömmliche psychiatrische Individualdiagnostik auf die Patientin anzuwenden versuchten. Und bezeichnend ist das Resultat, daß nacheinander vier völlig divergierende Diagnosen gestellt wurden. Dabei führte die Verkennung des rein konfliktbedingten Geschehens als Psychose zu der unheilvollsten Konsequenz, nämlich zu der applizierten Elektroschock-Therapie.

Dieses Beispiel gehört jedenfalls zu den Fällen, in denen die herkömmliche einseitige Denkweise der Psychiatrie ihre Unzulänglichkeit beweist. Wo psychische Krankheiten Resultat und Ausdruck von Gruppenkonflikten sind, mißversteht man sie, wenn man sie nur an richtiger Stelle in das alte psychiatrische nosologische Schema einordnen und dementsprechend behandeln will. Grotesk erscheint dann ein unter Umständen durch Jahre fortgeführter aufwendiger Streit um die Berechtigung irgendeiner klassischen Individualdiagnose, während der das Krankheitsgeschehen unterhaltende Gruppenkonflikt undiagnostiziert und unbehandelt weiterwirkt.

14. Ein Ehepaar duelliert sich mit Symptomen

Von einem internistischen Kollegen wird ein 33jähriger Fahrlehrer überwiesen, ein schmaler, kleiner Mann mit einem glatten, eher jünger wirkenden Gesicht:

«Zwei Tage vor Weihnachten fing es an. Ein Zustand, so als ob ich ohnmächtig werden würde. Als ob sich alles in mir verkrampfen würde. Herzschmerzen und dazu ein schreckliches Schwindelgefühl.» – «Später schlug es auf den Magen, es kamen auch Durchfälle.» – «Ich muß auch viel aufstoßen. Die Ärzte sagen, es kommt vom Luftschlucken.» Nun gehe das schon seit Monaten so. Er sei bei zwei Nervenärzten und bei einem Internisten gewesen. Wegen des Herzens habe man ein Ekg angefertigt, aber es sei nichts dabei herausgekommen. Er sei eigentlich keinen Tag ohne Beschwerden: «Sobald ich anfange zu grübeln, krampft es so.» Dabei zeigt er auf seine Brust und auf die obere Bauchpartie.

Er erwähnt, daß sein Bruder vor einem Jahr an einem Herzinfarkt gestorben sei. «Damals habe ich keine Träne geweint, vielleicht hat sich's reingefressen?» Auch von der Mutter spricht er, die im gleichen Hause wohne und genau wie er sehr nervös und ängstlich sei. Spontan erklärt er, daß er mit der Mutter gar kein Problem habe. «Sie tut alles und gibt alles». – Dieser so überschwenglich gelobten Person wird gleich eine sehr getadelte Person folgen, denkt der Therapeut bei sich. Und richtig: anschließend läßt sich der Patient über seine Ehefrau aus, mit der er gar nicht gut zurechtkomme. Es habe mit ihr viele Reibereien gegeben. Sie sei aber auch krank: «Sie ist furchtbar verkrampft. Sie kann nachts oft nicht schlafen, aber ich schlafe auch nicht gut.» Und dann stellt sich heraus, daß die Frau drei Tage vor Beginn seiner Krankheit, also fünf Tage vor Heiligabend, ohnmächtig umgefallen war. «Sie hatte Schwindel und einen stundenlangen Weinkrampf.» – «Sie hat's auch mit dem Rücken. Der Arzt hat ihr gesagt, es wäre wegen des Rückens wohl besser, wenn sie gar keine Kinder bekommen würde.» – «Ich habe übrigens auch oft Rückenschmerzen.»

Der Therapeut denkt bei sich: Mann und Frau haben fast gleichzeitig einen ohnmachtsartigen Anfall, beide sind verkrampft, beide haben Rückenschmerzen und schlafen schlecht. Wie mögen ihrer beider Krankheiten miteinander zusammenhängen?

Der Patient enthüllt noch mehrere Einzelheiten über die Unstimmigkeiten in seiner Ehe. «Wenn wir miteinander eine Meinungsverschiedenheit haben, verkrampft sie sich. Und ich muß lange reden, ehe es sich bei ihr wieder löst.» – «Wenn ich mit ihr mal zuwenig rede, oder es kommt von mir mal ein lautes Wort, ist sie sofort gestört. Sie geht dann raus. Ich komme mir dumm vor, weil ich oft gar nicht schuld habe.» – «Ich gebe jetzt viel mehr nach als früher. Ich kann es einfach nicht aushalten. Ich bin sofort durcheinander.»

Und dann schildert er, daß er überhaupt keine Spannungen ertragen könne. «Ganz belanglose Mißverständnisse bringen mich durcheinander. Es war schon vor der Ehe so: wenn wir uns nur einen Tag nicht gesehen hatten, war ich völlig deprimiert. Ich werde wahnsinnig leicht eifersüchtig, und dann bin ich auch gleich niedergeschlagen.» – «Ich lasse meine Frau manchmal allein auf Urlaub fahren. Dann fängt es an zu kribbeln. So eine Unruhe im Körper. Vollständig unbegründet ist das Ganze. Denn meine Frau hatte noch keinen anderen, und ich traue ihr das auch gar nicht zu. Aber ich kann nicht anders. Ich weiß, daß ich ihr damit auf die Nerven falle.» – «Sie sagt immer, wenn sie auf Urlaub ist, hat sie viel weniger Beschwerden als bei mir zu Hause.»

Die Frau sei aber auch sehr ängstlich. Sie könne zum Beispiel nicht allein auf die Straße gehen, wenn es dunkel sei. Sie habe überhaupt vor der Nacht Angst. Ihre Hemmungen bereiteten ihr viele Schwierigkeiten.

Wieder, so stellt der Therapeut fest, bringt der Patient seine Frau in eine Parallele zu sich selbst. Beide sind weitgehend Leidensgenossen. Sie haben nicht nur ähnliche Schmerzen und Verkrampfungen, sondern sind auch gleich ängstlich. Aber ein Unterschied besteht: wenn sie uneins sind, dann reagiert die Frau anscheinend eher verstockt, geht weg und redet nicht mehr. Er aber muß hinterherlaufen, auch wenn er sich nicht schuldig fühlt. Sie kann allein verreisen, er hält die Trennung kaum aus. Nun entsteht noch die Frage, worüber geraten denn beide miteinander in die Unstimmigkeiten, von denen der Mann nun schon wiederholt gesprochen hat?

Darüber gibt das weitere Interview des Mannes noch einigen Aufschluß: «Wenn sie was kaufen will, und ich sage nicht gleich ‹ja› – dann ist es aus.» – «Es stimmt schon, ich bringe ihr ja kaum etwas mit, wenn ich nach Hause komme. Aber ich denke mir, sie verschafft sich schon genug.» – «Sie ist nicht kleinlich, wenn sie sich etwas anschafft.» Es kommt ferner heraus, daß der Mann sich oft Sorgen macht, ob der Inhaber der Fahrschule ihn als Lehrer behalten werde. Er fürchtet, plötzlich eines Tages ohne Einkommen dazustehen. Dauernd kreisen seine Gedanken darum, ob das Geld reichen werde. Dabei seien an sich sogar einige Ersparnisse vorhanden. – Er hat also offensichtlich neurotische Verarmungsängste. Er schildert sich selbst als geizig, was die Frau, so gesteht er, ihm oft vorwerfe. Sie scheint ihn an diesem neuralgischen Punkt zu provozieren, und er gibt hier nicht nach, obwohl er sonst überall nachgibt. Die Angst vor dem finanziellen Elend ist bei ihm eben noch größer als die Angst vor ihrer Kränkbarkeit und ihrem stummen Trotz.

Man sieht also: hier ist ein Bereich, da läuft die Ehefrau hinterher, und er entzieht sich. Er läßt sie ein bißchen, wie man sagt, am ausgestreckten Arm verhungern. *Er hat immer Angst, daß sie ihm zuwenig Kontakt schenkt. Und sie hat immer Angst, daß er ihr zuwenig Geld schenkt.*

Dem Therapeuten fällt jetzt ein, daß es mit der Krankheit des Patienten kurz vor Weihnachten losging. Erst war die Frau in Ohnmacht gefallen. Und dann hatte er seinen herzneurotischen Anfall mit Ohnmachtsängsten bekommen. War es da vielleicht auch ums Geld gegangen? Erst im Verlauf der späteren Behandlung wird sich herausstellen, daß diese Ahnung richtig ist. Der Ehemann war in Panik wegen der seiner Meinung nach beunruhigend hohen Geschenkausgaben geraten und hatte seine Frau hinsichtlich einer bestimmten Bitte auf ihren bald folgenden Geburtstag vertrösten wollen. Furchtbar erregt über diese Zurückweisung, hatte die Frau diesen Ohnmachtsanfall erlitten und war anschließend in ihr trotziges Schweigen verfallen. Das hatte dem Ehemann, der ohnehin bereits wegen der Weihnachtsunkosten ganz durcheinander war, vollends den Rest gegeben. Ohne Geld, den Ohnmachtsanfall der Frau auf dem Gewissen und schließlich noch durch ihren Trotz bestraft – da war der erste herzneurotische Anfall über ihn gekommen. Eine typische Auslösesituation für eine Herzneurose, wie man aus der Forschung weiß.

Der Arzt schließt das Interview mit dem Patienten damit ab, daß er dem Manne vorschlägt, er würde gern auch die Ehefrau zu einem Gespräch einladen. Es scheine ihm, daß eine *gemeinsame Ehepaartherapie* in Frage komme, da der Patient in dem Interview ja eigentlich sehr verständlich gemacht habe, daß seine Krankheit und die Krankheit seiner Frau vermutlich mit den laufenden Konflikten zusammenhingen, die sie miteinander hätten. Aber natürlich, so einigen sich Therapeut und Patient, müsse man erst die Meinung der Frau dazu hören.

Die Frau folgt der Einladung zu einem Interview. Sie ist eine hübsche, zierliche Blondine. Doch wirken ihre feinen, zarten Züge irgendwie erstarrt und gespannt. Das vom Ehemann öfter gebrauchte Wort «verkrampft» erscheint dem Therapeuten sehr treffend. Sie äußert sich zögernder und vorsichtiger als der Mann und offensichtlich nicht nur deswegen, weil sie darüber irritiert ist, daß der Mann hier schon das Problem aus seiner Sicht dargestellt hat. Man kann sich gut vorstellen, daß sie bei Differenzen leichter verstummt und sich eher zurückzieht als ihr Gatte.

Sie bringt dann ausführlich ihre Beschwerden, wobei sie im wesentlichen die Angaben des Mannes bestätigt. Aber sie hat es sichtlich schwerer, ihre Symptome unmittelbar im Zusammenhang mit ihren seelischen Problemen zu sehen. Der Mann ist ihr im

Durchschauen dieser Beziehungen voraus. Sie sieht ihre Beschwerden mehr wie feste Gegenstände, denen gegenüber sie sich machtlos fühlt. Wie große Steine, die ihr den Weg versperren. Daß es sich um reversible Auswirkungen ihrer inneren, psychischen Zustände handeln könnte, das wird ihr erst allmählich aufgehen, erkennt der Therapeut. Die Arbeit mit ihr dürfte sich zäher gestalten als mit dem Mann – und dies wird sich später genau bestätigen.

Daß ihre Ehe voller Probleme steckt, das ist ihr freilich klar. Und darüber kann sie sich auch äußern – nur eben so, als wäre dies eine Ebene, die von ihrer Krankheit recht weit entfernt wäre. Sie gesteht zu, früher froher und optimistischer gewesen zu sein. «Irgend etwas ist ganz anders geworden. Mir geht es nervlich nicht gut. Meistens bin ich mürrisch. Das wirft mir mein Mann auch oft vor.» Sie leide darunter, bei der Schwiegermutter zu wohnen, denn von dieser fühle sie sich nicht richtig anerkannt. «Aber um des Friedens willen kann ich das meinem Mann nicht sagen.» – «Er sagt immer, von seiner Mutter sei alles gut gemeint.» – «Meine Schwiegermutter kritisiert mich heute noch wie ein kleines Kind. Es fängt bei meiner Kleidung an und hört damit auf, wie ich meinen Löffel halte. Alles wird kontrolliert und kritisiert.» – «Ich kann diese Vorwürfe nicht mehr ertragen.» Nachts habe sie große Ängste und müsse meistens das Licht brennen lassen. Dann spricht sie davon, daß sie nicht richtig aus sich herausgehen könne. Das treffe auch für die sexuellen Beziehungen zu. Sie könne mit ihrem Mann nicht einmal richtig schmusen. Das sei ihrer Schwiegermutter ebenfalls bereits aufgefallen.

Sie stellt sich wie ein Kind dar – so kommt es dem Therapeuten vor –, das sich dauernd bemühen soll, es richtig zu machen und etwas Gutes von sich zu geben. Aber – so scheint es ihr – sie macht alles falsch, gibt nichts Gutes, und sie wird auch nicht anerkannt. Sie fühlt sich überfordert. Und nun hat sie ziemlich resigniert.

Ihr Mann habe sie früher noch viel weniger verstanden. «Aber in letzter Zeit geht es ein bißchen. Jetzt, da er selber die Krankheit bekommen hat, kann er leichter mit mir mitfühlen. Jetzt sieht er selbst, wie so etwas ist.»

Von dem Streit um Geld, Anschaffungen und Geschenke sagt

sie spontan noch nichts. Aber dieses Thema wird in der Behandlung noch um so massiver zum Vorschein kommen. Für sie ist dieses Problem im Augenblick offensichtlich noch zu brisant, deshalb bleibt es vorerst unterdrückt.

Im Verlauf des Interviews wird die Frau etwas gesprächiger und zugewandter. Auch in ihrer Mimik löst sich die Starre ein wenig. Aber ein Ausdruck von Hoffnung ist immer noch kaum wahrnehmbar. Immerhin willigt sie ein, zusammen mit ihrem Mann eine *gemeinsame Ehepaartherapie* aufzunehmen.

In den ersten gemeinsamen Sitzungen kommt deutlicher als bisher heraus, daß sich beide Eheleute mit ihren Symptomen gegenseitig zu manipulieren versuchen. Die Symptome sind ein Ausdrucksmittel für vielerlei: für Bitten, Drohen und Strafen. Der Mann klagt im Augenblick vornehmlich über sein Herz. Die Frau über ihren Rücken und den Schlaf. Sie machen sich mit Worten, zumal außerhalb der Behandlung, wenig Vorwürfe. Aber jedesmal, wenn einer sich vom anderen wieder mal mehr vernachlässigt und gekränkt fühlt, werden seine Beschwerden schlimmer. Natürlich funktioniert das nur, weil jeder – vorläufig noch – auf die Symptome des anderen in neurotischer Weise reagiert. Unausgesprochen spielt sich etwa folgender Dialog ab: *«Du warst böse zu mir! Siehst du, jetzt bin ich gleich kränker!»* Darauf die Reaktion des anderen: *«Wenn du mich durch deine Krankheit strafen willst, dann hast du dich verrechnet. Schau her: Heute habe ich noch viel mehr Schmerzen als du!»* In den Beschwerden steckt aber zugleich Betteln: *«Du mußt dich mehr um mich kümmern! Sieh, wie sehr ich leide!»* Darauf der andere: *«Aber wie kann ich das, mein Weh ist noch viel größer, und dich rührt das überhaupt nicht!»* Es geht also ein Wettbewerb in mehrfachem Sinne vor sich: Wer ist der größere Märtyrer und darf den anderen als grausamen Urheber anklagen? Wer darf des anderen Pflegling, wer muß des anderen Pfleger spielen?

Im Verlaufe dieses untergründigen Kampfes kommt es interessanterweise dazu, daß beide ihre Beschwerden noch mehr als vorher aneinander angleichen. Er redet weniger von seinem Herzen, sondern betont wie sie vor allem seinen schmerzenden Rükken und seinen verschlechterten Schlaf. Auch finden beide eine Parallele darin, daß keiner von ihnen gruselige Filme sehen kann. Sie meiden im allgemeinen Kriminal- und Abenteuerfilme.

Aber jetzt haben sie es doch mal wieder mit einem Abenteuerfilm im Fernsehen versucht. Es gab eine Stelle, da kam eine Hand aus einem geöffneten Sarg hervor. Da mußten sie den Apparat abstellen. In der gleichen Stunde berichtet er noch von anderen Ängsten. Er habe eine Verengung in der Nase und könne deshalb nicht richtig durch die Nase atmen. Darüber mache er sich Sorgen. Ob er deshalb vielleicht nachts manchmal Atembeschwerden bekomme? Er habe auch Befürchtungen wegen einer kleinen Prüfung, die demnächst bevorstehe. Und dann ängstige er sich jedesmal, wenn ein Fahrschüler während der Fahrstunden von Krankheiten spreche. Da würde er am liebsten anhalten und davonlaufen. Daraufhin meldet sie sich zu Wort und redet von ihren nächtlichen Ängsten. Auch fürchte sie sich vor jeder der hiesigen Sitzungen. Im Wartezimmer müsse sie sich sehr zusammenehmen, um nicht regelrecht zu zittern.

Auch hinsichtlich der Ängstlichkeit will also keiner dem anderen etwas voraushaben. Keiner will psychisch wie körperlich weniger leiden als der andere. Diesen Eindruck äußert der Therapeut. Er macht beide Patienten darauf aufmerksam, daß augenscheinlich der eine wie der andere Wert darauf lege, vor seinem Partner und dem Arzt nicht als der Gesündere und Stärkere dazustehen. So als müßte man sich dessen schämen oder deswegen mehr für den anderen tun. – Diese Interpretation wiederholt der Therapeut mehrfach an Punkten, wo diese Art der Rivalität in der Behandlung besonders deutlich hervortritt.

Nach einigen Stunden vollzieht sich nun eine bemerkenswerte Wandlung: Voller Genugtuung kommt der Mann damit heraus, daß es ihm schon viel besser gehe. Seine Schmerzen seien fast verschwunden. «Gegen früher ist es gar kein Vergleich mehr.» Die Frau benimmt sich in dieser Sitzung, als der Mann seine Besserung erstmalig offenbart, besonders mürrisch und verdrossen. Sie spricht kaum und stellt damit eine beklemmende Atmosphäre her, die den Mann sichtlich einschüchtert. Aber auch dem Therapeuten gegenüber benimmt sie sich in dieser Stunde besonders unfreundlich. Man spürt ihren Vorwurf: «Meinem Mann hast du geholfen, und mir noch nicht».

Es ist jedenfalls ganz deutlich, daß sie die Besserung des Gatten als eine Herausforderung erlebt. Aber der Mann, den sie durch ihre verstärkte Opposition wieder irritiert, läßt sich immerhin nicht so weit ängstigen, daß er in den früher üblichen klagsamen Zustand zurückfallen würde. Seine Symptome bleiben gebessert, obwohl die Frau ihre Beschwerden verstärkt zum Ausdruck bringt. Seine vermehrte Widerstandsfähigkeit bewirkt schließlich, daß sie sich zu einer Änderung ihrer Mittel gezwungen sieht. Da die eher stumme Demonstration ihres Leidens resonanzlos verhallt, bricht ihre Wut endlich doch in Worten aus. Sie wird wesentlich gesprächiger, und es kommt zu heftigen Wortgefechten. Dadurch entsteht eine völlig neue Szene: *Man streitet nicht mehr in erster Linie mit Symptomen, sondern man kämpft mit verbalen Argumenten.*

Hauptthema der Stunden ist nicht mehr das beiderseitige Krankheitselend, sondern das Zerwürfnis infolge der mannigfachen Beanstandungen, die jeder gegen den anderen hegt. Im Verlaufe dieser Auseinandersetzungen hält die Frau ihrem Gatten sogar einmal vor: «Mit dir war ein besseres Auskommen, als es dir schlechter ging.» Er darauf: «Soll ich vielleicht wieder mehr Schmerzen haben, damit du mit mir einverstanden bist?»

Wie in vielen anderen Ehepaartherapien kommt es auch hier dazu, daß das Paar sich durch die Behandlung stimuliert fühlt, die in den Sitzungen aufgeworfenen Probleme zu Hause weiter zu diskutieren. Vor allem am Vorabend vor den einzelnen Sitzungen ergeben sich hitzige Aussprachen, in denen die folgende Therapiestunde gewissermaßen vorkonstelliert wird. Eine Stunde beginnt wie folgt:

ER: Es geht mir wechselnd, im ganzen ist es aber viel besser.

SIE: Ich mußte gestern wieder einmal sehr weinen. *Pause*

THERAPEUT: Möchten Sie nicht sagen, worüber Sie geweint haben?

SIE: Er soll es sagen!

ER: Wir hatten gestern wieder einmal eine Aussprache. Das ist jetzt fast schon so üblich am Abend, bevor wir hierherfahren. Da kommt auch alles aus der Vergangenheit ans Licht. Meine Frau glaubt einfach, daß ich ein furchtbarer Mensch bin. Gestern hat sie mal wieder gesagt: es könnte nie besser werden, wenn ich nicht ganz anders werden würde.
Ich sage manchmal «nein», wenn sie etwas will. Sie verlangt, ich müßte immer und zu allem nur «ja» sagen!

SIE: Es muß immer so gehen, wie er sagt. Er gönnt mir nichts. Ich habe ihm gestern meinen Schwager vorgehalten, wie großzügig der mit seiner Frau ist, obwohl es denen auch nicht besser geht. Dreißig Mark Taschengeld sind alles, was ich habe. Dabei habe ich doch wirklich keine übertriebenen Wünsche. Wenn er nur nicht immer so mißtrauisch wäre! *Sie weint*

ER: Du siehst meine Aufmerksamkeiten überhaupt nicht.

SIE: Nein!

THERAPEUT: Keiner glaubt, daß der andere ihm etwas Gutes tun will, und keiner will dem anderen entgegenkommen.

ER: Ich will ja manchmal, aber dann schaltet sie einfach ab.

SIE: Ja, weil er so ruppig ist.

Kleine Pause

ER: Eigentlich geht es meist um Kaufen oder Nichtkaufen. Sie hat eine Freundin, die muß sich immer das Neueste kaufen, was an Kleidern so neu rauskommt. Alle müssen immer im Ort über sie staunen. Da meint meine Frau, sie müßte auch so wie die ...

Früher bin ich ja mit ihr manchmal einkaufen gegangen. Wenn ich ihr dann etwas gezeigt habe, was meiner Meinung nach für sie gut war, sagte sie meist: «Das hast du mir ja nur ausgesucht, weil es so billig ist!»

Sie weint immer noch und schweigt.

Zu dieser Zeit bringen die Behandlungsstunden in der zitierten Weise viel Gezänk. Dabei wirkt die Frau aggressiver, der Mann defensiver. Der Mann redet mehr, aber vieles klingt eher nach Entschuldigung. Die Argumente von beiden sind verhältnismäßig undifferenziert. Immerhin vermerkt es der Therapeut als einen Fortschritt, daß überhaupt ein kontinuierliches Gespräch zustande gekommen ist und daß das primitive Gefecht mit den Waffen der körperlichen Symptome nicht mehr wie früher das Bild beherrscht. Der Therapeut sieht es als seine Aufgabe an, dieses Gespräch in Gang zu halten. Er spürt, daß beide Ehepartner trotz ihrer sadomasochistischen Züge, trotz des von ihnen veranstalteten quälerischen Gemetzels, einander nicht völlig kaputtmachen wollen. Dazu brauchen sie einander zu sehr. Aber wie bockige Kinder wagt keiner, die an die Adresse des Partners gerichteten Liebesbedürfnisse in freundlicher Weise anstatt immer nur in Form eines erpresserischen Verlangens zu formulieren.

Immerhin läßt sich beobachten, daß beide ihres verbalen

Schlagabtausches müde werden und darüber nachzudenken anfangen: *Warum sind wir eigentlich so?*

Es kommen Stunden, in denen beide Eheleute jeweils über ihre Kindheit sprechen. Beide fühlten sich als Kinder gegenüber ihren Geschwistern benachteiligt. Er beklagt sich darüber, daß seine robusteren Brüder in ihrer Art beim Vater viel besser angekommen seien. Auch mit der Mutter hätten sie stets geschickter umzugehen verstanden. Die Mutter sei kränklich und wegen gewisser herrischer Züge beschwerlich. Die Brüder lehnten es ab, die Mutter auch mal gelegentlich zu sich zu nehmen. Trotzdem gälten sie der Mutter mindestens soviel wie er. Sie würden nur gelegentlich mal um sie herumscharwenzeln, schon bekämen sie alles von ihr ...

Also bekommt der Patient nicht alles von ihr? Also muß er vielleicht viel mehr tun, um die Gunst der Mutter zu erkaufen? Man sieht, daß er zögernd beginnt, das idealisierte Bild seiner Mutter in Frage zu stellen, das er beim Erstinterview entworfen hatte: «Sie tut alles und gibt alles.» Mit dieser Idealisierung hatte er zuvor offensichtlich lange Zeit seine Entrüstung darüber niedergehalten, daß die Mutter für ihn eigentlich zuwenig tat und zuwenig gab. Und um diese Entrüstung in der Verdrängung zu halten, konnte er auch nicht die leiseste Kritik seiner Frau an der Mutter widerspruchslos ertragen. Die Angst, die mühsam erquälte Übereinstimmung mit der Mutter zu gefährden, trieb ihn so weit, die eifersüchtige Herrschaft seiner Mutter über seine Frau zu unterstützen. In einer Sitzung kann er eingestehen:

«Ich getraue mich deshalb nicht, meiner Frau Blumen mitzubringen, damit meine Mutter nicht eifersüchtig wird. Ich könnte meiner Frau auch nie einen Kuß geben, so lange meine Mutter daheim ist.» Sein geiziges Verhalten gegenüber seiner Frau überhaupt, das diese so sehr kränkt, enthüllt sich im Verlauf der Behandlung als ein Opfer für die Mutter: Jede von der Mutter gewünschte Entwertung seiner Frau war ihm recht, nur um sich die Illusion einer voll befriedigenden Beziehung zu der im Grunde entsetzlich gefürchteten und ebensosehr gehaßten Mutter krampfhaft zu bewahren.

Natürlich entlastet es die junge Frau ganz außerordentlich, als sie bemerkt, daß ihr Mann erstmalig etwas von seinem unterdrückten Groll gegen die Mutter herausläßt. Sie: «Ich habe dir ja schon oft gesagt: die machen dich in der Familie zum schwarzen Schaf, und du sollst dir das nicht gefallen lassen. Aber das wolltest du ja nicht wahrhaben!»

Der Zufall will es, daß die Mutter eben in dieser Behandlungsphase eine Reise antritt. Das scheint es dem Mann zu erleichtern, sich mit seinen kritischen Gefühlen gegen die Mutter etwas mehr hervorzuwagen. «Jetzt, wo meine Schwiegermutter verreist ist, geht es mit uns viel besser!» berichtet die Frau. «Ja, ich finde es auch angenehm, daß wir mal einen größeren Bewegungsradius haben», stimmt ihr Gatte zu. Während er ihr anfangs immer ins Wort gefallen war, wenn sie etwas Kritisches über die Mutter gesagt hatte, kann er es jetzt schon hingehen lassen. Das Gefühl, daß die Frau mit der Mutter zugleich automatisch ihn angreife, ist schwächer geworden. Statt dessen beginnt er mehr davon zu begreifen, daß seine Frau ihn nicht zurückstoßen, sondern um ihn werben will, wenn sie mit der Mutter zu rivalisieren versucht.

Die Patientin spürt, daß sie die Nutznießerin dieses allmählich in Gang kommenden Verselbständigungsprozesses ihres Mannes wird. In dem Maß, in dem er seine Mutter und deren übrige Familie in Frage zu stellen beginnt, kommt er mehr auf sie zu. Sie belohnt ihn, indem sie ihm vermehrt Anzeichen eines versöhnlichen Einlenkens anbietet. Und so wird selbst das brisanteste Thema ihres chronischen Ehekonfliktes, das beide zuvor stets wie ein rotes Tuch aufeinander losfahren ließ, schließlich einer vernünftigen Bearbeitung zugänglich: Sein in ihren Augen unmenschlicher Geiz und ihre in seinen Augen grenzenlose Habgier. Sie kann eines Tages zugestehen, daß sie es gereizt habe, ihn mit ihren Anschaffungswünschen herauszufordern. «Wenn er sich nicht darüber immer so geärgert hätte, hätte ich ihm manchen Wunsch gar nicht gesagt.» Er offeriert ihr dafür das Geständnis, daß er sie um seiner Mutter willen vernachlässigt habe und das in Zukunft ändern wolle.

Natürlich kommen diese selbstkritischen Zugeständnisse nur allmählich und vorsichtig heraus. Und es bleiben noch immer allerhand Spannungspunkte, welche eine volle Verständigung der beiden verzögern. Aber es ist in dieses erstarrte Verhältnis doch eine Bewegung gekommen, die unaufhaltsam voranschreitet. «Wir haben uns noch nie in unserer ganzen Ehe so viel über unsere Probleme ausgesprochen wie jetzt!» stellt die Frau fest. Er gibt ihr mehr Geld und registriert dabei, daß sie nicht einmal mehr ausgibt als früher. «Ich wußte ja immer, daß sie eigentlich sehr sparsam ist. Trotzdem konnte ich ihr früher nicht mehr geben. Ich war mißtrauisch, obwohl ich gar keinen Grund hatte.» Sie ermuntert ihn auf der anderen Seite wegen seiner bevorstehenden Prüfung. Aber sie liefert noch einen anderen Beweis dafür, daß sie sich auf ihn zuzugehen bemüht: Kurz vor Behandlungsabschluß kommt sie damit heraus, daß sie sich doch ein Kind wünsche und daß sie nicht glaube, daß ihr kranker Rücken dabei ein so entscheidendes Hindernis sein müßte.

Tatsächlich erweist eine fachärztliche Untersuchung, daß von organmedizinischer Seite keinerlei Bedenken gegen eine Schwangerschaft bestehen. Der Ehemann ist sehr glücklich über den Kinderwunsch seiner Frau. Und er versteht genau den freundlichen Hintergrund dieses Angebotes, das Schmelzen ihrer trotzigen Kühle. Jeder von beiden bemüht sich wenigstens darum, seine neurotischen Waffen, mit denen er zuvor gefochten hatte, preiszugeben, weil das angewachsene wechselseitige Verständnis das ehedem krankhaft gesteigerte Mißtrauen abzubauen hilft.

Nach rund sieben Monaten finden beide Eheleute, daß sie die Behandlung vorläufig beenden können. Seine Beschwerden sind völlig weg, die ihrigen wesentlich gebessert. Fraglos haben die beiden Patienten, nachdem sie sich auch außerhalb der Behandlungen über ihre Schwierigkeiten frei auszusprechen gelernt haben, künftig bessere Chancen, ihre Probleme miteinander zu klären, als sich wieder blindlings in irrationale Symptomduelle flüchten zu müssen.

Der Therapeut hätte die ergiebige Behandlung gern noch weiter fortgeführt, um die Dynamik des mobilisierten Prozesses für eine noch gründlichere Stabilisierung der Situation auszunützen. Beide Ehegatten boten jedenfalls von ihrer eigenen Struktur und von der Konstellation ihres gemeinsamen Konfliktes her die Voraussetzung, mit sich in der analytischen Arbeit noch ein gutes Stück weiterzukommen. Es war einer jener Fälle, in denen man es als Therapeut nahezu ein wenig bedauert, wenn Symptome in der Therapie sehr schnell zurückgehen und damit den Patienten das Motiv nehmen, die Beschwerlichkeiten einer zur Stabilisierung ratsamen Weiterbehandlung zu ertragen. Andererseits muß man gerade als Psychotherapeut auch seinen Perfektionismus im Zaume zu halten lernen, denn es ist immer die eigene Sache der Behandelten, darüber zu entscheiden, wie weit sie auf dem Wege eines analytischen Prozesses gehen und wo sie stehenbleiben wollen.

15. Eine «einfache Beratung»: Ein schwarzes Schaf wird akzeptiert

Selbst bei einer weiten Fassung des Begriffes «Familientherapie» wird man das Vorgehen in dem nachfolgend zu schildernden Fall doch eher als eine «Beratung» zu bezeichnen haben. Diese Familie wurde nur in größeren Abständen gesehen, und die Konflikte wurden nicht systematisch mit Hilfe von Deutungen und Erklärungen analytisch bearbeitet. Der Arzt beschränkte sich auf Zuhören, stützende Bemerkungen und seltene Interpretationen. Er griff aber auch an mehreren Punkten mit aktiven sozialen Maßnahmen ein. Die Lockerheit des Kontaktes, das Fehlen eines systematischen Behandlungsarrangements und die mehr auf Stützung als auf analytische Durcharbeitung der Probleme zählenden ärztlichen Interventionen kennzeichnen hier also eine Form der ärztlichen Bemühung, die wohl tatsächlich mit dem Wort «Beratung» am treffendsten benannt wäre. Im übrigen wird die Darstellung erweisen, daß in diesem Fall der ärztliche Psychotherapeut nicht allein Hilfe leistete, sondern daß er nur eine Figur aus einem Kreis von sozialen Helfern war, von denen jeder einen wesentlichen Beitrag zu dem Gelingen der mühsamen und doch erfreulichen Familienarbeit lieferte.

Die Frau eines Ofensetzer-Gehilfen bringt ihren siebenjährigen Sohn Michael in die Sprechstunde. Der Junge spricht wenig und sehr undeutlich. Er ist auffallend ungeschickt in seinen Bewegungen. Intellektuell ist er um mehrere Jahre hinter seinen Altersgenossen zurück. Er kann nur einiges Spielzeug richtig erkennen und benennen. In der Sprachheilschule, wohin man ihn wegen seiner Artikulationsschwierigkeiten gebracht hat, kommt er im Unterricht nicht mit. Aber noch mehr als all dies beunruhigt die Mutter Michaels rücksichtsloses und oft geradezu gehässiges Betragen: Er rempelt mit Vorliebe andere Kinder an und spuckt ihnen ins Gesicht. Wenn er sich zu Hause über eine Zurechtweisung ärgert, schlägt er gelegentlich eine Tasse oder einen Teller kaputt. Er schneidet der Mutter Grimassen. In der Schule schafft er unter den Kindern so viel Unruhe, daß Lehrer und Schulleiter von der Mutter und vom Jugendamt verlangen, Michael wegen seines aggressiven Benehmens aus der Schule herauszunehmen. Aber auch in der Familie scheint er nicht länger tragbar zu sein. Der Stiefvater will ihn jedenfalls nicht mehr länger im Hause behalten.

Die Mutter, eine einfache, gemütvolle Frau, kann ihre Tränen nicht zurückhalten, als sie die trostlos erscheinende Situation berichtet hat. Hinsichtlich der familiären Verhältnisse ergibt sich noch, daß die Mutter Michael vor ihrer Eheschließung geboren hat. Sein leiblicher Vater sei – so die Mutter – ein «Nichtstuer». Sie habe das damals erst begriffen, als sie bereits schwanger gewesen sei. Die Verbindung sei sehr bald auseinandergegangen. Der Vater zahle nur sehr unregelmäßig Unterhalt. Das Jugendamt habe schon wiederholt aushelfen müssen.

Ihr jetziger Mann, Michaels Stiefvater, sei zwar sehr streng, aber er meine es nicht schlecht. Nur könne er jetzt Michaels Benehmen und die vielen Beanstandungen, die wegen des Jungen von außen kämen, nicht länger ertragen. Er finde, daß Michael am besten in irgendein Heim für kranke Kinder eingewiesen werden sollte. In dieser Meinung habe ihn auch die Schule bestärkt. Die Mutter ist über diese Forderung sehr unglücklich. Sie meint, daß Michael im Grunde ein sehr lieber Junge sei, der sich eben wegen seiner geistigen Behinderung überall unterlegen und abgelehnt fühle und nur deshalb so aggressiv reagiere. Sie möchte ihn nur im äußersten Falle aus dem Hause geben: «Mein Mann hat mir schon zweimal gesagt, entweder geht der Junge, oder ich gehe selbst. Du mußt dich entscheiden!»

Sie wagt nicht mehr, sich für Michael bei ihrem Manne zu verwenden. Neulich habe ihr dieser angedeutet, daß er nun schon genügend Opfer für den Jungen gebracht habe, obwohl dieser nicht einmal von seinem eigenen Blut sei. Das habe sie so verletzt, daß sie sich ganz wehrlos fühle. Sie leide ja in der Tat unter dem Gefühl der Verantwortung dafür, daß ihr

Mann für ihren früheren Fehler jetzt aufkommen solle. Sie liebe ihren Mann und wolle diese Ehe nicht aufs Spiel setzen. Aber sie sehe nicht, wie das Problem zu lösen sei, den Mann wieder zu beruhigen, ohne den Jungen aus dem Hause zu schaffen.

Michael ist in der Tat ein krankes Kind. Seine Störung ist nicht einfach nur Ausdruck eines neurotischen Familienkonfliktes, sondern beruht auf einer angeborenen oder zumindest ganz früh erworbenen Hirnschädigung. Der Hirnschaden ist bereits von verschiedenen Nervenärzten nachgewiesen worden. Der Therapeut stellt bei einer neurologischen Kontrolluntersuchung entsprechende Ausfallserscheinungen fest. Die sogenannten physiologischen Sehnenreflexe sind gesteigert und nicht ganz seitengleich. Auch die Befunde der Hirnstromuntersuchung sind auffällig.

Der Junge hat ein asymmetrisches Gesicht. Dadurch wirken seine Gesichtszüge schief und etwas entstellt. Seine undeutliche, verwaschene Sprache kompliziert die Verständigung, die infolge seines geringen Wortschatzes und seiner allgemeinen Intelligenzstörung ohnehin bereits recht schwierig ist. Meist sieht es so aus, als grinse er in einer eher unfreundlich wirkenden Weise. Aber da er seine Mimik noch nicht gut kontrollieren und vor allem nicht symmetrisch innervieren kann, ist der «verkniffen» erscheinende Ausdruck irreführend. Erst nach mehrmaliger Beschäftigung mit Michael merkt man, daß dieses Grinsen eher ein Verlegenheitslächeln ist. Er benimmt sich zwar noch eher kleinkindlich distanzarm, aber er bemüht sich sichtlich, sich auf den Arzt einzustellen und diesem zu gefallen.

Im Baukasten-Test hat er es mit seinen plumpen Bewegungen schwer, Figuren aufzustellen, ohne sie gleich wieder umzuwerfen. Eine Zeitlang schiebt er brummend ein kleines Rennauto auf dem Fußboden umher. Er nennt das Auto einen «Roller». Bei einer Prüfung seiner Bewegungs-Geschicklichkeit (motometrischer Test) erweist sich, daß er hinsichtlich der Entwicklung der Koordinations-Bewegungen erheblich hinter dem Altersdurchschnitt zurückgeblieben ist. Der Rückstand entspricht etwa dem Grad seiner intellektuellen Retardierung.

Aber der Therapeut kann feststellen, daß Michael bereits beim zweiten Besuch zunehmend zutraulicher wird und viel von seiner anfangs deutlich spürbaren Ängstlichkeit einbüßt. Er ist offensichtlich dankbar dafür, daß mit ihm nicht geschimpft wird und daß er unbehindert spielen darf. Er fängt an, mit der neuen Umgebung vertraut zu werden.

Die Mutter wiederum ist sehr glücklich darüber, daß man sich des kleinen Burschen hier so freundlich annimmt. Auch sie erscheint bereits beim zweiten Besuch verändert. Sie wirkt etwas gefestigter und hoffnungsvoller. Es hilft ihr sichtlich, daß sie nicht gleich wieder entmutigende Mitteilungen über den Zustand des Jungen zu hören bekommt, sondern daß man ihr und des Jungen Problem erst einmal mit Wohlwollen und Geduld aufnimmt und ihr Hilfsbereitschaft demonstriert.

Dabei erweist sich, daß diese Frau, die ebenso wie ihr Mann aus einfachem Arbeitermilieu stammt, eine emotionell sehr differenzierte und sensible Persönlichkeit ist, deren Tapferkeit beim Meistern ihres Schicksals mit dem kranken Sohn dem Therapeuten imponiert. Dieser spürt, daß er in dieser Mutter eine sehr verläßliche Partnerin hat, die trotz aller weiteren zu erwartenden Schwierigkeiten mit Michael nicht leicht kapitulieren wird, wenn sie von außen nur einige Unterstützung findet.

Nachdem die langwierige Untersuchung des Jungen anläßlich mehrerer Besuche abgeschlossen worden ist, wird der Stiefvater um eine Rücksprache gebeten. Es ist dem Manne anzumerken, daß er eher zur Strenge neigt. Er führt eine Reihe von besonders unerfreulichen Entgleisungen auf, die sich Michael im Kindergarten und vor allem neuerdings in der Schule geleistet hat. Aber auch zu Hause sei es bedenklich mit ihm. Er fange bereits an, seine kleine eineinhalbjährige Halbschwester (die aus der jetzigen Ehe stammt) in unbeobachteten Augenblicken zu ärgern. Er strecke der Mutter die Zunge heraus und mache teils absichtlich, teils aus Tolpatschigkeit viele Sachen kaputt.

Die Familie lebt – so stellt sich heraus – in einer sehr engen Zwei-Zimmer-Wohnung in einem alten baufälligen Arbeiterhaus. Das Einkommen des Ofensetzer-Gehilfen ist gering. Dadurch, daß Michael seine Kleidungsstücke besonders schnell verschleißt – durch Beschmutzung oder Zerreißen – und obendrein manchen Haushaltsgegenstand kaputtmacht, verursacht er neben dem vielen sonstigen Ärger auch noch besondere Kosten. Der sonst nicht unvernünftig wirkende Stiefvater verrät einige Bitterkeit, als er die Schwierigkeiten mit Michael ausmalt. Und man merkt ihm an, daß er sich überfordert fühlt und eigentlich sagen möchte: ‹Verstehen Sie doch bitte, daß ich diese unverdiente Last nicht länger tragen möchte. Sie werden vielleicht an mein Pflichtgefühl appellieren wollen. Aber ich schaffe es eben nicht mehr.›

Der Arzt appelliert nicht an sein Pflichtgefühl, sondern zeigt ihm, daß er seine Schwierigkeiten nicht nur respektiert, sondern daß er obendrein sehr anerkennt, was der Stiefvater bereits alles ausgehalten habe. Und der Therapeut fügt hinzu, daß auch Michaels Mutter sich sehr beeindruckt davon geäußert habe, wie geduldig und nachsichtig er als Michaels Stiefvater dem kleinen Jungen bisher die Stange gehalten habe, obwohl er durch diesen schon so viele Enttäuschungen habe einstecken müssen.

Es ist dem Mann anzumerken, daß ihn dieser bestätigende Zuspruch anrührt und nachdenklich macht. War er anfangs mehr auf Verteidigung eingestellt, so ist er nun bereit, mit seiner Frau und dem Therapeuten zusammen sachlich zu überlegen, welche Chancen bestehen, die verfahrene Lage mit Michael zu bessern.

Zunächst ist die Schulfrage zu klären. Es wird den Eltern mitgeteilt, daß der Junge auf Grund der psychologischen Testbefunde nicht in eine Sprachheilschule, sondern in eine Sonderschule gehöre, weil die Sprachschwäche nur Teil eines allgemeinen geistigen Rückstands sei. Da die Sprachheilschule Michael ohnehin loswerden wolle, sei jetzt seine Aufnahme in einer Sonderschule zu klären. Der Therapeut bietet den Eltern an, daß er hierbei vermittelnd tätig werden könnte.

Aber vordringlich sei natürlich eine Entscheidung darüber, ob es bei der Heimeinweisung bleiben solle oder ob die Mutter und der Stiefvater doch eine Möglichkeit sähen, es noch einmal mit Michael zu Hause zu versuchen. Für diesen Fall offeriert der Therapeut die Möglichkeit, den Jungen hier künftig ambulant zu betreuen, um einen gewissen Einfluß auf sein gestörtes Verhalten auszuüben. Allerdings dürfe man sich auch nicht zuviel von solchen Bemühungen versprechen, da der nachgewiesene organische Nervenschaden selbst nicht beseitigt werden könne.

Es entspinnt sich darauf ein Gespräch zwischen den beiden Eheleuten. Michaels Mutter wagt sich mit dem Wunsch hervor, man könnte doch vielleicht auf das Angebot des Therapeuten eingehen. Ihr Mann äußert dagegen Bedenken. Er erinnert sie daran, daß der Junge bereits einen schädlichen Einfluß auf seine kleine Schwester ausübe. Sie wirft ein, daß Michael vielleicht nur eifersüchtig auf die Schwester sei und daß sie im übrigen nicht glaube, daß der Junge fähig sei, seiner Schwester irgendeinen Schaden zuzufügen. Geradezu gewalttätig werde er ja wohl kaum werden, gesteht dann auch der Vater ein. Aber ob sie, die Mutter, sein patziges Betragen, sein Zungeherausstrecken, seine Zerstörungswut nicht auch leid sei? Er jedenfalls habe das alles satt – und dazu immer noch der Ärger mit den unregelmäßigen Unterhaltszahlungen des leiblichen Vaters. Der sei jetzt fein heraus, kümmere sich um nichts, und sie müßten miteinander alles ausbaden.

Die Mutter entgegnet nichts mehr. Ihr Mann wendet sich an den Therapeuten: Ob Michael nicht in einem Heim gebessert werden könnte? Der Therapeut gibt zu bedenken, daß der Junge es bei seiner Krankheit sicher nicht leicht haben würde, sich in einem Heim einzuleben, wo man sich seiner gewiß nicht so intensiv annehmen könnte wie in der Familie. Aber wenn der Stiefvater ihn daheim um keinen Preis mehr ertragen könne, dann bleibe ja kein anderer Weg.

Der Stiefvater erbittet sich Bedenkzeit. Zum nächsten Besuch erscheint die Mutter allein und verkündet strahlend, daß ihr Mann eingewilligt habe, im Augenblick von einer Heimunterbringung Michaels noch einmal Abstand zu nehmen. Der Therapeut stellt darauf einen Antrag auf eine Pflegezulage für den Jungen beim Jugendamt. Dieser Antrag war schon vorsorglich mit der leitenden Fürsorgerin der Jugendbehörde abgesprochen worden. Dem Jugendamt, das die Amtsvormundschaft für Michael ausübt, war der Fall sehr gut bekannt. Und man ist dort bereit, sich zu dem Antrag auf Pflegezulage positiv einzustellen. Die Begründung, daß Michael tatsächlich aus den vom Stiefvater genannten Gründen mehr Geld koste als ein gesundes Kind, wird als stichhaltig anerkannt. Die leitende Fürsorgerin versteht im übrigen, daß dieses Geld natürlich auch eine psychologische Bedeutung hätte. Der mit seiner Bürde hadernde Stiefvater würde vermutlich eine solche reale Hilfe als einen echten Beweis dafür ansehen, daß man sein Opfer für diesen gestörten Jungen anerkenne und ihm dafür eine konkrete Erleichterung schaffen wolle.

Die Pflegezulage wird gewährt. Obwohl nicht extra einbestellt, begleitet der Stiefvater seine Frau und Michael zu einer der nächsten Vorstellungen. Sein Verhalten ist gegenüber seinem ersten Besuch kaum wiederzuerkennen. Kein Poltern, keine verbitterten Beschuldigungen. Er scheint sich seiner Ankläger-Pose beim ersten Besuch eher zu schämen und heute etwas gutmachen zu wollen. Jedenfalls bemüht er sich angestrengt, über Michael allerhand Freundliches mitzuteilen. Sehr zur Freude seiner Frau, die ihm eifrig beipflichtet. In sichtlicher Verlegenheit bedankt er sich dafür, daß der Arzt ihm die Pflegezulage verschafft habe. In unbeholfenen Worten bringt er zum Ausdruck, daß damit jemand zum erstenmal wirklich geholfen habe. «Reden habe ich schon viele gehört!»

Jedenfalls macht er deutlich, daß er endgültig zur Mitarbeit gewonnen worden ist. Indem er versichert, daß es mit Michael «schon etwas besser geworden» sei, möchte er offensichtlich zugleich demonstrieren: ich habe mich selbst auch schon etwas gebessert. Ich will jetzt auch die guten Seiten des Jungen sehen und mir Mühe geben, seine Verhaltensstörungen geduldiger zu ertragen.

Vorwegnehmend sei hier bereits erwähnt, daß dieser Umschwung beim Stiefvater eine über sieben Jahre andauernde Betreuung dieser Familie eingeleitet hat. Trotz mancher kritischer Entgleisungen Michaels, von denen noch die Rede sein wird, haben Mutter und Stiefvater die Probleme des Jungen – unter Mithilfe des Therapeuten – zu Hause, das heißt ohne Inanspruchnahme eines Heims, bewältigt. Entgegen den anfänglichen Eindrücken hat der Stiefvater mit bewunderungswürdiger Geduld die diversen unvermeidlichen Rückschläge verarbeitet, stets zu dem Jungen gehalten und diesem zu einer, gemessen an der vorhandenen Hirnschädigung, erstaunlich positiven Entwicklung verholfen.

Dieser weitere Verlauf läßt erst die Bedeutung des Wendepunktes voll ermessen, der den Beginn dieser Familienberatung markiert: Eine Familie steht davor, einen hirngeschädigten Jungen wegen seiner sozialen Anpassungsstörungen auszustoßen. Der Stiefvater erkennt zu Recht, daß dieser Junge der in beengtesten Verhältnissen lebenden Familie eine endlose Kette von Opfern aufnötigen wird. Schulversagen, Beschwerden anderer Leute, häufige Störung des häuslichen Friedens, Belastung der gesunden kleinen Schwester, zusätzliche Ausgaben und anderes mehr. Und er als der Stiefvater sieht nicht ein, warum er das alles für ein «fremdes» Kind auf sich nehmen soll. Schule und Jugendbehörde sind bereit, die erstrebte Eliminierung des Jungen zu unterstützen. Dabei läßt sich mit hoher Wahrscheinlichkeit erwarten, daß der kleinkindlich hilflose Junge nach Verlust der festen häuslichen Bezugspersonen noch mehr an Halt einbüßen und somit in einem Heim noch wesentlich mehr in seiner Charakterentwicklung gefährdet werden würde. – Aber der Stiefvater, an dem die Entscheidung hängt, wandelt sich. Und zu dieser Wandlung führt, so scheint es, vor allem eine einzige soziale Maßnahme: die Gewährung der Pflegezulage.

Aber ist es das Geld allein? Der langjährige Kontakt mit der Familie beweist, daß diese hilfreiche Maßnahme für den Stiefvater weit mehr bedeutet hat als eine konkrete finanzielle Entlastung, so wichtig diese auch war. Er ist ein Mann, der gut sein will. Er hat ein Bedürfnis, sich wertvoll zu fühlen und will dafür etwas einsetzen. Deshalb hat er auch eine Frau geheiratet, die bei aller Schlichtheit ihres Gemütes an seine Gesinnung höhere Ansprüche stellt. Er will somit auch gerade vor ihr und zu ihr gut sein. Aber er ist auch ein impulsiver, triebstarker Mensch. Er hat Aggressionen. Und dieser schwachsinnige, häßliche und oft sadistische Junge provoziert in ihm eben diese insgeheim als minderwertig verurteilten Triebregungen: Er möchte den Jungen bestrafen, er möchte sich insgeheim an dessen Vater, ja sogar auch aus irrationaler Eifersucht an seiner Frau rächen.

In psychoanalytischer Übersetzung könnte man sagen: Er will den Jungen ausstoßen, weil dieser in ihm den minderwertigen, bösen Aspekt seines Selbst provoziert. Als ob die Präsenz des schlimmen Jungen ihn davon abhielte, aus dem guten Teil seines Selbst heraus zu leben. In diesem Zwiespalt erlebt er nun, daß jemand sein geheimes Ideal, sein «gutes Selbst» anspricht und diesen Teil in ihm kräftigt. Da ist jemand, der ihm Anerkennung zollt für seine bereits vollbrachten Entbehrungen und Leistungen um des Jungen willen. Der Therapeut zeigt ihm also, daß er ihn nicht ernst nimmt von der Seite her, die der Stiefvater ihm oberflächlich zeigt: als den enttäuschten, wütenden, egoistischen Mann. Der Therapeut spricht ihn vielmehr auf das dahinter verborgene Kontrastbild an. Als einen sensiblen Menschen mit hohen Wertmaßstäben.

Das hat freilich nur deshalb einen so frappanten Effekt, weil dieses verdeckte Kontrastbild, mit dem sich der Therapeut in Verbindung setzt, tatsächlich vorhanden ist. Und nachträglich versteht man, wie dieser Mann vermutlich schon lange danach gedurstet hat, daß er einmal von außen etwas anderes als immer nur die demütigenden Zurechtweisungen, Mahnungen und Mißerfolgsmeldungen wegen des Jungen erfährt – Eindrücke, die er in seiner Sensibilität immer als gegen sich selbst gerichtete Beschuldigungen verstanden hat. Es genügt ein von ihm geachteter Mensch, der – neben seiner Frau – ihm hilft, wieder an den wertvollen Teil seines Selbst zu glauben, auf den sich zu verlassen er nicht mehr die Kraft aufbrachte. Der in ihm den Stolz wieder zu entdecken hilft, etwas besonders Gutes leisten zu können.

Die psychotherapeutische beziehungsweise soziale Hilfe konnte also deshalb wirksam werden, weil der Empfänger besonders günstige strukturelle Voraussetzungen mitbrachte. Außerdem traf der Einfluß diesen Mann in dem Moment einer depressiven Labilisierung, in der er für eine derart mutierende Intervention besonders offen war. Ohne solche psychologische Vorbedingungen verpuffen täglich viele ähnliche supportive Bestätigungsversuche in Sprechzimmern von Psychotherapeuten und in Erziehungsberatungsstellen ohne nachhaltigen Effekt.

Aber in der Folge haben andere Personen zusammen mit dem Therapeuten noch öfter in ähnlicher Weise eingreifen müssen, um dem Stiefvater zum Durchhalten zu verhelfen.

Als besonderer Glücksfall erweist sich, daß Michael in die Hände einer überaus verständnisvollen Sonderschullehrerin gerät. Denn in der Sonderschulklasse wiederholen sich zunächst seine Disziplinschwierigkeiten in beängstigendem Maße: Er knipst in der Stunde plötzlich Licht an, reißt Fenster auf, klettert auf Bänke. Er prügelt sich viel, wobei er selbst oft Hiebe einstecken muß. Dann kommt es vor, daß er sich selbst ins Gesicht schlägt und sich zuruft: «Du bist ja blöd, du bist ja blöd!»

Durch sein Verhalten stiftet er in der Klasse erhebliche Unruhe – aber die Lehrerin hält zu ihm in einer ans Wunderbare grenzenden Geduld. Sie bespricht sich öfter mit dem Arzt. Man ist sich darin einig, daß man versuchen sollte, die Zeit der Eingewöhnungsschwierigkeiten in der neuen Schule zu überstehen. Tatsächlich bessert sich der Junge allmählich. Und die regelmäßig zu Besprechungen erscheinende Mutter ist sehr froh, als sie nicht immer nur von neuen Zwischenfällen berichten muß, sondern auch Fortschritte melden kann. Immer wieder vermerkt sie dankbar die verständnisvolle Unterstützung durch ihren Mann. Und sie äußert die Ansicht, die hiesige Beratung habe nicht nur den Jungen, sondern auch ihre Ehe gerettet.

Die Klassengruppe in der Schule lernt, Michael nicht mehr in erster Linie als Störenfried zu empfinden und als solchen zu bekämpfen. Sondern sie stellt sich darauf ein, ihn als eine Art von Klassenclown zu akzeptieren. Sein Grimassieren und seine kleinen Streiche werden nur noch selten als provokativ empfunden. Man amüsiert sich über ihn. Und er wiederum lernt, daß er es in der Rolle des Spaßmachers gar nicht so schlecht hat. Im Grunde gutmütig, ist er sogar dankbar für das applaudierende Gelächter der Gruppe. Wenn man ihn nur nicht quält, dann muß er auch nicht böse sein. Er läßt sich gern anstiften, zur Freude der anderen irgend etwas Ulkiges zu machen. Aber diese besondere Verführbarkeit erweist sich in der Folge als nicht ungefährlich.

Zunächst indessen verläuft seine weitere Entwicklung, von einzelnen Zwischenfällen abgesehen, leidlich zufriedenstellend. Seine Sprache bessert sich allmählich. Er kann sich dadurch leichter verständlich machen. Zu seiner kleinen Schwester entwikkelt er ein freundlicheres Verhältnis, seitdem Mutter und Stiefvater sehr darauf achten, ihm möglichst keinen Anlaß zur Eifersucht zu geben. In der Sonderschule bietet er in verschiedenen Fächern leidliche Leistungen, vor allem im Rechnen. Darüber ist die Mutter sehr stolz. Aber seine mangelhafte Selbstkontrolle läßt ihn immer wieder mal aggressiv entgleisen. Einmal ist er nahe daran, die Lehrerin mit der Faust zu schlagen. Der Rektor würde es lieber sehen, wenn Michael aus der Schule herausgenommen werden würde. Aber die außergewöhnlich duldsame und dabei dennoch standfeste Lehrerin hält zu dem Jungen. Tatsächlich ordnet er sich nach seinen gelegentlichen Ausbrüchen auch meist schnell wieder ganz gut ein. Die Zusammenarbeit zwischen Mutter, Stiefvater, Lehrerin, leitender Fürsorgerin und Arzt bewährt sich in manchen heiklen Situationen, in denen

– verschuldet durch irgendeine Missetat Michaels – von irgendeiner Seite erneut die Frage einer Heimeinweisung aufgebracht wird.

Bis zum Ende der Vorpubertät nehmen die Schwierigkeiten vorübergehend weiter ab. Vereinbarungsgemäß werden die Pausen zwischen den Beratungen immer länger. Einmal kommt die Mutter – Michael ist inzwischen zwölf – und erklärt: sie wolle heute nur zeigen, wie tadellos es mit ihrem Sohn vorangehe. Sie weist ein recht passables Zeugnis vor. Mit besonderer Genugtuung deutet sie auf eine zufriedenstellende Benotung des Betragens. – «Er ist zwar noch immer etwas trotzig. Mir folgt er lange nicht so gut wie meinem Mann.» Aber im ganzen seien sie und ihr Mann hoch zufrieden.

Michael selbst benimmt sich anläßlich der Betreuungskontakte immer zutraulicher, aber auch einsichtiger. Man kann mit ihm einfache Sachverhalte klärend besprechen, zum Beispiel Ärger mit Mitschülern, Konflikte mit Lehrern, aber auch häusliche Streitfälle.

Aber dann tritt der Junge in die Pubertät ein, und erwartungsgemäß steigern sich bald wieder seine Schwierigkeiten. Angestiftet von zwei Schulkameraden, beteiligt er sich an Fahrrad-Diebstählen. Die anderen beiden zeigen ihm, wie man das macht. Später muß er auf Geheiß der beiden von fremden Rädern Spiegel und Taschen abmontieren, um die gestohlenen Räder damit auszustaffieren. Naiv prahlt er in der Klasse von seinen abenteuerlichen Taten – und wird prompt angezeigt. Es folgen peinliche Vernehmungen und Zurechtweisungen auf der Polizei. Der Stiefvater, auf die Polizei und in die Schule zitiert, bekommt viel Unangenehmes wegen der Delikte zu hören. Es ist eine delikate Belastungsprobe für ihn, die er aber glänzend besteht. Anstatt sich an dem anklägerischen Kesseltreiben auf den Jungen zu beteiligen, beschäftigt er sich fortan intensiver mit ihm und hilft in geschickter Weise mit, Michael dazu zu bewegen, sich von seinen kriminellen Kumpanen zurückzuziehen. Die Fürsorgerin interveniert bei der Polizei und erreicht es, daß Michael von dort nicht weiter behelligt wird. Und der Therapeut tut das seine, um dem Jungen über diese kritischen Ereignisse hinwegzuhelfen. Es stellt sich heraus, daß dieser kaum realisiert hat, welchen Schaden er durch derartige Diebstähle anderen Menschen zufügt.

Viel mehr bedeutete ihm die Anerkennung, die ihm seine überlegenen Kumpane für seine Helfershelferdienste bekundet hatten. Und auch das eroberte Fahrrad selbst hatte in ihm kleinkindliche Freude erweckt. Man sieht, differenzierter moralischer Empfindungen ist er zur Zeit noch nicht mächtig.

Immerhin bringt er es fertig, sich von den beiden Anstiftern in der Folgezeit wieder vollständig zu lösen. Weitere Diebstähle oder sonstige Delikte kommen nicht mehr vor. Allerdings sehen es Mutter und Stiefvater mit Sorge, daß andere ortsbekannte Ganoven versuchen, Michaels Bekanntschaft zu gewinnen. Natürlich machen ihn seine schwache Intelligenz und seine Suggestibilität besonders anfällig für Burschen, die Gehilfen für ihre dunklen Zwecke suchen. Und in der Gegend um die Wohnung der Familie herum wimmelt es von zwielichtigen Gestalten. Bis zum Abschluß der Betreuung werden allerdings keine weiteren Zwischenfälle bekannt. Das vorletzte Schulzeugnis vor dem Schulabgang vermerkt im ganzen ausreichende Leistungen. Michaels disziplinäres Verhalten wird immer noch, freilich gegenüber früher in wesentlich abgemilderter Form, bemängelt. Für die gewissenhafte häusliche Aufsicht spricht eine lobende Erwähnung seiner ordentlichen Hausarbeiten. – Im ganzen erscheint es immerhin erstaunlich, daß Michael überhaupt die Schule so weit bestanden hat und auch die Abschlußklasse noch regulär zu absolvieren verspricht.

Im Rückblick stellt sich diese Fallgeschichte nicht als ein Beispiel für die Heilung einer Krankheit dar. Aber sie zeigt, wie eine Familie, die von Zerfall bedroht ist, ein Problem gemeinsam tragen kann, das an sie sehr hohe Anforderungen stellt. Sie hat die Aufgabe bewältigt, einem Jungen mit irreparablem Hirnschaden, Schwachsinn und hoher Verwahrlosungsgefährdung den bestmöglichen Halt zu gewähren, um ihm so viel von sozialer Eingliederung zu ermöglichen, wie er bei seinen Voraussetzungen erreichen kann. Und nach allen vorliegenden Beobachtungen hat die Familie diese Hilfe geleistet, ohne sich in ihrer Binnenstruktur so neurotisch zu deformieren, wie es zum Beispiel in dem Fall der Finanzbeamten-Familie (s. Kap. 7) geschah und wie man es täglich unter ähnlichen Bedingungen findet.

Es ist ein außerordentlich bemerkenswertes Resultat, daß dieser aus organischen Gründen so wenig gesteuerte, impulsive und intellektuell behinderte Junge außer in der Familie auch kontinuierlich in der Schulgemeinschaft gehalten werden konnte. Hätte er, was nahelag, mehrere Ausstoßungen erlebt – aus der Familie, aus der Schule, womöglich noch mehrere Heimwechsel –, dann wäre er mit hoher Wahrscheinlichkeit längst ein hoffnungsloser «Bewahrfall» einer Anstalt, ein isoliert vor sich hindämmerndes menschliches Wrack.

Aber es wäre einseitig, die Leistung dieser Familie nur nach dem relativen Entwicklungserfolg Michaels zu bemessen. Die beiden Eheleute haben sich in diesen schweren Jahren auch selbst beachtlich weiterentwickelt. Durch ihr unverzagtes Festhalten an ihrer Aufgabe haben sie jeder für sich an Selbstachtung gewonnen und ihre anfangs so sehr bedrohte Verbindung miteinander gefestigt. Über die spätere Entwicklung des Stiefvaters ist nur Indirektes bekannt, da in letzter Zeit nur noch Michaels Mutter den Kontakt mit dem Therapeuten weiterführte. Alle Anhaltspunkte sprechen jedoch dafür, daß aus dieser wackeligen, durch die Impulsdurchbrüche des Mannes stets gefährdeten Ehe eine Gemeinschaft von bemerkenswerter Tragfähigkeit geworden ist.

Nebenbei sei vermerkt, daß dieser wie ähnliche Fälle zur Widerlegung des Vorurteils geeignet erscheint, daß Familien niederen Bildungsniveaus ihre Probleme prinzipiell eher in primitiver Weise ausagierten als Familien höheren Bildungsniveaus. Die soziale Leistung dieses ungelernten Arbeiters und seiner schlichten Frau bei der Lenkung des kranken Michael vollzieht sich auf einem höheren Niveau, als es viele andere Familien aus bevorzugten sozialen Verhältnissen bei einer ähnlichen Aufgabe zu erreichen pflegen. Gerade als Familientherapeut wird man durch seine Erfahrungen darüber belehrt, daß man speziell im Kreis von Arbeiterfamilien oft eine Bereitschaft zu einer besonders aufgeschlossenen und selbstkritischen Mitarbeit findet. Dies gilt nicht nur für eine mehr beraterische Arbeit, wie sie im vorliegenden Falle erfolgte, sondern durchaus auch gelegentlich für differenziertere Techniken der psychoanalytischen Familientherapie im engeren Sinne (s. Kap. 10).

16. Wo Familientherapie scheitern kann

Die Familientherapie ist ein neues, noch nicht sehr weit erforschtes und aus äußeren Gründen oft nur sehr schwer anwendbares psychotherapeutisches Verfahren. Noch gibt es etwa in der Bundesrepublik nicht mehr als eine Handvoll Psychotherapeuten, die überhaupt Familientherapie systematisch betreiben. Unter diesen Umständen bedarf es scheinbar noch kaum der Mahnung, die Grenzen der neuen Methode scharf zu beachten. Denn zweifellos ist der Fall noch sehr viel häufiger, daß eine gut indizierte Familientherapie zugunsten einer weniger versprechenden Einzel-Psychotherapie unterbleibt als der umgekehrte Fall. Noch ist die Familientherapie alles andere als Mode. Und es fragt sich auch, ob sie je eine solche werden wird. Denn der Zeitaufwand, die Kosten und schließlich die im Vergleich zur Einzeltherapie viel verwickeltere Aufgabenstellung für den Therapeuten erschweren zweifellos die Ausbreitung des Verfahrens beträchtlich. Im Augenblick könnte es also durchaus gerechtfertigt erscheinen, die Chancen der objektiv sicher sehr wertvollen Familientherapie eher besonders optimistisch darzustellen, um Patienten, Therapeuten und Kostenträger überhaupt erst einmal für die neue Möglichkeit aufzuschließen.

Indessen steht bei einem immerhin eingreifenden Heilverfahren zuviel auf dem Spiel, als daß man es als geeignetes Feld zur Entfaltung unkritischer Experimentierlust propagieren dürfte. Deshalb erscheint es nützlich, bestimmte Schwierigkeiten zu benennen, die bei der Indikationsstellung für eine Familientherapie mitunter übersehen werden.

Hinzuweisen ist besonders auf einen Familientyp, der sich in so ausgezeichneter Weise wie kaum ein anderer für eine Familientherapie anzubieten scheint, obwohl man, wenn man mit dieser Therapieform einen Versuch wagt, meist schon nach kurzer Zeit auf sehr schwer überwindliche Hindernisse stößt.

Es ist dies eine Familie, die sich in zwei Teile polarisiert hat, die gegeneinander starke Spannungen austragen. Beide Teile finden sich beim Therapeuten ein, der ihnen – so sagen sie wenigstens – helfen solle, ein gemeinsames strittiges Problem zu klären. Spontan verraten sie nichts davon, daß sie sich ausgerechnet eine Entledigung von ihrem Problem dadurch versprechen, daß sie den Therapeuten zum Scheitern bringen wollen. – Mitunter ist es zum Beispiel ein Kind mit Verwahrlosungszügen oder mit psychosomatischen Symptomen, um dessen Erziehung der Streit eines ratsuchenden Elternpaares tobt. Oder zwei Ehegatten hadern miteinander, weil jeder sich vom anderen schlecht behandelt fühlt. Oftmals haben beide neurotische Symptome, für die sie sich wechselseitig die Schuld geben. – Man könnte also zunächst meinen, daß hier eine Familienbehandlung sehr gut in Frage käme. Denn es ist ja eine der früher genannten Hauptbedingungen deutlich erfüllt: Die Familie hat ein gemeinsames Problem. Und die verwickelten Familienteile erklären ausdrücklich, daß sie für eine Bewältigung dieses gemeinsamen Konfliktes Hilfe suchen.

Aber auf diese Bedingung allein kann man sich noch nicht verlassen. Es genügt nicht, daß verschiedene Familienteile für die Bewältigung eines gemeinsamen Problems explicite therapeutische Unterstützung suchen. Zusätzlich muß unbedingt geklärt werden, ob die Betreffenden auch bereit und fähig zu sein scheinen, eine intensive Arbeit an dem Problem zusammen mit dem Therapeuten verläßlich durchzuhalten.

Wie steht es nun mit dieser speziellen Voraussetzung bei der polarisierten, streitenden Familie? Versprechen die miteinander zerfallenen Teile eine hinreichende Kooperationsbereitschaft? Man mag sich an einige der hier geschilderten Krankengeschichten erinnern und meinen, einem geschickten Therapeuten müßte es selbst bei schweren familiären Zerwürfnissen schon gelingen, die beteiligten Mitglieder für eine aufgeschlossene Behandlungsteilnahme zu interessieren. Aber diese Generalisierung wäre gefährlich. Wie bei jeder für Familientherapie in Aussicht genommenen Familie empfiehlt sich auch und gerade besonders bei der typischen Streitfamilie eine sorgfältige Orientierung darüber, wie die Familie bisher ihre gemeinsamen Probleme gehandhabt hat.

Hat die Familie überhaupt bereits größere Aufgaben über einen längeren Zeitraum hinweg bearbeitet und gelöst?

War sie fähig, interne Spannungen auszuhalten, ohne jedesmal gleich massiv zu dekompensieren?

Hat die Familie Tragfähigkeit bei Schicksalsschlägen bewiesen? Etwa bei ernsten Krankheitsfällen, beruflichen Rückschlägen, finanziellen Einbußen usw.?

Vor allem: Existiert so etwas wie ein *verläßlicher Basiskontakt* unter der Oberfläche des Haderns und Querulierens?

Und hinzu kommt eine wichtige spezielle Frage: Wie ist diese Familie in der Vergangenheit mit außenstehenden Ratgebern, Schiedsrichtern, Ärzten verfahren? Wie redet man in der Familie zum Beispiel von vorbehandelnden Therapeuten, Erziehungsberatern oder möglicherweise eingeschalteten Sozialarbeitern? Sucht man in der Familie schnell äußere Hilfe, oder entschließt man sich nur im Notfall dazu?

Neigt man dazu, sich äußeren Autoritäten passiv auszuliefern, oder sucht man nur Anregungen und Argumente für Entscheidungen, denen man sich letztlich doch selbst verantwortlich stellt?

Oder macht eine Familie gewohnheitsmäßig beides nacheinander? Das hieße: Sie unterwirft sich erst einem äußeren Helfer und baut diesen zu einer absoluten Autorität auf, um sich bald enttäuscht von ihm abzuwenden und sich gegen ihn zu entscheiden.

Gerade diesen zuletzt genannten Typ des periodischen Ausagierens familiärer Spannungen kann eine sorgfältige Erhebung der Vorgeschichte bei typischen «Streitfamilien» verhältnismäßig oft nachweisen. Die Familie berichtet etwa von dem besonders großen Vertrauen, mit dem sie sich in die Hand der einen oder anderen Autorität begeben habe. Aber immer sei dieses Vertrauen bitter enttäuscht worden. Man habe Zeit, Geld usw. geopfert, und nachher sei alles noch viel schlimmer geworden. Jene Autorität habe vollständig versagt – darüber ist man sich in der Familie bei allen sonstigen Meinungsverschiedenheiten auffallend einig, wie man entsprechenden nachdrücklichen Beteuerungen entnehmen kann.

Die Familie, die solche Erfahrungen vorträgt, neigt leicht zu der Vorstellung, der neue Therapeut werde durch derartige Darstellungen um so leichter bewogen werden können, sich als Helfer zur Verfügung zu stellen. Denn – so denkt sie – die Kunde vom kläglichen Scheitern seiner Vorgänger werde seinen Ehrgeiz anstacheln. Und es müsse ihm doch schmeicheln zu hören, daß die Familie quasi mit fliegenden Fahnen zu ihm überlaufe und mit seinen früheren Rivalen restlos gebrochen habe.

Ein erfahrener Psychoanalytiker wird diese Form der Werbung indessen eher mit besonderer Skepsis registrieren: Wenn eine Familie an früher beanspruchten Helfern überhaupt kein gutes Haar läßt, dann spricht erhebliche Wahrscheinlichkeit dafür, daß sie ihn selbst nach einer flüchtigen Phase respektvoller Unterwerfung ähnlich entwerten und ausstoßen wird. Und zwar gar nicht auf Grund einer bewußt verfolgten infamen Taktik, sondern aus einem unbewußten Mechanismus heraus. Es gibt Familien, die nur durch ein derartiges periodisch inszeniertes Spiel immer wieder für kurze Zeit ihr Gleichgewicht zurückgewinnen können. Dazu verbrauchen sie unter Umständen über Jahrzehnte hinweg eine ganze Reihe von äußeren Ratgebern, die sie der Reihe nach immer erst mit sehr viel Hoffnung und passiven Wünschen besetzen, um sie anschließend gemeinsam als Prügelknaben zu beschuldigen und im Stich zu lassen. Es ist dies für sie das einzige Mittel, mit ihren unbewältigten Aggressionen agierend fertig zu werden: Immer dann, wenn sie sich wechselseitig mit ihren feindseligen Impulsen zu zerstören drohen, holen sie schnell eine äußere Autorität, einen Arzt oder vielleicht auch einmal einen Freund, der sich zu einer Art von Schiedsrichter aufbauen läßt. Jeder der Familienteile erwartet nichts anderes, als diesen umworbenen Helfer als Kampfgenossen auf die eigene Seite hinüberzuziehen. Erlebt er dann enttäuscht, daß dieser Schiedsrichter seine Helferrolle in unbestechlicher Neutralität wahrzunehmen versucht, dann fühlt er sich genau wie sein Kontrahent zurückgewiesen. Und es ist nun für beide aggressiv geladene Familienteile in der Tat eine Versuchung, die gegeneinander gerichtete Feindseligkeit zu verleugnen und auf denjenigen zu verschieben, den sie erst so dringend umworben hatten.

Es gibt Familien dieses Typs, bei denen es ein noch so geschickter Therapeut sehr schwer hat, den eben geschilderten Verlauf einer therapeutischen Bemühung zu vermeiden. Hat eine Familie ein derartiges Spiel – unter Umständen bereits über viele Jahre hinweg – einmal gründlich eingeübt, dann mag sich der Therapeut drehen und wenden, wie er will, man dirigiert ihn mit virtuosem Geschick in die Rolle eines angeflehten Helfers hinein, der sich alsbald in einen armseligen Prügelknaben zu verwandeln hat.

Freilich kann man sich als Therapeut, wenn man mutig und besonders wenig verletzlich ist, auch auf solche vorhergesehenen Möglichkeiten der Übertragungsbeziehung einlassen, um Erfahrungen zu sammeln und unter Umständen doch wenigstens einen noch so bescheidenen therapeutischen Teilerfolg zu erringen. Das hat freilich zur Voraussetzung, daß man von Anfang an strikt vermeidet, sich – entsprechend der Familientaktik – als potentieller einzigartiger Retter für arme Betrogene und Enttäuschte aufbauen zu lassen. Schnappt man erst einmal auf dieses Übertragungsangebot mit spürbaren Sympathieregungen ein, hat man das Spiel meist bereits verloren.

Ein anderer Familientyp, der einem Familientherapeuten besonders große, wenn nicht unüberwindliche Schwierigkeiten zu bereiten pflegt, ist die *paranoide Familie*, wie sie in Kapitel 7 ausführlich geschildert wurde[2]. Diese Familie imponiert meist durch ihre, wenn auch gewaltsam aufgerichtete Solidarität. Sie hat sich gemeinsam um eine überwertige Idee beziehungsweise Ideologie geschart, durch die sie sich gegen ihre Umgebung abgrenzt. Diese Polarisierung gegen die Außenwelt hat immer einen gewissen aggressiven Charakter, auch wenn die Aggression durch einen Prozeß der Ressentimentbildung verschleiert wird. Das kann etwa so aussehen, daß man nicht gegen die übrige Welt gemeinsam kämpft, sondern die anderen Menschen dafür bedauert, daß sie nicht dermaßen an der Wahrheit beziehungsweise allein seligmachenden Wertorientierung teilzunehmen fähig sind wie man selbst. Jedenfalls sieht die paranoide Familie die Realität anders als die Umwelt. Und sie hält unkorrigierbar daran fest, daß ihr Realitätsbild richtig sei. Der Aufwand für die Aufrechterhaltung der neurotischen Realitätsfälschung dient zugleich der Ablenkung von großen familieninternen Spannungen. Die drohende *Desintegration* der Familie wird dadurch abgefangen, daß man die Spannung nach außen verlagert. Die Aggression wird durch die gemeinsame Polarisierung gegen die Außenwelt gebunden, gegen die man sich eben mit Hilfe der paranoiden Idee beziehungsweise Ideologie entweder offen feindselig oder zumindest in Form einer defensiven Isolierung abschirmt.

Vielfach findet man nun paranoide Familien, in denen das eine oder andere Mitglied sich noch sträubt, sich dem paranoiden Familienkonzept zu unterwerfen. Obwohl die Familie auf den Betreffenden entsprechenden Druck ausübt, wehrt er sich zum Beispiel dagegen, seinen Kontakt mit außerfamiliären Partnern oder Gruppen dadurch zu gefährden, daß er sich dem familiären «Privatwahn» anschließt. Er möchte die Isolierung der übrigen Familie nicht mitmachen, auch wenn die Restfamilie ihn dafür Repressalien aussetzt und ihn wie einen Verräter verfolgt. Es kann nun geschehen, daß ein solches Mitglied aus seinem inneren Zwiespalt und aus der Spannung mit der übrigen Familie heraus krank wird und einem Psychotherapeuten zu Gesicht kommt. Wenn irgend möglich, wird man einem derart gefährdeten Individuum eher eine Einzeltherapie anraten, um ihn vor der paranoiden Isolierung zu schützen, die ihm bei Unterwerfung unter seine Familie droht. Aber mitunter handelt es sich um Kinder – oder sogar auch um Erwachsene –, die eindeutig zu schwach sind, um, selbst mit psychotherapeutischer Hilfe, den Druck der paranoiden Restfamilie auszuhalten. Ein Behandlungsversuch *gegen* die Familie würde nur dazu führen, daß der Betreffende mit jedem Versuch fortschreitender Verselbständigung verstärkte Repressalien seitens seiner Bezugspersonen provozieren und dabei allmählich zermahlen werden würde.

Also mag man sich doch zu einer Familientherapie entschließen wollen, um den Patienten nicht verlorenzugeben und zugleich der ganzen Familie aus ihrer paranoiden Isolierung herauszuhelfen.

Dabei muß man dann allerdings meist erkennen, daß die Abwehrmechanismen einer paranoiden Familie oft ebenso rigide und entsprechend therapieresistent sind wie diejenigen eines paranoiden Individuums. Es ist zwar vielfach durchaus ganz gut möglich, mit einer solchen Familie in Kontakt zu kommen. Aber nur um den Preis, daß man den Anschein erweckt, sich wenigstens partiell mit dem abnormen Realitätskonzept dieser Familie zu identifizieren. Man mag sich als Therapeut dabei vornehmen, diesen Anschein nur vorübergehend zur Festigung einer unerläßlichen Vertrauensbeziehung auszunützen. Wenn erst einmal eine gewisse Übertragungsbindung hergestellt sei, dann werde man es schon schaffen, die Familie Schritt für Schritt von ihren krankhaften Ideen abzulösen, anstatt sich umgekehrt selbst mit dem paranoiden System weiter zu solidarisieren.

Indessen, man sollte hier seine Kräfte nicht überschätzen. Paranoide Familien verfügen bei der Verteidigung ihrer paranoiden Position vielfach über enorme Energien. Und sobald sie erst merken, daß man sie etwa überlisten will und es mit der anfänglich angebotenen Anteilnahme an dem paranoiden Konzept nicht wirklich ernst nimmt, verschließen sie sich, und alle sonst wirksamen Waffen der psychoanalytischen Technik erweisen sich als stumpf gegenüber dieser Panzerung.

So scheiterten beispielsweise im späteren Verlauf die Bemühungen um einen herzneurotischen Jungen und seine Mutter, die bereits an anderer Stelle beschrieben wurden. Gemeint ist der Fall Jakob, der in der Monographie «Eltern, Kind und Neurose», allerdings vornehmlich unter pathogenetischem Aspekt, dargestellt wurde:

Eine nach der unehelichen Geburt ihres Sohnes Jakob zu einer religiösen Sekte bekehrte unverheiratete Mutter büßte in der sektengemäßen asketischen Lebensweise ihre erdrückenden Schuldgefühle ab. Zugleich kompensierte sie ihre Minderwertigkeitsideen durch die Vorstellung, als Auserwählte der Gott nächsten Elite zuzugehören. Und obendrein schützte sie sich durch die triebfeindliche Sekten-Ideologie gegen panisch gefürchtete neue Triebdurchbrüche. Aber nun wuchs der Junge heran, den sie mit aller Gewalt zu einem sektiererischen Mitstreiter heranzubilden versuchte. Natürlich bedeutete es eine gefährliche Bedrohung ihrer neurotischen Abwehr, als er statt dessen eher den Anschauungen und Lebensformen seiner Mitschüler zuneigte und nicht einsah, warum er nicht herumtoben, keine Streiche verüben und alle möglichen Jungenspiele meiden sollte. Indessen verstand sie es, seinen Widerstand mehr und mehr zu schwächen. Da er als besonders zarter Junge an Robustheit und sportlichem Geschick seinen gleichaltrigen Konkurrenten unterlegen war und wegen schlechter Schulleistungen zusätzliche Demütigungen erfuhr, konnte sie darauf mit ihrer Bekehrungstaktik zielen: Als gehorsames Mitglied der Sekte werde er zu den Auserwählten gehören und die «ungläubigen» anderen Jungen bald bedauern beziehungsweise diesen durch Bekehrungsversuche helfen müssen, vom falschen Wege abzukommen. Der Junge geriet in einen quälenden inneren Zwiespalt, der sich immer mehr zuspitzte. Nach einer Auseinandersetzung mit der Mutter erkrankte er an einer Herzneurose mit Herzschmerzen und Todesängsten.

Der vom Kinderarzt beigezogene Psychotherapeut ermittelte: Die nervösen Herzbeschwerden waren das Resultat eines – mißglückten – Ausbruchsversuchs des Jungen aus dem Netz des paranoiden Systems, in das ihn die Mutter bereits weitgehend eingefangen hatte. Er hatte sich der Mutter widersetzt und glaubte jetzt, die Herzbeschwerden seien die oft bereits von der Mutter angekündigte Strafe Gottes für seine sündhafte Widersetzlichkeit.

Die neurotischen Symptome klangen bald ab, weil der Junge seinen Widerstand gegen die Mutter aufgab. Die Angst vor neuerlichen göttlichen Strafen hatte seinen Widerstand gelähmt. Der Therapeut bezog die Mutter intensiv in eine betreuerische Arbeit mit ein, ohne verhindern zu können, daß der Sohn sich immer tiefer in das krankhafte Denksystem der Mutter verstrickte und – abgesehen von den Sektentreffen – alle seine früheren Kontakte nach und nach verlor. Der Therapeut kaufte die Werbeschriften der Sekte, hörte sich freundlich die Bekehrungsversuche der Mutter an, an denen sich schließlich auch der Junge in schüchternen Ansätzen beteiligte. Ohne dieses Zugeständnis hätte die Mutter sich selbst und Jakob von vornherein der Betreuung entzogen. Ausdrücklich baute sie ihren Sohn zu ihrem «kleinen Jesus» auf und ließ ihn in der Rolle ihres idealen Selbst (siehe Seite 52) nicht mehr los. Ohne daß es der Therapeut hätte verhindern können, scheiterte Jakob in mehreren Ausbildungs- und Arbeitsverhältnissen. Sobald er an einer Stelle in Schwierigkeiten geriet, schwänzte er, trieb sich auf den Straßen herum – und fand bei der Mutter Schutz, die ohnehin nur an seine Zukunft als Sektenprediger dachte und alle sonstigen sozialen Aufgaben geringschätzte. Somit zerbrachen die Bemühungen des Therapeuten an der Unüberwindbarkeit des paranoiden Familiensystems, das zu Beginn der Betreuung bereits zu weit ausgebaut gewesen war.

Ist eine Familie erst einmal auf eine überwertige Idee beziehungsweise eine Ideologie in paranoider Weise eingeschworen, kann es für einen Familientherapeuten also unmöglich werden, die Familie zu einer einsichtigen Mitarbeit zu bewegen. Dabei braucht die paranoide Ideologie übrigens keineswegs so verschrobene Züge zu tragen wie in dem eben geschilderten Falle. Die Ideologie mag sogar sehr fortschrittliche Merkmale enthalten und inhaltlich die ungeteilte Sympathie des Therapeuten finden. Maßgeblich ist vor allem der Grad der Hörigkeit, mit der sich die Familie der Ideologie unterworfen hat. Groteskerweise gibt es paranoide Familien, die solidarisch für die Idee einer antiautoritären Gesellschaft kämpfen, ohne zu bemerken, daß sie sich selbst in dem Sinne autoritär umstrukturieren, daß sie zu blinden Eiferern werden. Haben sie miteinander Probleme, so suchen sie nur in der Ideologie beziehungsweise in einem projektiven Agieren gegen Außenfeinde Rezepte für deren Lösung, aber vor einer echten analytischen Selbstbesinnung haben sie die gleiche Angst wie Sektenfamilien des eben geschilderten Typs: Sie fürchten, eine Durchleuchtung ihrer persönlichen Motive könnte die Stabilität gefährden, die der vollzogene neurotische Ideologisierungsprozeß ihnen wenigstens bis zu einem gewissen Grade verschafft hat.

17. Psychoanalyse und Familientherapie – legitime Verwandte?

Psychoanalyse ist der Name für eine geniale *psychologische Theorie,* von Freud entworfen und von seinen Schülern kontinuierlich weiterentwickelt. Diese Theorie beschreibt die psychosexuelle Entwicklung des Menschen von der Kindheit bis ins Erwachsenenalter. Sie beschreibt ferner in neuartiger Weise den Aufbau der Persönlichkeit, unter besonderer Berücksichtigung der unbewußten Anteile und der Triebvorgänge. Damit verbunden ist eine Lehre von der Dynamik der innerseelischen Konflikte und speziell der seelisch bedingten Erkrankungen.

Psychoanalyse ist aber auch der Name für eine *therapeutische Methode.* Es ist die *Standardmethode konfliktaufdeckender Seelenbehandlung.* Dazu gehört ein gewisses klassisches «set up»: Der Arzt analysiert die inneren Konflikte eines Analysanden in vier bis fünf Sitzungen pro Woche über einen Zeitraum von mehreren Jahren. Das Standardinstrument des Analytikers ist dabei das Deutungsverfahren. Mit Hilfe der Deutungen versucht der Analytiker dem Analysanden dazu zu verhelfen, konflikthaft verdrängte Persönlichkeitsanteile kennenzulernen und sich mit ihnen bewußt auseinanderzusetzen.

Aus diesen Definitionen ergibt sich von selbst, daß Familientherapie natürlich etwas anderes ist als die psychoanalytische Standardmethode. Ihre grundsätzliche Abweichung von dieser besteht eben darin, daß sie nicht dominierend auf die Analyse der innerseelischen Konflikte eines Individuums, sondern auf die Aufdeckung der Konflikte *zwischen* Individuen abzielt. Die Binnenkonflikte des einzelnen Familienmitgliedes werden zwar in der analytischen Familientherapie sehr ernsthaft berücksichtigt, aber nicht für sich selbst, sondern vornehmlich im Zusammenhang ihrer Bedeutung für das Gruppengeschehen in der Familie.

Dennoch kann man eine bestimmte Form von Familientherapie mit Fug insofern eine psychoanalytische nennen, als sie zwei Bedingungen erfüllt:

1. Sie gründet sich auf die psychoanalytische Theorie. Dabei legt sie freilich besonderes Gewicht auf die neueren theoretischen Bemühungen, die Dynamik der zwischenmenschlichen Beziehungen in das System der ursprünglich rein auf das Individuum zugeschnittenen psychoanalytischen Theorie einzubeziehen. In diesem Sinne sind etwa auch die hier entwickelten theoretischen Modellvorstellungen der Kapitel 3 bis 8 zu verstehen.

2. Eine psychoanalytisch zu nennende Familientherapie bemüht sich, in den Teilnehmern an der Therapie die Einsicht in unbewußte Konfliktmomente zu fördern und sie zu deren Bearbeitung anzuregen. Damit trifft sie sich mit der psychoanalytischen Standardmethode immerhin in dem Kernprinzip der therapeutischen Absicht.

Die Wahrung dieses therapeutischen Prinzips und die eindeutige Orientierung an der psychoanalytischen Theorie geben dieser Form von Familienbehandlung jedenfalls einen spezifisch psychoanalytischen Charakter, der durch die Ausdehnung des Behandlungsfeldes auf die soziale Konfliktzone beziehungsweise durch Erweiterung des Zwei-Personen-Arrangements allerdings eine Modifikation erfährt. Bis vor kurzem noch hat man in den Kreisen der Psychoanalytiker diese Modifikation sehr ernst genommen und die Kluft zwischen der Standardmethode und allen familientherapeutischen Ansätzen ziemlich scharf akzentuiert. Aber jetzt scheint sich hier eine Wandlung anzubahnen. Diese Wandlung läßt sich unter anderem daran erkennen, daß neuerdings manche Psychoanalytiker auch innerhalb des Standardverfahrens unter bestimmten Umständen zugleich mit Angehörigen ihrer Patienten kooperieren. Noch Anfang der fünfziger Jahre ergab eine große Umfrage von Glover[40] unter den Psychoanalytikern in England, daß alle angaben, nur «höchst widerwillig» («most unwillingly») auf Wunsch eines Patienten ein Interview mit Familienangehörigen durchzuführen. Die meisten erklärten sich konsequenterweise als Gegner einer gleichzeitigen analytischen Behandlung mehrerer Mitglieder der gleichen Familie. Inzwischen mehren sich in der Fachliteratur die Stimmen, die diese prinzipielle Abstinenz des Psychoanalytikers in der Standardmethode gegenüber den Angehörigen seines Patienten aufgelokkert sehen wollen. Ausführliche Interviews oder auch zeitweilige psychotherapeutische Mitbehandlungen des Ehepartners eines standardmäßig analysierten Patienten werden berichtet und gerechtfertigt. Thomä[90] weist zum Beispiel mit Recht darauf hin, daß man den «historischen Widerwillen» der Psychoanalytiker gegen den Kontakt mit Angehörigen ihrer Analysepatienten als eine irrationale «überindividuelle professionelle Gegenübertragung» interpretieren könne. Und er stellt die provokative Frage, ob nicht Analytiker auf Grund solcher emotioneller Einstellung in den Familien ihrer Patienten Konflikte verschärfen könnten. Der Analysand könnte die negativen Gefühle des Analytikers gegenüber seinen Angehörigen spüren, diesen übermitteln und damit erhebliche Kränkungen zufügen.

Die Mitbehandlung von Ehepartnern oder Eltern eines gleichzeitig nach der Standardmethode psychoanalysierten Kranken ist für einen wechselseitigen Annäherungsprozeß zwischen Psychoanalyse und Familientherapie symptomatisch. Es entstehen hier Zwischenformen, bei denen man manchmal kaum mehr weiß, soll man hier eher von erweiterter standardmäßiger Psychoanalyse oder bereits von Familientherapie sprechen?

Familientherapie liegt allerdings dann noch nicht vor, wenn der Angehörige durch eine episodenhafte Begleittherapie nur dazu gebracht werden soll, die Analyse des «Hauptpatienten» nicht länger durch seine Probleme zu stören[80]. In diesem Fall bleibt der Angehörige für den Therapeuten ein minder gewichtiger Partner, der eigentlich nur deshalb zeitweilig in das Behandlungsfeld einbezogen wird, um ihn anschließend um so gründlicher daraus vertreiben zu können. Man könnte zum Vergleich an ein paar über ein Problem diskutierende Erwachsene denken, die für kurze Zeit ein Kind, das fortwährend eifersüchtig dazwischengeredet hatte, an ihrem Gespräch teilnehmen lassen, nur um es momentan zu beschwichtigen und anschließend aus dem Zimmer verbannen zu können. – Aus der erweiterten Einzelanalyse wird also so lange noch keine Familientherapie, als das Gruppenproblem bei der Formulierung des Therapieziels dem Individualproblem eines Familienmitglieds untergeordnet wird.

Ein gewisses Zögern der Psychoanalytiker, sich mit der Familientherapie zu befreunden, knüpft sich immer wieder dominierend an die Frage, in welchem Grade man in der Familientherapie überhaupt eine *«rein analytische Situation»* herstellen könne. – In der psychoanalytisch orientierten Einzeltherapie gibt es bekanntlich eine Reihe von abgestuften Methoden von der klassischen «orthodoxen» Standardmethode bis hin zur analytischen Fokaltherapie (Bearbeitung eines begrenzten Konfliktherdes innerhalb weniger Sitzungen). Auch die psychoanalytische Familientherapie kennt eine vergleichbare Stufenfolge von technischen Varianten. In günstigen Fällen kann der Familientherapeut ziemlich tief und differenziert in die familiären Konfliktstrukturen eindringen und Verarbeitungsprozesse in Gang setzen, die nicht viel oberflächlicher als bei einer effektiven Einzel-Standardbehandlung verlaufen. Dennoch kann er sein analytisches Deutungsinstrumentarium natürlich nur selten so punktuell und subtil einsetzen wie in einer Einzelanalyse. In der Mehrzahl der Fälle ist sein technisches Vorgehen «gröber». Den Bereich der mikropsychologischen Strukturen der Behandlungsteilnehmer muß er zwar diagnostisch sehen, aber er darf sich in deren Beobachtung nicht verlieren, weil er ja vornehmlich den Gruppenprozeß im ganzen ansprechen muß. – Das Instrumentarium der anzuwendenden Mittel wie Deutungen, Konfrontationen, Bestätigungen und anderer supportiver Mittel muß er jeweils neu für jede einzelne Familienbehandlung sortieren und abstimmen. Dabei kann er sich speziell in der Familientherapie nicht nur nach der Differenziertheit seiner Partner und deren Konfliktstruktur richten. Mehr als in der Einzeltherapie muß er auch darauf Rücksicht nehmen, was *er selbst* vertragen kann. In den familientherapeutischen Arrangements muß er sich in der Regel direkter als reale Person seinen Patienten stellen, genau wie in der Gruppentherapie. Er kann seine Rolle nicht so weitgehend verfremden und neutralisieren wie in der klassischen Einzelmethode. Daraus ergeben sich besondere Belastungen durch die mehrseitigen Übertragungs- und Gegenübertragungsprobleme. Diese können den Therapeuten unter Umständen hindern, bestimmte tiefe Prozesse aufzurühren und damit vielleicht Spannungen anwachsen zu lassen, die seine eigene emotionelle Toleranzbreite überschreiten würden. Familientherapie ist also gemessen an der Standardmethode auf jeden Fall ein «unreineres» Verfahren.

Andererseits entspricht es wiederum nicht analytischem Denken, in rigider Weise eine Methode den Problemen der Patienten überzuordnen. Wenn sich die Konflikte der Patienten bestimmten idealen methodischen Maßstäben nicht anpassen lassen, dann muß man eben umgekehrt die Methode flexibel auf die Erfordernisse der Patienten umstellen.

Wenn Psychoanalytiker miteinander darüber sprechen, ob eine der modernen Abwandlungen des Behandlungsfeldes und der angewandten Technik noch erlaubten, hierfür den Namen «psychoanalytisch» gelten zu lassen, so mag außenstehende Beobachter gelegentlich ein skrupulös moralistischer Zug derartiger Erörterungen verwundern. So als hätten Psychoanalytiker, die doch allenthalben für eine Enttabuierung unseres gesellschaftlichen Lebens eintreten, eine absonderliche Scheu, ein irrational erscheinendes Reinheitsideal zu beleidigen. Als müßten sie beständig für ihre Identität fürchten und sich vor ihren Fachgenossen rechtfertigen, sofern sie seelische Störungen mit etwas anderem als der klassischen psychoanalytischen Standard-Einzelbehandlung beizukommen versuchen. Diese Scheu hat mehrere Gründe und ist sicher nicht nur unsinnig. Nur ein Grund sei kurz genannt:

Es erfordert eine zumal für Laien schwer vorstellbare immens anstrengende Selbstkontrolle, als Psychoanalytiker beständig die psychischen Probleme, Triebwünsche, Ängste, Depressionen seiner Patienten offen aufzunehmen und nur zu deuten, anstatt sich dieses Drucks durch manipulatorische Therapiemethoden, Ratschläge, Gebote oder affektives Mitagieren zu erwehren. Jeder Analytiker muß also fortwährend aufmerksam darum besorgt sein, seine ebenso offene wie kontrollierte psychoanalytische Haltung gegenüber seinen Patienten zu bewahren. Diesem Zweck dient auch eine besonders sorgfältige Beachtung des technischen Arrangements, das unter anderem die Funktion hat, den Analytiker vor einer Überforderung zu schützen. Das Couch-Arrangement der Standardmethode ist zum Beispiel von Freud ursprünglich nicht nur der besseren Entspannung des Patienten wegen konzipiert worden. Freud hatte ausdrücklich im Sinn, den Analytiker auch deswegen hinter der Patientencouch auf einem

Sessel zu placieren, damit der Therapeut nicht beständig den Blicken seiner Analysanden ausgeliefert wäre[29].

Jede therapeutische Variante nun, welche den Analytiker in eine schutzlosere und gefährdetere Position bringt, nährt notwendigerweise den Verdacht, die so überaus diffizile und gefährdete Struktur der speziell psychoanalytischen Arzt-Patient-Beziehung könnte dabei schlimmen Schaden leiden. Es werde dabei vielleicht nicht mehr möglich sein, die für analytisches Arbeiten notwendige Kombination von höchst sensibler Aufnahmefähigkeit, differenziertester psychoanalytischer Denkarbeit und genau getimten, behutsam klärenden Interventionen zu bewahren. Daher ist es eine durchaus legitime Tendenz der Psychoanalytiker, zumal ihre jungen, entdeckungshungrigen Kollegen nach Möglichkeit davor schützen zu wollen, sich auf zu riskante therapeutische Neuerungen einzulassen und dabei womöglich ihre Substanz als Psychoanalytiker zu opfern. Wer auf dem Felde der Psychoanalyse seine Tragfähigkeit in allzu schwierigen Behandlungsarrangements überstrapaziert, kann in der Tat leicht anhaltender Resignation anheimfallen und sich womöglich schließlich in rein «zudeckende» manipulative Behandlungstechniken flüchten, panisch geängstigt durch das Chaos und die Unruhe unbewältigter analytischer Übertragungs- und Gegenübertragungskonflikte.

Trotz aller Bedenken haben die analytische Gruppentherapie und speziell auch die analytische Familientherapie nun ihre Probezeit bestanden. Zwar versuchen sich auf diesem Felde auch allerhand Scharlatane, aber allmählich treten ernsthafte Analytiker in größerer Zahl und sogar auch manche psychoanalytische Gesellschaften dafür ein, diese Methoden systematisch weiterzuentwickeln und sie als fruchtbare neue soziale Anwendungen der Psychoanalyse wissenschaftlich auszubauen. Viele ursprüngliche Skeptiker haben sich bereits davon überzeugt, daß es für einen Arzt möglich ist, in derartigen Verfahren eine klare analytische Haltung zu bewahren und damit bestimmte Kommunikationskonflikte zu bearbeiten, die überhaupt erst durch diese neuen Methoden direkt greifbar geworden sind.

Es dürfte jedenfalls nicht mehr lange dauern, bis man der analytischen Familientherapie nicht nur ihre legitime Abkunft aus der Psychoanalyse Freuds allgemein zugestehen, sondern auch nicht mehr daran zweifeln wird, daß sie tatsächlich zu den wichtigsten Chancen gehört, den therapeutischen Nutzungsbereich der psychoanalytischen Erkenntnisse in der Zukunft zu erweitern.

Das Verhältnis der Psychoanalyse zur Familientherapie hat seit je zwei Aspekte: Erst überwog eine mißtrauische Skepsis gegenüber diesem schnell wachsenden Sprößling, von dem man noch nicht so recht wußte, ob er sich assimilieren oder aus der Art schlagen würde, ob er die Psychoanalyse bedrohen oder umgekehrt verstärken würde. In dem Maße nun, in dem die Familientherapie von psychoanalytischem Gedankengut durchdrungen wird und sich – jedenfalls weithin – der Theorie Freuds als ihrer wichtigsten theoretischen Stütze zu versichern sucht, bringt sie das Mißtrauen der offiziellen Psychoanalyse sich selbst gegenüber zum Schmelzen.

Unter einem anderen Aspekt ist das Verhältnis der Psychoanalyse zur Familientherapie indessen von vornherein nie defensiv, sondern umgekehrt im Sinne eines freundschaftlichen Zweckbündnisses geprägt gewesen. Die Gesellschaft fordert von der Psychoanalyse von Jahr zu Jahr mehr an Hilfe bei der Lösung vielfältiger Probleme in der Medizin, in der Sozialarbeit, in der Pädagogik, im Strafvollzug usw. Eben noch um ihre elementare gesellschaftliche Anerkennung ringend, fühlt sich die Psychoanalyse mit einem Schlage so mannigfachem Bedarf ausgesetzt, daß sie kaum noch in der Lage ist, auch nur einem Teil der ihr zugewiesenen sozialen Aufgaben angemessen nachzukommen. Allein im Bereich der Medizin und der Erziehungsberatung ist das Mißverhältnis zwischen den Behandlungsuchenden und dem Angebot an psychoanalytisch-therapeutischer Kapazität beunruhigend – eine Folge der vieljährigen Behinderungen des psychoanalytischen Ausbildungswesens seitens Universität und Staat. Um so mehr muß der Psychoanalyse nun daran gelegen sein, sich der Verfahren der Gruppentherapie und besonders auch der Familientherapie zu bedienen, um die Effektivität ihres sozialen Wirkens zu steigern. Die Standardmethode mit ihrem Aufwand von mehreren hundert Stunden über drei bis fünf Jahre für einen einzelnen Patienten absorbiert so viel von therapeutischer Kapazität für ganz wenige Kranke, daß es höchst sinnvoll erscheint, den sozialpsychologischen Varianten der psychoanalytischen Therapie so viel Spielraum wie möglich zur Behandlung der hierfür speziell geeigneten Individuen und Gruppen zu geben. Um so erfreulicher, daß diese vergleichsweise besonders ökonomischen Therapieformen sich nicht als Ersatzmethoden minderer Qualität, sondern als echte Alternativen mit zum Teil spezifischen Indikationsbereichen und Therapiezielen anbieten.

Noch weiß man freilich nicht, ob die Kerngruppe der psychoanalytischen Familientherapeuten die Entwicklung dieser fruchtbaren neuen Behandlungsmethode auf die Dauer wissenschaftlich entscheidend steuern kann. Es fehlt nicht an Gruppen und Kräften, die in der Familientherapie und -beratung eher eine Chance für ideologisch indoktrinierende Einflußnahme der einen oder anderen Richtung wittern. Missionarische Eiferer regen sich bereits, die in der Familien- und Gruppentherapie nicht die Aufdeckung von Konflikten und die Befreiung von Verdrängungen sehen wollen, sondern eher eine konfliktverleugnende Harmonie-Erziehung. Die Zielvorstellungen reichen von einem harmlos seichten «Seid nett miteinander!» bis hin zu recht rigiden Normerfüllungen nach strengem moraltheologischem Konzept.

Die Psychoanalytiker müssen sich hier jedenfalls vor falschen Freunden und Gönnern schützen, welche die modernen Verfahren der Familien- und Gruppentherapie gern in ihrem Sinne «umfunktionieren» und Konflikte durch Schaffung neuer Abhängigkeiten – anstatt durch Erweiterung von Freiheit – beheben wollen.

Register

Literatur

1 Ackerman, N. W.: The Psychodynamics of Family Life. New York 1958.
2 Ackerman, N. W., u. M. L. Behrens: The Family Approach and Levels of Intervention. American Journal of Psychotherapy 22, 1968, S. 5.
3 Adorno, Th. W.: Postscriptum zu A. Mitscherlich: Das soziale und persönliche Ich. Kölner Zeitschrift für Soziologie und Sozialpsychologie 18, 1966, S. 37.
4 Balint, M.: Angstlust und Regression. Stuttgart 1960.
5 Beckmann, D., H. E. Richter u. J. Scheer: Kontrolle von Psychotherapieresultaten. Psyche 23, 1969, S. 805.
6 Beckmann, D.: Das Gießener Persönlichkeitsinventar GPI. Habilitationsschrift, Gießen 1970.
7 Bell, N. W., u. E. F. Vogel: A Modern Introduction to the Family. London 1960.
8 Bibring, G. L.: Das hohe Alter: Passiva und Aktiva. Psyche 23, 1969, S. 262.
9 Bornstein, St.: Unbewußtes der Eltern in der Erziehung der Kinder. Zeitschrift für psychoanalytische Pädagogik 8, 1934, S. 353.
10 Boszormenyi-Nagy, J., u. J. L. Framo: Intensive Family Therapy. New York 1965.
11 Brill, N. Q., u. H. A. Storrow: Soziale Schicht und psychiatrische Behandlung. In: Der Kranke in der modernen Gesellschaft. Köln u. Berlin 1967.
12 Brody, S.: Simultaneous Psychotherapy of Married Couples. In: J. Massermann (ed.): Current Psychiatric Therapies. New York 1961.
13 Burlingham, D. T.: Child Analysis and the Mother. Psychoanalytic Quarterly 4, 1935, S. 69.
14 Burlingham D. T., A. Goldberger u. A. Lussier: Simultaneous Ana-

lysis of Mother and Child. Psychoanalytic Study of the Child 10, 1955, S. 165.
15 Chance, E.: Families in Treatment. New York, 2. Aufl. 1960.
16 Christian, P., B. Hase und W. Kromer: Statistische Untersuchungen über die sogenannten «Nervösen Herz- und Kreislaufstörungen». Archiv für Kreislaufforschung 20, 1954, S. 287.
17 Cleckley, H.: The Mask of Sanity. Saint Louis, 4. Aufl. 1964.
18 Cleckley, H.: Psychopathic States. In: American Handbook of Psychiatry. Bd. 1. New York 1959.
19 Dicks, H. V.: Experiences with Marital Tensions in the Psychological Clinic. The British Journal of Medical Psychology 26, 1952, S. 181.
20 Dicks, H. V.: Object Relations Theory and Marital Studies. The British Journal of Medical Psychology 36, 1963, S. 125.
21 Dupont, R. L., u. H. Grunebaum: Willing Victims: The Husbands of Paranoid Women. American Journal of Psychiatry 125, 1968, S. 151.
22 Ehrenwald, J.: Neurosis in the Family and Patterns of Psychosocial Defense. New York 1963.
23 Eisenstein, V. (ed.): Neurotic Interaction in Marriage. New York 1956.
24 Erikson, E. H.: Kindheit und Gesellschaft. Stuttgart, 2. Aufl. 1961.
25 Ernst, K.: Die Prognose der Neurosen. Berlin, Göttingen, Heidelberg 1959.
26 Fleck, St.: Some General and Specific Indications for Family Therapy. Confinia psychiatrica 8, 1965, S. 27.
27 Freud, A.: Das Ich und die Abwehrmechanismen. London, 2. Aufl. 1952.
28 Freud, S.: Ratschläge für den Arzt bei der psychoanalytischen Behandlung. Ges. Werke Bd. VIII. (Erscheinungsort und -jahr siehe Nr. 36)
29 Freud, S.: Zur Einleitung der Behandlung. Ges. Werke Bd. VIII.
30 Freud, S.: Zur Einführung des Narzißmus. Ges. Werke Bd. X.
31 Freud, S.: Vorlesungen zur Einführung der Psychoanalyse. Ges. Werke Bd. XI.
32 Freud, S.: Wege der psychoanalytischen Therapie. Ges. Werke Bd. XII.
33 Freud, S.: Massenpsychologie und Ich-Analyse. Ges. Werke Bd. XIII.
34 Freud, S.: Der Untergang des Ödipuskomplexes. Ges. Werke Bd. XIII.
35 Freud, S.: Jenseits der Lustprinzips. Ges. Werke Bd. XIII.

36 Freud, S.: Neue Folge der Vorlesungen zur Einführung in die Psychoanalyse. Ges. Werke Bd. XV. London 1940–1952.
37 Fürstenau, P.: Psychoanalytische Aspekte der Frauen-Emanzipation. Das Argument 23, 1962, S. 15.
38 Fürstenau, P.: Soziologie der Kindheit. Heidelberg 1967.
39 Giltay, H.: Zur Psychologie des Ichideals. Psychoanalytische Bewegung 3, 1932, S. 25.
40 Glover, E.: The Technique of Psycho-Analysis. London 1955.
41 Greenacre, Ph.: The Role of Transference: Practical Considerations in Relation to Psychoanalytic Therapy. Journal of the American Psychoanalytic Association 2, 1954, S. 671.
42 Greenacre, Ph.: Probleme der Überidealisierung des Analytikers und der Analyse. Psyche 23, 1969, S. 611.
43 Greene, B. L. (ed.): The Psychotherapies of Marital Disharmony. London 1965.
44 Grotjahn, M.: Psychoanalysis and the Family Neurosis. New York 1960.
45 Haley, J.: Strategies of Psychotherapy. New York 1963.
46 Haley, J., u. L. Hoffmann: Techniques of Family Therapy. New York u. London 1967.
47 Heigl-Evers, A., u. F. Heigl.: Geben und Nehmen in der Ehe. Stuttgart, 2. Aufl. 1961.
48 Heimann, M.: The Problem of Family Diagnosis. In: V. W. Eisenstein (ed.): Neurotic Interaction in Marriage. New York 1956.
49 Hellmann, I., O. Friedmann u. E. Shepheard: Simultaneous Analysis of Mother and Child. The Psychoanalytic Study of the Child 15, 1960, S. 359.
50 Hereford, C. F.: Changing Parental Attitudes through Group Discussion. Austin 1963.
51 Hollingshead, A. B., u. F. Redlich: Social Class und Mental Illness. New York 1958.
52 Jackson, D. D. (ed.): The Etiology of Schizophrenia. New York 1960.
53 Jackson, D. D., u. J. H. Weakland: Conjoint Family Therapy. Psychiatry 24, 1961, S. 30.
54 Johnson, A. M., u. S. A. Szurek: The Genesis of Antisocial Acting out in Children and Adults. Psychoanalytic Quarterly 21, 1952, S. 323.
55 Johnsen, G.: Family Treatment in Psychiatric Hospitals. Psychotherapy and Psychosomatics 16, 1968, S. 333.
56 Jorswieck, E., u. J. Katwan: Neurotische Symptome. Eine Statistik über Art und Auftreten in den Jahren 1947, 1956 und 1965. Zeitschrift für Psychosomatische Medizin 13, 1967, S. 12.

57 Lampl de Groot, J.: Ich-Ideal und Über-Ich. Psyche 17, 1963, S. 321.
58 Levy, D. M.: Maternal Overprotection. New York 1943.
59 Levy, K.: Simultaneous Analysis of a Mother and her Adolescent Daughter. The Psychoanalytic Study of the Child 15, 1960, S. 378.
60 Lidz, Th., S. Fleck, A. Cornelison u. D. Terry: The Intrafamilial Environment of the Schizophrenic Patient. American Journal of Orthopsychiatry 28, 1958, S. 764.
61 Lidz, Th.: The Family and Human Adaption. New York 1963.
62 Lidz, Th., St. Fleck u. A. R. Cornelison: Schizophrenia and the Family. New York 1965.
63 Lidz, Th.: Familie, Sprache und Schizophrenie. Psyche 22, 1968, S. 701.
64 Mittelmann, B.: Complementary Neurotic Reactions in Intimate Relationship. Psychoanalytic Quarterly 13, 1944, S 479.
65 Oberndorf, C. P.: Folie à deux. New York Neurological Soc. 1933. International Journal of Psycho-Analysis 15, 1934, S. 14.
66 Oberndorf, C. P.: Psychoanalysis of Married Couples. The Psychoanalytic Review 25, 1938, S. 453.
67 Offer, D., und M. Sabshin: Normality. New York u. London 1966.
68 Pollock, G. H.: On Symbiosis and Symbiotic Neurosis. International Journal of Psycho-Analysis 45, 1964, S. 1.
69 Preuss, H. G.: Analytische Gruppenpsychotherapie. Grundlagen und Praxis. München, Berlin, Wien 1966.
70 Preuss, H. G.: Die kranke Ehe. Aspekte der Psychoanalyse 1969, S. 103.
71 Rangell, L.: Zur Analyse des intrapsychischen Prozesses. Psyche 23, 1969, S. 438.
72 Richter, H. E.: Die narzißtischen Projektionen der Eltern auf das Kind. Jahrbuch der Psychoanalyse 1, 1960, S. 62.
73 Richter, H. E.: Eltern, Kind und Neurose. Stuttgart, 2. Aufl., 1967, rororo 6082/83, Reinbek 1969.
74 Richter, H. E.: Zur Theorie und Therapie von Familienneurosen aus psychoanalytischer Sicht. Der Nervenarzt 37, 1966, S. 1.
75 Richter, H. E.: Die Familie in der Psychologischen Medizin. Praxis der Psychotherapie 12, 1967, S. 124.
76 Richter, H. E.: Einige sozialpsychologische Aspekte der Psychologischen Medizin. Zeitschrift für Psychotherapie 17, 1967, S. 41.
77 Richter, H. E.: Familientherapie. Psychotherapy and Psychosomatics 16, 1968, S. 303.
78 Richter, H. E.: Probleme der Familientherapie. Jahrbuch der Psychoanalyse 5, 1968, S. 107.

79 Richter, H. E., u. D. Beckmann: Herzneurose. Stuttgart 1969.
80 Rodgers, T. C.: A Specific Parameter: Concurrent Psychotherapy of the Spouse of an Analysand by the Same Analyst. International Journal of Psycho-Analysis 46, 1965, S. 237.
81 Ryle, A.: Neurosis in the Ordinary Family. London 1967.
82 Sager, C. J.: The Development of Marriage Therapy. American Journal of Orthopsychiatry 36, 1966, S. 458.
83 Sager C. J., Y. I. Masters, R. E. Ronall u. W. C. Normand: Selection and Engagement of Patients in Family Therapy. American Journal of Orthopsychiatry 38, 1968, S. 715.
84 Satir, V.: Conjoint Family Therapy. 1954.
85 Shields, J.: Monozygotic Twins. London 1962.
86 Singer, M. T., u. L. C. Wynne: Thought Disorder and Family Relations of Schizophrenics. Archives of General Psychiatry 12, 1965, S. 187.
87 Strecker, E. A.: Their Mother's Sons. Philadelphia u. New York, 3. Aufl. 1951.
88 Tharp, R. G.: Marriage Roles, Child Development and Family Treatment. American Journal of Orthopsychiatry 35, 1965, S. 531.
89 Tharp, R. G., u. G. D. Otis: Toward a Theory for Therapeutic Intervention in Families. Journal of Consulting Psychology 30, 1966, S. 426.
90 Thomä, H., u. B. Thomä: Die Rolle der Angehörigen in der psychoanalytischen Technik. Psyche 22, 1968, S. 802.
91 Wallace, A. F., u. R. D. Fogelson: The Identity Struggle. In: Boszormenyi-Nagy u. J. L. Framo (ed.): Intensive Family Therapy. New York 1965.
92 Watson, A. S.: The Conjoint Psychotherapy of Marriage Partners. American Journal of Orthopsychiatry 33, 1963, S. 912.
93 Weakland, J. H.: The «Double-Bind» Hypothesis of Schizophrenia and Three-Party Interaction. In: D. D. Jackson: The Etiology of Schizophrenia. New York 1960.
94 Williams, F. S.: Family Therapy: A Critical Assessment. American Journal of Orthopsychiatry 37, 1967, S. 912.
95 Wynne, L. C.: Some Indications and Contraindications for Exploratory Family Therapy. In: J. Boszormenyi-Nagy and J. L. Framo (ed.): Intensive Family Therapy. New York 1965.

Sachwortverzeichnis

Ich danke allen Kollegen, die sich an der Psychosomatischen Universitätsklinik Gießen, seit deren Gründung 1962 mit mir zusammen, um eine Förderung der Psychoanalyse und deren sozialer Anwendungen bemühen. Ihre kritischen Anregungen haben die Entstehung dieses Buches entscheidend gefördert.

Gießen, März 1970 *Horst-Eberhard Richter*

Prof. Dr. Dr. Horst-Eberhard Richter

Eltern, Kind und Neurose

Die Rolle des Kindes in der Familie

Welche Kindheitserlebnisse sind es, die zu seelischen Erkrankungen und zu Störungen der Charakterentwicklung führen? In welchem Ausmaß und in welcher Weise können die Eltern kindliche Fehlreaktionen hervorrufen? Und umgekehrt: Können Eltern durch bestimmte erzieherische Maßnahmen die Entstehung von Neurosen bei ihren Kindern verhüten?

Tilmann Moser, *Frankfurter Allgemeine Zeitung*: «Richter bringt in seinem Buch nicht nur Theorie, sondern eindrucksvolle Fallgeschichten, und im Anschluß an die Fallberichte eine Zusammenfassung der ‹traumatischen› Aspekte der in den Fällen vorgefundenen Rollenbelastungen, unter denen das Kind jahrelang gestanden hat. Allgemeinverständlich geschrieben, ohne deshalb an Niveau zu verlieren.»

Gertrud L. Wyatt, *Contemporary Psychology*: «Professor Richter wollte ein Buch über die Wirkungen gewisser psychopathischer Familienstrukturen unter Einbeziehung der Rolle des Kindes schreiben, und das ist ihm in bewundernswerter Weise gelungen. Man kann aber nur hoffen, daß er später die vorliegende Arbeit durch eine Analyse der verschiedenen Aspekte der therapeutischen Behandlung von neurotischen Familien als Gruppen ergänzt.»

75. Tausend. rororo ratgeber Band 6082/6083

Rowohlt Taschenbuch Verlag